Meine große Freiheit

MAIKE BRUNK

Meine große Freiheit

Wie ich das
Glück im Hamburger
Hafen fand

BOOKS

Inhaltsverzeichnis

Was immer du tun kannst oder erträumst zu können,
beginne es jetzt.
Kühnheit trägt Genius, Macht und Zauber.

John Anster, inspiriert von Goethe

Das Tor zur Welt

Hamburg. Die meisten Menschen verbinden damit die Landungsbrücken, Speicherstadt und HafenCity, große Pötte, den Fischmarkt, die Alster und die Elbe. Kreischende Möwen, plätscherndes
Wasser, das Tuckern vorbeiziehender Schiffe und immer eine frische Brise, die um die Nase weht. Ein Sehnsuchtsort für viele. Seit
2007 ist der Hamburger Hafen mein Anker und ganz persönliches
Tor zur Welt.

»Und was machen Sie im richtigen Leben?«

Diese Frage höre ich ständig. Offenbar ist es für viele Menschen
schwer vorstellbar, dass ich meinen Lebensunterhalt mit Hafentouren verdiene. Fahrgäste sehen meinen Beruf als ausgefallenes
Hobby oder besondere Leidenschaft. Damit liegen sie ganz richtig, aber ich bin tatsächlich hauptberuflich selbstständig im Hafen
unterwegs.

Hamburg begeistert mich immer wieder aufs Neue, vor allem der
Hafen. Diese Begeisterung teile ich gern in der Ausrichtung und
Moderation abwechslungsreicher Touren. Der Hafen bildet meine
Lebensgrundlage, mein altes Leben habe ich an den Nagel gehängt.
Über fünfzigtausend Menschen konnte ich inzwischen an Bord begrüßen, davon erstaunlich viele Hamburger, die ihre Stadt aus einem
neuen Blickwinkel kennenlernen wollten. Meine Liebe für die Stadt
und den Hafen geht weit über die touristischen Sehenswürdigkeiten
hinaus, besonders gern nehme ich Gäste mit auf Entdeckungsreise
in unbekannte Ecken.

Wie bin ich als nordfriesisches Lehrerkind im Hafen gelandet?
Ist ein Studium der Wirtschaftsinformatik dazu wirklich nötig, und
wie kam es, dass das Auswärtige Amt ausgerechnet mich für das
Begleitprogramm des G-20-Gipfels auswählte?

Auf Basis einer wahren Schnapsidee fand ich den idealen Job und blicke seitdem voller Vorfreude und Spannung auf Begegnungen, Begebenheiten und Herausforderungen jedes neuen Tages.

Willkommen an Bord!

Der Abend davor

Diese Marketingidee war großartig, geradezu genial. Das musste einfach wie von selbst funktionieren. Ich würde im Handumdrehen Gäste für den kommenden Tag akquirieren. So dachte ich zumindest.

Es war der Abend vor meiner ersten selbst organisierten Hafentour im Frühsommer 2007. Alles war gut vorbereitet: Ich hatte eine traditionelle urige Hafenbarkasse, also eins von diesen alten kleinen Schiffen, gechartert und mit dem Schiffsführer eine interessante Fahrtroute abgestimmt. Die Barkasse würde für einen kulinarischen Zwischenstopp an einem idyllischen Biergarten anlegen, und für die Rückfahrt hatte ich einen dieser typischen Stadtrundfahrt-Cabrio-Doppeldeckerbusse gebucht. Die Tour würde zunächst unter der Köhlbrandbrücke hindurchführen und später obendrüber hinweg – mit einem atemberaubenden Ausblick über den Hamburger Hafen. Ich war davon überzeugt, dass die verschiedenen Hafenansichten meine Gäste begeistern würden. Sie sollten einen neuen Blick auf Hamburg bekommen und mit der Elbinsel Wilhelmsburg eine weitgehend unbekannte Ecke der Stadt kennenlernen. Wilhelmsburg war ein sozial schwacher Stadtteil, dem für die nächsten Jahre dank dort stattfindender Internationaler Bauausstellung und Planung einer Gartenschau ein großer Aufschwung prophezeit wurde. Ein interessanter Stadtteil im Wandel.

Nur eines fehlte mir noch für meine Tour: zahlende Fahrgäste. Ich hatte hohe Kosten, aber bis zum Vorabend der Tour tatsächlich nur einen einzigen Gast, der Geld für sein Ticket bezahlt hatte. Ich hatte die Dame über eine Zeitungsanzeige in einem lokalen Wochenblatt für meine Tour interessieren können. Leider hatte die Schaltung der kleinen Annonce mehr gekostet, als dieses eine verkaufte Ticket für die Jungfernfahrt einbrachte. Natürlich hatte ich der Dame als meiner ersten zahlenden Kundin auch noch großzügig Rabatt eingeräumt. Schließlich war das hier der Beginn von etwas ganz Großem. Das mit dem Premierenkundenrabatt hielt ich für ein unschlagbares Argument, nur leider hatte diese Idee mit nur dieser einen Kundin als Resultat offenbar nicht gezündet.

Ich hatte den ganzen Nachmittag mit einer kühlen Schorle in der Hand auf der Terrasse unterm Sonnenschirm gesessen und gegrübelt. Wo in Hamburg würde ich auf viele begeisterte Menschen treffen, die ich so kurzfristig noch als Kunden für meine morgige Tour gewinnen konnte? Gedanklich ging ich alle mir bekannten Touristen-Hotspots durch, als meine Freundin anrief. Wir kennen uns schon aus der Studienzeit in Kiel, hatten einige Jahre zusammen Basketball gespielt und schon viel gemeinsam durchgestanden. Marion ist bis heute eine meiner engsten Vertrauten. Ihre Eltern waren Ärzte, sie glaubt an das Gute in den Menschen, feiert gern und steckt mit ihrem lauten Lachen alle an. Ihr Job in der Finanzbehörde scheint so gar nicht zu ihrem lebenslustigen Wesen zu passen. Wir hatten uns bei einer Infoveranstaltung für Erstsemester in der Unibibliothek kennengelernt und waren uns gleich sympathisch.

»Hey, Maike, wir wollen nachher noch was trinken gehen, bist du dabei?«

Ich zögerte kurz. Das Angebot auf Ablenkung von meinem Problem schien sehr verlockend.

»Ich weiß nicht, Marion, ich habe immer noch keine zahlenden Gäste für die Tour morgen und bin gerade echt verzweifelt.«

»Ach was, nun komm schon, uns fällt doch immer was ein. Wir quatschen nachher einfach ein paar Leute auf dem Kiez an, da sind doch immer Touristen, die was erleben wollen.«

In meinem Kopf hakten sich Engelchen und Teufelchen unter und schauten mich erwartungsfroh an. Natürlich, das könnte die Lösung sein. Meine Stimmung stieg schlagartig.

»Also gut, ich bin dabei, Treffpunkt wie immer?«

»Jo, Marko legt heute wieder auf.«

In Gedanken war es ganz einfach und glasklar: Natürlich würde ich meine potenziellen Fahrgäste für den kommenden Tag am ehesten auf dem Kiez finden. Rund um die Reeperbahn hatte sich in den vergangenen Jahren eine gute Theater-, Restaurant- und Klubszene entwickelt, die für jeden Geschmack und jedes Alter Angebote bereithielt. Menschen jeglicher Herkunft und sozialer Schichten tummelten sich dort Abend für Abend. Ich musste nur die Richtigen finden und sie von meinem Tourangebot überzeugen.

Mit meinen Freunden war ich zu dieser Zeit häufig zum Feiern unterwegs, wir waren Stammgäste im Herz von St. Pauli, einer bei Hamburgern wie Touristen gleichermaßen beliebten Lokalität am Spielbudenplatz. Sie verfügte über gemütliche Sitzecken und eine große mittige Tanzfläche, die meist gut gefüllt war. Wir hatten uns einige Monate zuvor mit Marko, dem DJ, angefreundet, und unsere gut gelaunte Runde, die meist aus acht bis zehn Personen bestand, sorgte immer ordentlich für Stimmung.

An diesem Abend verabredeten wir uns für halb zehn. Die große Party startete im Herz von St. Pauli immer erst, wenn es schon auf Mitternacht zuging, wir wollten jedoch sichergehen, dass wir unseren Stammtisch in der linken Ecke am Fenster bekamen. Von dort hatte man das Treiben sowohl im Laden selbst als auch draußen im Blick.

Ich hatte mir in den Kopf gesetzt, hier irgendwo so ganz nebenbei ein paar Fahrgäste für den kommenden Tag aufzuspüren. Meine Freunde sprachen mir Mut zu. Die Halbliterbiergläser klirrten über dem Tisch zusammen, alle stießen auf meine Mission an. Marion trank wie immer Sekt, ich hielt mich heute an Apfelschorle. Ich wollte auf keinen Fall potenzielle Fahrgäste mit einer Alkoholfahne ansprechen und verschrecken.

»Die können doch gar nicht an dir vorbei.«

»Rede einfach so viel wie sonst und lächle sie an, dann wird das schon.«

»Hey, die werden ganz sicher anbeißen.«

Meine Freunde waren sich einig, dass es klappen würde.

Mir war etwas mulmig zumute, als ich mich mit klopfendem Herzen auf den Weg machte, um wildfremde Menschen auf der Straße anzusprechen.

Unser Stammlokal lag in einem der alten Flachbauten auf dem Gelände der sogenannten Esso-Häuser am östlichen Ende des Spielbudenplatzes, gleich am Beginn der Reeperbahn. Die Esso-Häuser hatten ihren Namen von einer kultigen Tankstelle auf dem Gelände, die vermutlich mehr Umsatz mit Sprit für Menschen als für Autos machte, da sie strategisch gut lag und preiswerte alkoholische Getränke verkaufte. Das dort angebotene Bier- und Spirituosensortiment war beachtlich, und ich hatte nie zuvor eine Tankstelle mit Security-Mitarbeitern gesehen. Inzwischen wurden sowohl die Tankstelle als auch die Häuser abgerissen, hier soll neu gebaut werden. Der Kern der Partyszene traf sich auch damals schon ein paar Hundert Meter weiter am Hans-Albers-Platz und auf der Großen Freiheit.

Ich wollte mein Glück erst mal nebenan versuchen, vor dem Eingang zum Operettenhaus. In diesem renommierten Haus auf der Reeperbahn wurde gerade das Musical *MAMMA MIA!* gespielt. Abend für Abend strömten gut gelaunte Menschen in das Theater und kamen mit einem regelrechten Strahlen im Gesicht und begeistertem »Here we go again« auf den Lippen wieder heraus. Mit Vorstellungsende wandelte sich der verlassene Bürgersteig vor dem Theater in einen bunten, lauten Boulevard. Vernahm man vorher nur die gedämpfte Musik entfernter Kneipen, so tanzten die Musicalgäste plötzlich die breiten Treppen am hell erleuchteten Theatereingang herunter. Ein fröhliches Stimmengewirr, Gelächter und spontane Gesangseinlagen füllten die Abendluft.

»Take a chance on me«, trällerte eine fünfköpfige Damengruppe offenbar rheinländischer Frohnaturen zu meiner Rechten. Sie hatten sich für diesen Abend ordentlich in Schale geworfen, und ihr Glitzer-Make-up funkelte im Lichterschein. »The winner takes it all«, schmetterte ein kleiner untersetzter Herr im luftigen Trenchcoat zu meiner Linken.

Das waren sie. Meine perfekten Gäste. Genau diese gut gelaunten, positiven Menschen mit Interesse an Kultur und einem Verständnis dafür, dass gutes Entertainment auch sein Geld wert war. Die wollte ich auf meiner Tour. Und zwar morgen.

Nicht so recht bedacht hatte ich, dass die Musicalbesucher etwas abgelenkt waren. Sie hatten den Kopf voll mit ABBA-Songs, schnatterten unentwegt mit ihren Begleitungen und träumten von der wunderschönen Liebesgeschichte mit Happy End, deren Zeuge sie gerade geworden waren.

»Money, money, money, must be funny, in the rich man's world«, schoss es mir passend durch den Kopf.

Um mich herum warf man sich im Gehen Jacken über, sortierte die gerade im Foyer ergatterten CDs, bedruckten Kaffeetassen und Programmhefte in winzige Rucksäcke oder kramte in riesigen Handtaschen nach dem Autoschlüssel oder dem Telefon.

Kaum jemand nahm Notiz von mir. Dabei bin ich mit meinen fast 1,90 Meter eigentlich nicht zu übersehen. Die Menschen strömten zuhauf aus dem Theatereingang und mischten sich schnell mit Passanten. Ganz in der Nähe liegt die U-Bahn-Station St. Pauli, aus der zu dieser Uhrzeit im Minutentakt feierlustige Gäste für die Nacht auf die sündige Meile sprudelten.

Ich sammelte mich kurz und überlegte. Ich hatte ein schönes großes Werbeplakat vorbereitet, da mussten die Leute doch zumindest neugierig stehen bleiben. In der Oberstufe an meinem Gymnasium in der nordfriesischen Heimat hatte ich erfolgreich Plakate für unser Schulfest gemalt, da würde das hier bestimmt auch funktionieren. Ich hatte sogar einen meiner gerade erst ergatterten Hafenpläne geopfert, ihn zurechtgeschnitten und auf Pappe geklebt. Mit dunkelblauem Marker hatte ich die wichtigsten Informationen dazugeschrieben und das Ganze mit durchsichtiger Schulbuchklebefolie professionell konserviert. Schließlich bin ich Lehrerkind und somit von Natur aus talentiert im Plakatbasteln.

Ich hielt also das überdimensionierte Schild im Arm und gesellte mich mutig auf wackligen Beinen mitten in die gerade aus dem Operettenhaus strömende Menschenmenge. Erst hielt ich das Plakat etwas schüchtern ungefähr auf Kniehöhe. So diente es jedoch eher als Stolperfalle, das war kontraproduktiv. Immer wieder stieß jemand im Vorbeigehen dagegen, warf mir einen entschuldigenden Blick zu oder rollte die Augen. Ich hätte mich gern in Luft aufgelöst.

»Reiß dich zusammen, Maike, wenn du deine eigene Firma aufbauen willst, musst du dich auch zeigen!«, maßregelte ich mich selbst.

Ich vernahm rechts und links Gesprächsfetzen.

»Wow, hast du die tolle Schlaghose von Donna gesehen?«

»Hach, Benny war immer schon mein Jugendschwarm.«

»Ich mochte Agnetha!«

»Ja, ich hatte alle ABBA-Poster und -Alben.«

Alle schienen völlig begeistert vom Musical und irgendwie auf einer Nostalgiewelle entrückt. Im Publikum überwog der Anteil von Frauen zwischen zwanzig und fünfzig deutlich. Die Damen waren gut gelaunt, teilweise leicht beschwipst und sehr ausgelassen. Viele würden wohl noch in einer der Bars rund um den Hans-Albers-Platz oder auf der Großen Freiheit die Nacht zum Tag machen.

Ich nahm all meinen Mut zusammen, hielt mein Schild hoch und sprach kleine Gruppen direkt an:»Hallo, möchten Sie morgen mal den Hamburger Hafen ganz neu kennenlernen?«

Keine Reaktion.

»Hey, seid ihr schon mal mit einem Cabrio-Doppeldeckerbus über die Köhlbrandbrücke gefahren?«

»Moin, habt ihr morgen Lust auf eine außergewöhnliche Tour?« Außer einem schnellen mitleidigen Lächeln erhielt ich kaum Aufmerksamkeit. Hier war offenbar nichts zu holen.

»Darling, can't you hear me, S.O.S.«, tönte es in meinem Kopf. Es wollte einfach nicht klappen. Ich grübelte, wie ich doch noch jemanden begeistern könnte, aber war innerlich schon dabei, aufzugeben. Vielleicht war mein Akquiseversuch hier der vollkommen falsche Ansatz. Was hatte ich mir nur dabei gedacht?

Plötzlich entdeckte ich ein bekanntes Gesicht in der Menge. Und wäre am liebsten im Boden versunken. Ich spürte, wie ich rot anlief und meine Beine weich wurden. Ich zog instinktiv den Kopf ein und nahm das Schild runter.

»Oh nein, das kann nicht wahr sein«, schoss es mir durch den Kopf. Wie groß war bitte die Wahrscheinlichkeit, dass mir ausgerechnet hier an diesem Abend in diesem Moment mein früherer Chef mit seiner Familie in die Arme lief? Ich traute meinen Augen kaum.

Zum Glück war es nicht der Chef, der mich gerade erst, wenige Wochen zuvor, vor die Tür gesetzt und mir damit den im Nachhinein besten Tritt meines Lebens verpasst hatte. Aber auch diesem hier, dem sehr netten Geschäftsführer einer meiner früheren Arbeitgeber, wäre ich jetzt doch lieber nicht begegnet. Der wohnte doch in der Nähe von Köln. Was machte er ausgerechnet an diesem Abend hier in Hamburg?

Ich versuchte, ein souveränes Lächeln aufzusetzen. Er schaute zunächst ungläubig von mir zu meinem Plakat, war aber vermutlich durch all die ABBA-Songs noch high genug, um nicht zu realisieren, dass er in mir mal größeres IT-Vertriebler-Potenzial gesehen hatte. Er war ein typischer Mittfünfziger-Geschäftsmann, trug wie immer einen dunklen Anzug, das dunkle Hemd kaschierte geschickt den leichten Bauchansatz, und ich musste schmunzeln, als mir neben den grauen Schläfen wieder die lustigen Härchen auf seinen Ohren auffielen. »Pinseläffchenohren« hatten meine Kollegin und ich immer hinter seinem Rücken dazu gesagt.

»Maike, was machen Sie denn hier?«

»Klaus, das ist ja eine Überraschung, Sie hier zu sehen. Wie war das Musical?«, versuchte ich abzulenken.

»Das war super, aber was ist denn das da für ein Plakat? Jobben Sie hier für einen Touranbieter?«

Ich bemühte mich, lässig zu wirken und meine frische Selbstständigkeit professionell darzustellen.

»Das ist meine eigene Firma, ich biete jetzt ganz neue Touren im Hamburger Hafen an, in Ecken, die man sonst nicht zu sehen bekommt. Per Barkasse und mit einem Doppeldeckerbus.«

Klaus schaute irritiert. Ob wegen meines gewagten Jobwechsels oder meiner Touridee konnte ich nicht sofort erkennen.

»Ach, da sieht man doch immer das Gleiche. Der Hafen ist spannend, aber ist doch egal wo wir mitfahren.«

Ja, von wegen.

»Nein, schauen Sie mal hier, ich fahre ganz woanders lang, die Tour dauert drei Stunden, und wir machen einen Zwischenstopp. Es gibt noch so viel zu entdecken.«

Ich hielt Klaus mein Werbeplakat mit der eingezeichneten Fahrtroute für den kommenden Tag unter die Nase und erklärte meine Tour. Was hatte ich zu verlieren? Die Anzahl meiner zahlungswilligen

Kundschaft für den folgenden Tag lag weiterhin bei eins. So leicht gab ich nicht auf, ich kam langsam in vertriebliche Höchstform und war von meinem Angebot überzeugt. Das Ziel hatte ich direkt vor Augen: Klaus und seine Familie sollten morgen an Bord kommen. Seine Frau schaute freundlich interessiert, die Teenagertochter summte derweil ABBA-Melodien vor sich hin.

Es half aber alles nichts, sie hatten schon Tickets der Konkurrenz erworben. Es blieb beim freundlichen Plausch, und die Familie verabschiedete sich.

»Viel Erfolg für die Idee und gutes Durchhaltevermögen!«

Ich war niedergeschlagen. Meine Motivation schwächelte, der Elan war weg. Ich hatte mir das so schön ausgemalt. War sicher, hier mindestens zehn Kunden zu finden und die nachmittags schnell noch ausgedruckten Jungfernfahrt-Sonderrabatt-Ticketschnipsel unters Volk zu bringen. Ich hatte nicht mal die Chance gehabt, meine Tour richtig zu präsentieren. Vielleicht war das alles doch nur eine Schnapsidee. In den vergangenen Wochen hatte das mit der Akquise schon nicht geklappt, was sollte der heutige Abend da retten können? Mittlerweile hatten die meisten Musicalbesucher das Theater verlassen, nur einige standen noch in Grüppchen zusammen und berieten vermutlich den weiteren Verlauf des Abends.

Ich schlurfte niedergeschlagen zum nächsten Mülleimer. Hier auf St. Pauli wurde schon so mancher Traum begraben. Traurig warf ich die Ticketschnipsel weg und sah dem morgigen Tag mit gemischten Gefühlen entgegen. Vertrieblich hatte ich versagt. Oder war zu naiv gewesen. Oder beides. Immerhin hatte ich etwas gewagt. Dennoch war mir nicht mehr nach Feiern zumute.

Mit dem Schild unter den Arm geklemmt stand ich vor dem Herz von St. Pauli. Ich wollte eigentlich nur noch nach Hause. Durch die Scheibe beobachtete ich meine Freunde, die bester Stimmung waren. Marions Freund sang gerade aus vollem Herzen einen Coldplay-Song

mit und schwenkte andächtig sein Bier dazu, ein paar von uns entdeckte ich auf der Tanzfläche. Marion erblickte mich und winkte mir
hektisch zu. Sie gestikulierte mir aufmunternd, dass ich reinkommen
sollte.

»Na gut, aber nur um mich schnell zu verabschieden«, dachte ich
bei mir.

Drinnen war es inzwischen sehr voll geworden, im Eingangsbe-
reich herrschte Gedränge, ich erkannte die Rheinländerinnen, die
gerade noch vor dem Theater gestanden hatten. Vermutlich würde
einer der nächsten bei DJ Marko eingehenden Musikwünsche mit
ABBA zu tun haben. Er nickte mir von seinem Pult neben der Bar
aufmunternd zu, als er mich entdeckte. Ich hatte ihm vorhin von
meinem Plan berichtet.

Mit dem unhandlichen Schild über meinem Kopf kämpfte ich mich
bis in unsere Ecke vor. Die Luft war bereits stickig, es roch nach ver-
schüttetem Bier. Meine Freunde nahmen mich herzlich in Empfang –
ich hatte sie gebeten, nicht mitzukommen, da ich zu unsicher war, wie
mein Werbeauftritt laufen würde. Dass es so eine Pleite wurde, hatte
ich nicht erwartet.

Nun denn, es nützte ja nichts, ich erzählte, was passiert war.

»Hey, das macht doch nichts, das bedeutet gar nichts«, versuchte
Marion mich aufzuheitern.

»Mach dir nichts draus, das waren einfach die falschen Leute. Lass
den Kopf nicht hängen. Komm, trink erst mal was mit uns.«

Wir stießen auf den morgigen Start meines neuen Lebens an. Das
Vertrauen in meine Geschäftsidee kam zurück, wenn auch erst mal
eher zögerlich. Alle Freunde versprachen, morgen mit an Bord zu
sein, dazu noch Familie und weitere Bekannte. Die einzige zahlende
Dame würde hoffentlich nicht bemerken, dass sie eine Pionierin war.

Mein selbst gebasteltes Plakat verbrachte den Rest des Abends
gut sichtbar hinter dem DJ-Pult bei Marko, vielleicht wurde ja noch

jemand neugierig. Ich musste lächeln, wann immer ich in die Richtung hinübersah. Weit nach Mitternacht fuhren wir mit der U-Bahn nach Hause. Mein Plakat und ich. Voller Vorfreude auf den nächsten Tag. Und voller Zuversicht, dass die Entscheidung für eine Selbstständigkeit im Hamburger Hafen mir Glück bringen würde. Das Tor zu einer neuen Welt und meinem neuen Leben stand offen.

Leinen los!

Mein Weg aufs Wasser

Ich bin weit oben im Norden Deutschlands aufgewachsen, in Nord-friesland, in einem kleinen Dorf namens Ostenfeld nahe der »Grauen Stadt am Meer« – Husum. Ostenfeld liegt zwölf Kilometer landein-wärts, fast mittig zwischen Husum und Schleswig. Die Landschaft ist flach, kein Hügel stört den Weitblick. Auf den Feldern sieht man manchmal Kühe, häufig Schafe und mittlerweile unzählige Wind-räder. Die Bäume und Büsche auf den Knicks, so nennen wir die Feldumrandungen, sind windgeschoren, das heißt, sie neigen sich nach Osten und wachsen auf der Ostseite deutlich üppiger, da in Nordfriesland meist Westwind herrscht. Als Friese arrangiert man sich von Beginn an mit dem feuchten, windigen Klima. Es ist ja, wie es ist. Von Nieselregen und Windböen lassen wir uns den Tag nicht verderben.

Meine Eltern trafen sich bei einer Tanzveranstaltung während des Studiums in Kiel, verliebten sich und zogen bald nach ihrer Hoch-zeit nach Nordfriesland. Meine Mutter brachte als Lehrerin an der Grundschule über Jahrzehnte so gut wie dem ganzen Dorf das Lesen und Schreiben bei, mein Vater war Berufsschullehrer in Husum und engagierte sich sehr in der dörflichen Gemeindearbeit. Bis heute ist ihre Telefonnummer dreistellig, das hat sich auch trotz zwischenzeit-lichem Anschluss des Dorfes an das Glasfasernetz nicht geändert.

Ich wuchs mit zwei jüngeren Brüdern auf, Gerald und Malte. Gerald war nur knapp ein Jahr jünger als ich. Mit zwei Jahren er-krankte er schwer an einer Hirnhautentzündung und wurde in der Folge gehörlos. Für unsere Familie war das ein erschütternder Ein-schnitt, fast ein Jahr lang drehte sich durch die Krankheit alles um die Genesung meines Bruders. Als große Schwester lernte ich schnell, selbstständig zu werden und Verantwortung zu übernehmen. Unsere

Familie erlernte die Gebärdensprache, zusätzlich entwickelten Gerald und ich unsere eigene Sprache, jenseits der regulären Handzeichen. Wir stritten und liebten uns wie alle Geschwisterkinder und hatten eine schöne Kindheit auf dem Lande mit unendlichen Stunden draußen in der Natur und im Handballverein in der benachbarten Sporthalle. Die Kenntnis der Zeichensprache kam mir später in so mancher Lateinklausur zugute. Ich brachte meinen engsten Freundinnen das Fingeralphabet bei, und so konnten wir uns entspannt hinter dem Stuhlrücken Worte buchstabieren, ohne dass die Klassenaufsicht es mitbekam.

Als Gerald und ich acht und neun Jahre alt waren, wünschten wir uns ein Geschwisterchen. Im darauffolgenden Jahr wurde Malte geboren. In den ersten Jahren betüdelte ich mein kleines Brüderchen wo es nur ging. Mein wachsendes Bedürfnis auszugehen, kollidierte jedoch bald darauf mit der Pflicht, auch mal auf den Kleinen aufzupassen. Inzwischen ist der »Kleine« mir deutlich über den Kopf gewachsen und hat eine eigene Familie. Außerdem ist er – wer hätte das gedacht – Lehrer geworden. Malte lebt ebenfalls in Hamburg, und wir treffen uns regelmäßig.

Im Jahr 2017 starb Gerald mit nur 44 Jahren als junger Familienvater in Hamburg an einem bösartigen Hirntumor. Wir hatten zeitlebens eine besondere Verbindung. Er lebt weiter in unseren Herzen und in seinen beiden süßen Töchtern, deren Patentante ich bin.

Wann immer sich die Gelegenheit bot, war ich von klein auf im oder auf dem Wasser unterwegs. Das hat sich bis heute nicht geändert. Wir fuhren früher oft zum Baden an die Nordsee oder an den nahe gelegenen Fluss Treene, außerdem lag das Freibad im Heimatdorf gleich nebenan. Mein Vater stammt aus Hamburg, wir besuchten regelmäßig meine Großeltern im Stadtteil Blankenese. Ein Kinderbild zeigt mich mit vier Jahren mit strahlenden Augen und voller Enthusiasmus auf meiner ersten großen Hafenrundfahrt in Hamburg. Auf einem anderen Bild stehe ich mit sehnsüchtigem Blick an der Kaikante. Doch meine Hafenkarriere war noch in weiter Ferne.

In unserer Kindheit waren Gummi- und Tretboote hoch im Kurs. Wir hatten zwei Gummiboote, in denen unsere Eltern Gerald und mich regelmäßig auf der Treene herumpaddeln ließen. Ab einem Alter von ungefähr acht Jahren fuhr mein Vater uns mit dem Auto ein paar Kilometer flussaufwärts und setzte uns dort ab, um uns nach gut drei Stunden stromabwärts im Nachbardorf wieder einzusammeln. Da es damals keine Handys gab, bekam ich zwanzig Pfennig mit auf den Weg und vermeldete unsere erfolgreiche Ankunft jeweils über die örtliche Telefonzelle. In heutiger Zeit wäre das wohl undenkbar. Unsere aufregenden Paddelreisen hatten entlang grasbewachsener Deiche und durch im Wasser stehende Kuhherden geführt. Die Herausforderung war, erfolgreich um die großen Tiere herumzumanövrieren. Wir hatten uns vorgestellt, die Kühe seien Seeungeheuer und wir Wikinger auf Beutezug. Einmal stülpten wir ein T-Shirt über eines unserer beiden Paddel und »segelten« majestätisch an den bedrohlichen Ungeheuern vorbei. Wir hatten reichlich Fantasie und vor allem viel Spaß. Dass die Wikinger die Treene tatsächlich früher von der nahe gelegenen Stadt Haithabu aus genutzt hatten, um zur Nordsee zu gelangen, wurde mir erst viele Jahre später bewusst. Die Gummiboote reisten einige Jahre lang auch mit in den Familienurlaub, und wir paddelten damit über viele wilde Seen und Flüsse. Dass ich in Freizeitparks wie dem HANSA-PARK oder LEGOLAND am liebsten Schiffschaukel, Wildwasserbahn und Tretboot fuhr, versteht sich wohl von selbst.

Unzählige Schiffe in meinem Leben waren aus Papier und selbst gefaltet. Ich liebe es, Papiere aller Art zu falten, ob Zeitungsseite oder Bonbonpapier, alles wurde schon immer im Handumdrehen zu einem Schiff geformt. Wenn wir uns bei Renovierungsarbeiten im

Studentenalter aus Zeitungsseiten Hüte bastelten, um die Haare zu schützen, trug ich mitunter ein Faltboot auf dem Kopf. Auch heute noch hängen in meiner Küche zwölf bunte Miniaturpapierboote in einem Bilderrahmen, die meine Freundin Marion mir jüngst zugedachte. Die Faltleidenschaft besteht weiterhin.

Meine Eltern sind seit ich denken kann Segler. Ich fand zu dieser Art der Fortbewegung leider bis heute keinen richtigen Zugang. Im Erwachsenenalter machte ich zwar einen Segelschein auf der Hamburger Alster, zähle mich jedoch eher zu den Schönwetter- und Flautenseglern, wenn überhaupt. Sobald sich ein Segelboot im Wind bei mehr als drei Windstärken nur ganz leicht zur Seite neigt, melden sich umgehend meine inneren Alarmglocken und versetzen mich in den Überlebensmodus. Meine Pupillen werden groß, Schweißperlen bilden sich auf meiner Stirn, und die Atmung wird hektisch. Ich mag das nicht, meine Hände suchen dann umgehend Halt, und ich hoffe inständig, dass dieser Törn bald vorüber sein möge. Die fröhlichen Gesichter meiner erfahrenen Mitsegler, die erst bei aufkommendem Wind so richtig Freude am Segeln haben, können mich dabei leider nicht beruhigen.

Meine Mutter erzählt immer gern von dem Moment, als ich auf einem Familiensegeltörn mit großen Augen »Ist das normal?« fragte, als wir uns erstmals etwas zur Seite neigten. Meine Eltern lachten damals nur, während mein Innerstes zu rebellieren begann. Mein Vater versuchte, mich zu beruhigen: »Maike, du kannst uns und unserer Segelerfahrung da schon vertrauen und auch dem Boot selbst. Das hat einen Kiel und richtet sich dadurch immer von selbst wieder auf, da kann gar nichts passieren.«

Ich war zu dem Zeitpunkt bereits über dreißig Jahre alt und verfügte eigentlich über ein gutes physikalisches Grundverständnis, aber es war nicht mehr viel zu retten. Mein Vertrauen in Segelboote ist leider bis heute gestört. Unnötig zu betonen, dass es mir sehr entgegenkam, als bei meiner Segelscheinprüfung auf der Alster der Wind mit gerade mal zwei Windstärken über das Wasser hauchte. Wir brauchten gefühlt eine Stunde, um von unserem Liegeplatz auf der westlichen Alsterseite zum Prüfort auf die gegenüberliegende östliche Seite zu gelangen, eine Entfernung von etwas mehr als einem Kilometer. Die Manöver wurden im Zeitlupentempo gefahren, ich bestand die Prüfung und war erleichtert.

Zu großen motorisierten Schiffen hingegen hatte ich immer viel Vertrauen. Ich konnte nicht oft genug mit der Fähre von Hamburg nach Harwich in England hin und her schippern, und kein Sturm war mir zu groß – da konnte mich wenig erschüttern. Das erste große Schiff, auf dem ich mitgefahren bin, war die PRINZ HAMLET, da war ich neun Jahre alt.

In den Achtzigerjahren ging es mit unserer Familie zweimal in den Urlaub nach England, beide Male erfolgte die Anreise mit der Fähre von Hamburg aus über die Nordsee. Für meine Brüder und mich war es ein großes Abenteuer, das ganze Schiff zu erkunden, die Treppen hinauf- und hinunterzustürmen und durch die langen Gänge zu rennen. Unsere Familienkabine befand sich jeweils unter dem Autodeck, ganz unten im Rumpf des Schiffes. Sie hatte kein Fenster, man hörte gedämpft das Dröhnen der Maschinen und hatte den ganz typischen Duft der Schiffsmotoren in der Nase. Dafür lag man da unten recht ruhig, das Schiff bewegte sich kaum merklich, auch wenn draußen hoher Seegang herrschte. Immer fiel im Hintergrund irgendwo eine schwere Metalltür zu, ich mochte diese besondere Atmosphäre und fühlte mich im Schiffsbauch geborgen. Auch bei späteren Überfahrten wählte ich häufig eine dieser unten gelegenen Kojen.

Als die Frage nach meinen Ideen für die Zukunft und meinem Berufswunsch immer häufiger aufkam, war mir schnell klar, dass ich alles Mögliche, nur nicht Lehrerin werden wollte. Mütterlicherseits waren bei uns in der Familie alle Lehrer, meine Großeltern ebenso wie meine beiden Onkel und beide Tanten. Und meine Eltern. Mir allerdings bereitete der Gedanke, den ganzen Tag mit aufgedrehten Kindern und Jugendlichen zu verbringen, Unbehagen. Ich mochte die Dinge etwas geordneter. In der Grundschulzeit hatte ich noch mit großem Enthusiasmus meine armen Freundinnen und Freunde regelmäßig beim Spielen zum Diktat gebeten, aber mit zunehmendem Alter fühlte ich mich dem Lehrerdasein nicht gewachsen. Ich war zwar mit 13 schon so groß wie jetzt, also 1,88 Meter, aber auch immer die Jüngste in der Klasse, da ich schon mit fünf Jahren eingeschult wurde. Vor allem in der Pubertät war ich sehr schüchtern und zurückhaltend.

Das änderte sich, als in mir die Idee reifte, nach der zehnten Klasse für ein Schuljahr nach Amerika zu gehen. Ich hatte in einer Jugendzeitschrift darüber gelesen und war sofort Feuer und Flamme. Meine Eltern unterstützten diesen Wunsch von Beginn an, forderten aber auch, dass ich mich, soweit möglich, selbst um die organisatorischen Dinge kümmern sollte. Diese Verantwortung für mein eigenes Leben und vor allem die Erfahrung, es ein Jahr lang auf mich allein gestellt in einem anderen Land zu schaffen, prägten mich sehr und gaben meinem Selbstbewusstsein und -vertrauen einen großen Schub. Ich lebte in einer Gastfamilie und ging auf eine Highschool, aber niemand sprach Deutsch, und ich hatte nur vier Jahre Schulenglisch im Gepäck, da Latein meine erste Fremdsprache war. Das Jahr in den USA verschaffte mir ein breites Englischfundament, das mir bis heute hilft, mich in der Sprache zu Hause zu fühlen und englische Tourmoderationen anzubieten.

Mein erstes einwöchiges Schulpraktikum absolvierte ich nach meiner Rückkehr aus Amerika in einem Husumer Reisebüro. Als 16-jährige Praktikantin durfte ich allerdings wider Erwarten keine Flüge buchen oder Urlaubsreisen testen, sondern sortierte eine Woche lang dicke Kataloge in Regale – also verwarf ich diesen Berufswunsch nach der Woche schnell wieder.

Ich nahm in der Schule an einer Berufsfindungs-AG teil und hielt die Augen in meinem Umfeld offen. Was für Berufe gab es eigentlich? Mein Großvater hatte sich neben seiner Lehrertätigkeit immer in der Gemeinde engagiert. Über viele Jahre veranstaltete er Tagesreisen für die örtliche Seniorengruppe, er plante, organisierte und moderierte in seiner Freizeit ganztägige Bustouren. Die Idee, selbst Gäste zu begrüßen und durch ein Mikrofon wichtige Informationen zu verbreiten, gefiel mir. Vielleicht war das Reiseleiterdasein meins? Mit meiner Oma schaute ich wann immer es ging gern das *Traumschiff*. Insgeheim träumte ich davon, mich wie Chefhostess Heide Keller in einer schicken weißen Uniform um die Gäste zu kümmern und für jedes Problem eine Lösung parat zu haben.

Viel später entdeckte ich während meiner Studienzeit in Kiel einen Aushang am Schwarzen Brett. Ein Veranstalter von Schülersprachreisen suchte neue Betreuer für seine Englandreisen. Im Alltag als Lehrerin konnte ich mir eine Tätigkeit mit Kindern und Jugendlichen nach wie vor nicht vorstellen, in der Freizeit wäre es aber bestimmt kurzweilig. Ich schrieb meine Bewerbung und erhielt schon zwei Tage später die Einladung zum Vorstellungsgespräch und kurz darauf die Zusage. In den folgenden Jahren jobbte ich mehrfach als Gruppenleiterin in England und lebte während der Zeit immer wieder bei derselben englischen Gastfamilie. Mein größtes Vergnügen war es, die Schüler schon ab Hamburg mit der Fähre zu begleiten. In den frühen Neunzigerjahren habe ich die Nordsee auf diesem Weg ein Dutzend Mal überquert. In diesem Job sammelte ich auch die ersten Erfahrungen mit Tourmoderationen, den Tücken von Busmikrofonen und damit, Gruppen bei Laune und im Zaum zu halten. Ohne mich dort genauer auszukennen, moderierte ich plötzlich Stadtrundfahrten durch die englische Hauptstadt. Ich war zwar als Neunjährige mit der Familie in London gewesen, fand damals aber zum Leidwesen meiner Eltern meine *Micky-Maus*-Hefte spannender als den Buckingham Palace. Als ich nun selbst moderieren sollte, kannte sich zum Glück der Busfahrer aus und gab mir an den wichtigsten Sehenswürdigkeiten rechtzeitig Hinweise. Ich hatte glücklicherweise ein im Bus herumtollendes Publikum aus 11- bis 17-jährigen Schülern, die sehr gnädig mit mir als Anfängerin waren. Doch auch wenn mir dieser Job sehr viel Spaß machte, fand ich in den Folgejahren noch nicht den Dreh, mich beruflich in diese Richtung zu bewegen.

Seegang

Mein zweites Praktikum während der Schulzeit führte mich auf eine Nordseeüberquerung der ganz besonderen Art. Ich war damals 18 und Schülerin im zwölften Jahrgang eines Husumer Gymnasiums. In den Osterferien wollte ich ein außerplanmäßiges Betriebspraktikum machen, um in ein mir unbekanntes Berufsbild hineinzuschnuppern.

Der jüngste Bruder meines Vaters war damals Schifffahrtskaufmann bei der Reederei Hamburg Süd. Ich interessierte mich für Logistik, für Warentransporte und die Schifffahrt und wollte gern selbst Eindrücke und Einblicke bekommen. Im Frühjahr 1990 rief ich meinen Onkel in Hamburg an.

»Hey, Martin, sag mal, kann ich vielleicht in den Ferien bei euch im Betrieb ein Praktikum machen? Und solange bei dir in Hamburg wohnen?«

Die Aktion war ein wenig mit der Tür ins Haus, aber wir hatten schon immer ein ganz gutes Verhältnis.

»Maike, wie schön von dir zu hören. Klar kann ich dir das Praktikum organisieren, das wird schon gehen. Aber warte mal, mir fällt da noch etwas Besseres ein: Willst du nicht direkt zu unserer Partneragentur in Schottland und dir die dortige Firma ansehen? Ich kann mal mit John, dem Chef dort, reden. Ich sag dir in den nächsten Tagen Bescheid.«

Mir fiel vor Freude die Kinnlade runter, meine Augen strahlten, und ich konnte mein Glück kaum fassen. Meinte er das ernst? Nach Schottland? Natürlich wollte ich! Wenn das klappte, würde ich Ostern nach Schottland fahren. Ich begab mich gedanklich sofort voller Vorfreude auf die Fähre.

Ein paar Tage später kam die telefonische Zusage durch meinen Onkel. Ich war begeistert und hüpfte vor Freude mit dem Telefonhörer in der Hand. Schottland – das klang herrlich. Vor meinem geistigen Auge malte ich mir die sanft geschwungenen grün-braunen Hügel der Highlands mit den endlosen Steinwällen und ein paar dazwischen trottenden Schafen aus. Dazu quietschte im Hintergrund *Amazing Grace* aus einem Dudelsack.

»Ich hab da noch eine Überraschung für dich«, fuhr mein Onkel fort. »Hättest du Lust, mit einem Containerfrachter von Rotterdam nach Schottland rüberzufahren? Zwei Übernachtungen auf dem Schiff, du wärst der einzige Passagier an Bord. Ich kenne einen Kapitän, der dich mitnehmen könnte.«

Mir fehlten kurz die Worte. Ich war überwältigt, das klang toll. Mein Onkel würde mich auf einer Dienstreise nach Rotterdam in seinem Auto mitnehmen, mich zum Hafen bringen, und ich würde auf einem Feeder, einem kleinen Containerschiff, als einzige Frau und als einziger Gast an Bord nach Schottland mitschippern. Meinetwegen konnte es sofort losgehen.

Mein Zielort war Grangemouth am Firth of Forth. Bei dieser Ortsbeschreibung musste ich an Evelyn Hamann denken, die in einem bekannten Loriot-Sketch als Fernsehansagerin ihre liebe Not mit zahlreichen komplizierten »Tie-äitsch«-Worten hat und sich fast die Zunge zu verknoten scheint.

Nach Grangemouth sollte die Reise also führen – ich hatte noch nie davon gehört, entdeckte es dann aber in meinem Schulatlas knapp nördlich der Linie zwischen Edinburgh und Glasgow. Der Firth of Forth ist der breite Mündungsbereich des Flusses Forth in die Nordsee. Am Südufer liegt die Kleinstadt Grangemouth mit ihrem Seehafen.

Die Schule bewilligte mir eine Verlängerung der Osterferien um eine Woche, somit hatte ich drei Wochen Zeit für mein Abenteuer. Wir sausten also am Tag der Abreise frühmorgens in gut fünf Stunden über die Autobahn von Hamburg nach Rotterdam, ich war unglaublich aufgeregt und fragte meinen Onkel während der Fahrt Löcher in den Bauch. Das hatte ich in den vergangenen Wochen natürlich auch schon reichlich getan. Er blieb ganz entspannt und beantwortete jede Frage.

»Wie geht das auf einem Frachter zu?«

»Wie viele Menschen sind da an Bord?«

»Wo werde ich in Schottland unterkommen?«

»Bekomme ich eine eigene Kabine?«

»Darf ich an Bord überall rumlaufen?«

Wir erreichten den Hafen, und ich betrat zum ersten Mal in meinem Leben einen Frachter. Die Besatzung des Feeders GITTA bestand aus einem deutschen Kapitän, zwei polnischen Maschinisten und ungefähr zehn philippinischen Seeleuten. An Bord wurde Englisch gesprochen.

Mir wurde für die Dauer der Überfahrt die Krankenkabine mit einer sogenannten Schlingerkoje zugeteilt. Das Bett war so aufgehängt, dass die Schiffsbewegungen nicht zu spüren waren. Bei Verletzungen oder Krankheiten kann das sehr vorteilhaft sein. Der Kapitän zeigte mir persönlich meine Unterkunft und gab mir einen wichtigen Hinweis.

»Mädchen, schließ deine Kabine ordentlich ab, die Jungs hier an Bord haben ihre Frauen schon sehr lange nicht mehr gesehen.«

Ich schaute ihn mit großen Augen fragend an und nahm diesen Hinweis zuerst gar nicht richtig ernst. Trotz meines Schuljahres in Amerika war ich doch ein sehr unbedarftes Landei aus Nordfriesland und hatte natürlich keine Ahnung vom rauen Leben auf See. Vermutlich beherbergte man auf diesem Schiff nicht sehr häufig 18-jährige alleinreisende Schülerinnen.

An die Überfahrt mit dem kleinen Containerfrachter habe ich nur schöne Erinnerungen. Der Geruch im Schiffsinneren glich dem auf der Englandfähre. Eine kräftige Mischung aus Eisen und Schiffs-diesel. Dazu eine ohrenbetäubende Geräuschkulisse auf den Gängen. Der Motor stampfte, und die Türen schlugen laut zu.

Wir legten am späten Nachmittag ab. Unsere Route führte zunächst durch die für mich unübersichtlichen Becken des größten Hafens von Europa, dann lag das offene Meer vor uns. Mit Erreichen der Nordsee spürte ich das leichte Rollen des Schiffes, also das Hin- und Herwogen nach rechts und links. Trotz der Schlingerkoje hatte ich abends das Gefühl, im Schiffsrhythmus in den Schlaf gewiegt zu werden. Die Nordsee zeigte sich am nächsten Morgen fast glatt-gebügelt, am Horizont war in alle Himmelsrichtungen nur Meer zu sehen, der Himmel war blau. Die Sonnenstrahlen tanzten funkelnd auf der Wasseroberfläche. Irgendwo links vor uns lagen die Britischen Inseln.

Ich hatte gut geschlafen und ging zum Frühstück in die Messe, so heißt an Bord eine Mischung aus Ess- und Wohnzimmer. Der Smutje, das ist der Schiffskoch, kredenzte frische Brötchen, Marmelade, Aufschnitt und Joghurt, dazu stand ein üppig gefüllter Obstkorb auf dem Tisch. Ich fühlte mich wie auf einer exklusiven Kreuzfahrt so als einziger Gast. Die Crew war längst im Einsatz.

Fast den ganzen Tag verbrachte ich auf der Brücke und war fasziniert von den Geschichten, die mir der Kapitän von früheren Reisen erzählte. Er war lange Zeit auf großen Pötten auf der Südamerika-route im Einsatz gewesen und hatte viel erlebt, vor allem seine Erzählungen von durchquerten Stürmen auf dem Atlantik fesselten mich. Sicher war auch eine Prise Seemannsgarn dabei. Seiner Familie zuliebe hatte er auf ein kleineres Schiff gewechselt, blieb nun vornehmlich in Nordeuropa und war damit regelmäßiger zu Hause.

Den späten Nachmittag und Abend verbrachte ich warm eingepackt auf der Brückennock, also im Außenbereich der Brücke seitlich des Steuerhauses. Von hier hat der Kapitän bei Manövern im Hafen den optimalen seitlichen Ausblick. Ich schaute beseelt Richtung Horizont. Wann immer jemand von der Besatzung mich dort entdeckte, wurde ich nur verständnislos angeschaut und gefragt, was ich denn da täte. Ich bewunderte das Meer und die glutrot darin versinkende Sonne. Atmete die Nordsee tief ein und genoss die Weite. Für die Seeleute gab es das jeden Tag, für mich hingegen war es sehr besonders und einfach nur wunderschön. Abends freute ich mich, wenn irgendwo am Horizont plötzlich ein Licht zu entdecken war. Die nächtliche finstere Nordsee schien endlos.

Als ich nach der zweiten Nacht an Bord frühmorgens erwachte und gegen sechs Uhr aus dem Bullauge meiner Kabine schaute, staunte ich nicht schlecht. Ich sah auf hell erleuchtete Hafenanlagen und qualmende Schlote. Willkommen in Grangemouth. Das hatte ich mir ganz anders vorgestellt, aber was wusste ich schon von Hafenanlagen. In den kommenden Wochen würde ich diesen Hafen besser kennenlernen. Ich machte mich fertig und packte schon mal meine Tasche. Nach dem Frühstück würde ich dieses Abenteuer an Land fortsetzen.

In Schottland wohnte ich als Gast im Haus des Chefs der Hafenagentur. Eine Hafenagentur kümmert sich um alle Dienstleistungen rund um den Hafenbetrieb und die Schiffsabfertigung, zum Beispiel um Zollformalitäten, Ausrüstung, Logistik, Liegeplätze, Schlepper- und Lotseneinsätze.

Das wunderschöne Haus der Familie erschien mir fast wie ein herrschaftlicher Landsitz. Es erstreckte sich über drei Stockwerke und verfügte über vier Badezimmer. Die beiden erwachsenen Kinder studierten und waren über die Ostertage nach Hause gekommen, den Haushalt komplettierten zwei große Hunde. An einem Tag nahm mich die Tochter mit auf einen Bootsausflug ihres Tauchklubs nach Oban an der schottischen Westküste. Während die Gruppe ein Schiffswrack erkundete, hielt ich oben im Begleitboot Ausschau nach Nessie. An einem anderen Tag cruiste ich mit dem Sohn durch die Highlands. Wir hörten Musik der B-52's und sangen lauthals mit. Zwischendurch brachte er mir die schottischen Sehenswürdigkeiten im Umland näher. In einer urigen Destillerie probierte ich meinen ersten Whisky und besichtigte anschließend das beeindruckende Stirling Castle, den früheren Herrschaftssitz von Maria Stuart. Die Landschaft war überwältigend, Schottland war einfach schön.

Im Rahmen meines Praktikums erklärten die Büromitarbeiter mir die Abläufe bei der Schiffsabfertigung an der Hafenkante, und ich erhielt den interessanten Auftrag, die Firmenbroschüre aus dem Englischen ins Deutsche zu übersetzen. Insgesamt war alles sehr spannend und eine komplett neue Welt für mich. Ich war fasziniert und informierte mich nach meiner Rückkehr umgehend über logistische Berufsfelder im Binnen- und Seeverkehr.

Nach der Schule kam es dann aber ganz anders.

Landgang

Zum Wintersemester 1991 schrieb ich mich an der Kieler Universität für das Studienfach Sozialökonomie ein. Eigentlich wollte ich BWL studieren, damit hätte ich zunächst ein solides Fundament und könnte mir alle Wege offenhalten. Die Zentralstelle für Studienplatzvergabe bot mir jedoch nur Essen und Göttingen als Studienorte an. Gab es da überhaupt Wasser und Schiffe? So weit landeinwärts und aus meiner Sicht beides in Süddeutschland gelegen. Das kam nicht infrage. Also blieb ich dem Norden treu und entschied mich für Sozialökonomie und Kiel. Das war überschaubar, ich fühlte mich in der Stadt wohl, und außerdem bestand die Chance, während des Grundstudiums den Studiengang zu wechseln. Hamburg war mir zu dem Zeitpunkt noch viel zu groß und unübersichtlich.

Schnell wurde klar, dass ein Universitätsstudium nichts für mich war. Viel zu wenig Struktur und viel zu viele Möglichkeiten, sich mit Partys und anderen Dingen im Umfeld abzulenken. Nach drei Semestern und nur zwei erfolgreich bestandenen Kursen beendete ich aus eigenen Stücken das Lotterleben. Ich merkte, dass es nicht voranging und wollte mich stattdessen an der Fachhochschule für Betriebswirtschaft einschreiben. Dazu benötigte ich entweder eine abgeschlossene Ausbildung oder ein halbjähriges Betriebspraktikum. Ich bekam von der Fachhochschule eine Liste mit kooperierenden Betrieben und bewarb mich. Leider waren die Plätze bei den von mir präferierten Logistikunternehmen schon vergeben, so schloss ich einen Praktikumsvertrag bei einer Büroausstattungsfirma ab.

Mir gefiel der Betrieb, die Aufgaben waren abwechslungsreich, und ich hatte mich schnell mit einigen Mitarbeitern und den Auszubildenden angefreundet.

»Frau Brunk, wir sind sehr zufrieden mit Ihnen und möchten Sie gern bei uns behalten. Können Sie sich vorstellen, bei uns eine kaufmännische Ausbildung mit dualem Studium an der Wirtschaftsakademie zu absolvieren?«

Das Angebot nach dem Praktikum klang gut, ich sagte ohne lange nachzudenken zu. Ausbildung, Studium und dazu ein Gehalt, mit dem ich monatlich gut über die Runden kommen würde. Optimal. Da gab es nur ein Problem. Die Plätze für die Betriebswirte waren für das kommende Studienjahr bereits alle vergeben.

»Was halten Sie eigentlich von Wirtschaftsinformatik?« Der Geschäftsführer schaute mich erwartungsvoll an.

Ich zögerte. Mathematik und Zahlen lagen mir grundsätzlich, ich hatte auch Spaß an Computeranwendungen und verfügte über erste Programmierkenntnisse. Aber eigentlich wollte ich doch etwas anderes. Oder?

»Ja, vielen Dank, ich nehme Ihr Angebot sehr gern an!«, hörte ich mich sagen.

So bin ich also in meine IT-Karriere geschliddert, ein absoluter Zufall. Ich hätte mir das selbst nicht ausgesucht. Es hat funktioniert, aber eine rechte Begeisterung wollte sich nie einstellen.

Meine Freundin Marion erinnerte mich noch Jahre später an meine wahre Leidenschaft während des Studiums.

»Du hast doch nie gern programmiert, Maike. Du hast nur stundenlang dem damals angesagten Bildschirmschoner Johnny Castaway zugesehen.«

Ich lachte. Ja, sie hatte recht.

Damals waren bewegte Bilder auf dem PC-Bildschirm noch neu, und ich war fasziniert von dem sympathischen auf einer Südseeinsel gestrandeten Seemann, der den Tag damit zubrachte, auf die nächste Flaschenpost, ein vorbeifahrendes Schiff, eine kackende Möwe oder eine Meerjungfrau zu warten. Da der Bildschirmschoner natürlich nur ansprang, wenn ich gerade nicht programmierte, ließ ich immer häufiger die Hände von der Tastatur. Der digitale Inselmann war viel zu spannend und bot eine fantastische Ablenkung. Ich hätte schon damals bemerken können, dass mein Herz nicht für die Informatik schlug.

Nach der Ausbildung blieb ich noch ein Jahr auf freiberuflicher Basis für das Schulungszentrum des Betriebes. An den Amtsgerichten in Schleswig-Holstein sollten PCs eingeführt werden, und ich bekam den Auftrag, Schulungen für die Windows-Oberfläche, eine Textverarbeitung und eine spezielle Gerichtssoftware durchzuführen. Ich reiste durch das Land und hatte alle zwei Wochen acht neue Schüler vor mir, anschließend schrieb ich Rechnungen an die Auftraggeber. In dieser Zeit lernte ich vor allem, keine Angst vor Hierarchieebenen zu haben, egal ob da gerade gesetzte Richter, die vermeintlich über den Dingen standen, oder Schreibkräfte mit Sorge vor dem Verlust ihrer geliebten Schreibmaschine vor mir saßen. Für meinen späteren Berufsweg war diese Lektion sehr hilfreich. Das Dozentendasein lag mir, vermutlich wurden die erblich bedingt tief in mir ruhenden Lehrergene optimal angesprochen. Ich war zu dieser Zeit mit meinem langjährigen Freund in einem Hamburger Vorort zusammengezogen, und wir planten zu heiraten.

Als der Schulungsauftrag nach einem Jahr auslief, beschloss ich, mich beruflich umzuorientieren. Ich wollte nicht dauerhaft »Lehrer« sein. Außerdem gab es nach dieser ersten Selbstständigkeit ein böses Erwachen, als das Finanzamt mir mitteilte, dass ich die eingenommene Umsatzsteuer bitte abführen möge. Ich war 24, hatte gerade sehr gut verdient und das Leben mit dem ersten eigenen Geld in vollen Zügen genossen. Trotz meiner kaufmännischen Ausbildung und meines Faibles für Buchhaltung hatte ich an die Umsatzsteuer keine Gedanken verschwendet. Ich war überzeugt davon, alles im Griff zu haben. Als die hohe Nachzahlung kam und meine

Finanzplanung gehörig durcheinanderwirbelte, schwor ich mir, mich nie wieder selbstständig zu machen.

Nach einer Zwischenstation als Teamassistentin bei einer Firma für Sieb- und Brechanlagen zum Betonrecycling landete ich bei einer Hamburger IT-Firma, die Dokumentenmanagement- und Workflow-Systeme verkaufte. Es ging grob gesagt darum, das Papier aus den Büros zu verbannen. Zunächst war ich Assistentin, später Vertriebsbeauftragte. In dieser Branche blieb ich neun Jahre stecken. Es gab gute Zeiten, ich hatte tolle Kollegen, der Job funktionierte, aber ich hatte einfach zu wenig Begeisterung dafür.

Inzwischen hatte ich geheiratet, wir hatten ein Haus gekauft, und ich träumte von einer eigenen Familie. Die Ehe scheiterte bereits im ersten Jahr, und ich suchte mir eine Wohnung in Hamburg. Danach hatte ich mehrfach den Arbeitgeber gewechselt und den vorübergehenden Ausstieg aus dem Angestelltendasein dann doch wieder mit einer Selbstständigkeit gewagt. Gemeinsam mit einer früheren Kollegin hatte ich ein Beratungsunternehmen in der uns vertrauten IT-Branche gegründet. Zunächst mit sehr viel Elan und Gründergeist hatten wir unzählige Seminare zur Existenzgründung besucht, einen Businessplan geschrieben, ein Darlehen erhalten, ein Firmenlogo designt, Visitenkarten drucken lassen und schicke Büroräume angemietet. Leider stellte sich jedoch schnell heraus, dass eine Zweiergründung ihre besonderen Tücken hat. Unsere persönlichen Voraussetzungen waren zu unterschiedlich, sodass wir dieses Experiment schon nach einem Dreivierteljahr auflösten. Ich landete wieder als Angestellte im Vertrieb.

Ständig überlegte ich, wo meine wahre Bestimmung zu finden wäre. Überall konnte man doch lesen, dass jeder etwas hatte, das er besonders gut beherrschte und mit dem er oder sie glücklich werden würde. Was konnte nur mein besonderes Talent sein, fragte ich mich bei so manchem Glas Wein nach Feierabend. Meine Wohnung hatte ich in dieser Zeit mit zahlreichen Leuchttürmen dekoriert: Kalender, Poster, Skulpturen, Postkarten – jedoch fehlte mir die Orientierung. Vielleicht waren es einfach zu viele Leuchttürme?

Eines Abends im Januar 2003 saß ich vom Tag ausgelaugt matt auf der Couch und zappte durch die Programme. Ein Spielfilm mit Uschi Glas, eine Naturdoku über die russische Taiga, eine Daily Soap, eine CSI-Serie ...

Beim WDR blieb ich hängen. Bettina Böttinger hatte drei Talkgäste in ihrer Sendung. Peter Heinrich Brix mochte ich als drögen Partner von Jan Fedder in *Neues aus Büttenwarder*, daneben saßen zwei Frauen, die ich nicht einordnen konnte.

Uta Glaubitz, eine Berliner Berufsfinderin, war mit einer ihrer Klientinnen zum Talk geladen. Es ging um Berufswechsel. Die resolute Frau, die Frau Glaubitz als Fallbeispiel begleitete, berichtete gerade, dass sie eigentlich ausgebildete Krankenschwester war und davon träumte, Kapitänin auf hoher See zu werden. Ich war sofort gebannt und schwer beeindruckt. Ging so was denn überhaupt? Konnte jemand, der langjährig in seinem Beruf tätig war, einfach irgendwann komplett umschwenken, im wahrsten Sinne alles über Bord werfen und etwas ganz Neues beginnen? Ich konnte mir das nicht so recht vorstellen. Aber natürlich geht das, man muss nur vom Sofa hochkommen.

Ich blieb erst mal sitzen und starrte auf den Bildschirm, während in meinen Gedanken am Horizont ein Leuchtturm aufblinkte. Wenn es möglich war, noch mal ganz von vorn anzufangen, was würde ich dann ändern? Dass ich etwas ändern musste, war mir klar – es fehlte jedoch der Impuls für die richtige Richtung. Fasziniert verfolgte ich die Sendung. Die Krankenschwester war bei Uta Glaubitz in der Beratung gewesen und hatte herausgefunden, wo ihre Talente und vor allem ihre Motivation vergraben lagen. Die beiden hatten einen Plan ausgearbeitet, welche Schritte erforderlich waren, damit die Krankenschwester tatsächlich Kapitänin eines großen Pottes werden konnte. Sie war auf dem Weg zu ihrem Glück und ließ ihr altes Leben einfach hinter sich. Das wollte ich auch.

Direkt nach der Sendung suchte ich im Internet nach Informationen zu Frau Glaubitz und notierte mir die Telefonnummer. Am Folgetag rief ich ihr Büro an und meldete mich direkt zum nächsten Berufsfindungsseminar in Hamburg an. Das Seminar fand im Konferenzraum eines Hotels nahe dem Hauptbahnhof statt, wir waren insgesamt vier Teilnehmerinnen. Wir kamen aus sehr unterschiedlichen Branchen, hatten aber das gleiche Problem. Unseren aktuellen Beruf wollten wir nicht mehr, wussten aber noch nicht, wohin die Reise uns führen sollte. Im Laufe der zwei Workshop-Tage wurden uns interessante Fragen gestellt.

»Wofür stehen Sie morgens gern früh auf?«

»Was wäre Ihr Traumjob, wenn Sie sich einfach einen aussuchen könnten, ohne überlegen zu müssen, wie man dorthin gelangt?«

Es ging auch um das Selbstbild und das Fremdbild, wir wurden aufgefordert, den jeweils anderen Teilnehmerinnen Attribute zuzuschreiben. Wie wirkten sie auf uns, was trauten wir ihnen zu? Das fand ich ungeheuer interessant. Man umgab sich ja sonst meist mit der vertrauten *bubble*, jeder hatte irgendwie seinen vermeintlich festen Platz und wusste, was er konnte. Was kam dabei raus, wenn man ohne Kenntnis der Hintergründe und des Lebenslaufs von wildfremden Personen eingeschätzt wurde?

Wir wurden gefragt, wessen Job wir gern hätten. Mein Traumjob zu diesem Zeitpunkt wäre die Position von Birgit Breuel als EXPO-2000-Chefin in Hannover gewesen. Das hätte mir gefallen: viel Organisation, viele Menschen, viele Nationen, viele Herausforderungen. Im wirklichen Leben vermutlich auch viel Politik, viel Lobbyarbeit und viele Kompromisse – diese Schattenseiten sah ich aber natürlich nicht, als ich überlegte, was ich machen würde, wenn ich mir einfach einen Job aussuchen könnte.

Es stellte sich heraus, dass die anderen mir ausnahmslos eine Selbstständigkeit zutrauten und dass sie mich als offenen, kommunikativen Menschen wahrnahmen. Mein eigenes Selbstbild war zu dieser Zeit ein ganz anderes. Ich fühlte mich eher schüchtern, war mit vielen zaghaften Ideen gescheitert und träumte viel. Dass es höchste Zeit war, meinem Leben eine andere Richtung zu geben, wusste ich. Aber wo sollte es nur hingehen?

Am Ende des Seminars wusste ich, welche Eigenschaften der Job, der zu mir passt, haben musste. Ich müsste selbstständig arbeiten, möglichst viel direkt mit Menschen und Organisatorischem zu tun haben, kreativ sein können, war nicht gut darin, mich unterzuordnen, bräuchte regelmäßig neue Herausforderungen, mochte keine Routine, war touristisch interessiert, sollte am besten an der frischen Luft unterwegs sein, und vielleicht wäre auch Fotografie ein Thema. Wie bitte? Was für ein Job konnte das nur sein? Es stand leider nicht dabei, dass ich mich direkt mit Hafentouren selbstständig machen sollte und auch nicht, wie das ging, auch wenn die Beschreibung perfekt auf meinen heutigen Job passte.

Es war 2003, ich hatte noch Schulden vom Hauskauf der gescheiterten ersten Ehe abzuzahlen, war inzwischen zum zweiten Mal verheiratet, Alleinverdienerin, und mein Mann studierte. Ich träumte immer noch von einer eigenen Familie, doch mein Kinderwunsch sollte sich nicht erfüllen. Damals hatte ich wenig Selbstvertrauen. Ich stand im Job unter Druck, fühlte mich im IT-Vertrieb zunehmend fehl am Platz und fand einfach den Ausweg aus meinem Dilemma nicht. Ein halbes Jahr lang kämpfte ich sogar mit Herzrhythmusstörungen und zu hohem Blutdruck. Meine Ärztin verschrieb zunächst Betablocker, legte mir später aber dringend eine Änderung der beruflichen Situation nahe, da ich durch die Betablocker nur noch antriebslos auf dem Sofa rumhing. Ich verlor in dieser Zeit fast den Kontakt zu mir selbst.

Das Seminar gab mir Hoffnung. Danach hatte ich viele Ideen, setzte aber erst mal keine davon um. Ich war sehr zögerlich und fühlte mich in den Umständen gefangen. Vielleicht konnte ich irgendwo eine Umschulung machen? Ein paar Jahre zuvor hatte ich nebenbei ein Zusatzstudium im Bereich Kultur- und Bildungsmanagement begonnen und ernsthaft überlegt, ob ich nicht doch hätte Lehrerin werden sollen. Innerlich fühlte sich das aber an wie eine Sackgasse. So lief mein Leben im immer gleichen Trott weiter, alles dümpelte in seichtem Gewässer vor sich hin.

Bis zu dem Tag, an dem ich für ein IT-Beratungsprojekt bei einem neuen Arbeitgeber zum ersten Mal einen Fuß in ein wunderschönes, imposantes Gebäude an der Hamburger Binnenalster setzte, den Hauptsitz der Reederei Hapag-Lloyd. Ich war für ein Projekt im Kreuzfahrtbereich engagiert worden. Über der prächtigen Eingangshalle prangte der Leitspruch des Firmengründers Albert Ballin: »Mein Feld ist die Welt.« Der Spruch zog mich in seinen Bann, die dort aufgestellte Büste von Herrn Ballin beäugte mich vermeintlich kritisch von links. Ballin schien zu mir zu sprechen.

»Mädchen, irgendwas in deinem Leben läuft gehörig schief. Tu was dagegen!«

Drei Monate lang ging ich fast jeden Morgen an dieser Büste vorbei, und immer schien sie mir zuzuraunen. Es hatte etwas Unheimliches. Bildete ich mir das ein oder sprach Ballin wirklich zu mir? Unmerklich nickte ich ihm täglich zu. Das Haus und der Betrieb gefielen mir sehr. Ich erinnerte mich an die früheren *Traumschiff*-Episoden. Vielleicht wäre doch Kreuzfahrtmanagerin mein Ding?

Eines Abends recherchierte ich in einer Weinlaune die notwendigen Qualifikationen. Eine Ausbildung im Tourismus oder ein betriebswirtschaftliches Studium waren von Vorteil. Damit konnte ich leider nicht dienen. Sollte ich noch mal ganz von vorn anfangen? Beim Durchklicken der verschiedenen Angebote landete ich auf der Seite eines Düsseldorfer Studieninstituts. Sie boten in Zusammenarbeit mit der Fachhochschule Schmalkalden in Thüringen das Fernstudium Tourismus-Betriebswirtschaft an. Es würde meine Situation nicht umgehend verändern, aber mir doch eine Perspektive bieten. Ich hatte das Gefühl, etwas in Gang zu setzen. Ich meldete mich an, das Studium dauerte drei Jahre.

Orientierungslos

Schon morgens im Bad kündigte sich an, dass dieser Tag nicht wie jeder andere werden würde.

»Maike, du musst unbedingt so eine Antirutschgummimatte in deine Badewanne kleben, sonst ist das Duschen bei dir ja lebensgefährlich.«

Die Warnung meines Vaters klang mir noch in den Ohren, als ich an diesem ungemütlichen Dezembermorgen des Jahres 2006 den Halt verlor. Ich hatte schlecht geschlafen, war noch im Halbschlaf ins Bad gestapft und hoffte auf Besserung nach der Dusche. Daraus wurde nichts. Als ich das Wasser anstellen wollte, rutschte ich aus, schlug mit dem Knie unsanft gegen den Wannenrand, mein Gleichgewichtssinn verabschiedete sich, meine Hände griffen nach dem flattrigen Duschvorhang, und schon fand ich mich fluchend auf dem Wannenboden wieder. Autsch.

Das würde einen dicken blauen Fleck geben. Ich rieb mir das Knie, zog mich umständlich mit den Armen am kalten Wannenrand hoch und duschte einbeinig balancierend im Schnelldurchlauf. In meinen kuscheligen Bademantel gehüllt humpelte ich voller Selbstmitleid in die Küche. Dort setzte ich einen starken Kaffee auf, der hoffentlich meine Lebensgeister wecken würde. Der blaue Lieblingsbecher mit dem Leuchtturm drauf verfehlt seine Wirkung eigentlich nie, aber an diesem Morgen fehlte mir nicht nur die Orientierung, ich fühlte mich richtig niedergeschlagen.

Ich schlurfte zurück ins Bad. Diese müde Person, die mir da aus dem beschlagenen Spiegel entgegenblickte, wer war das eigentlich? In meiner Wohnung fanden sich zu diesem Zeitpunkt zahlreiche Dekoleuchttürme, aber ich hatte das Gefühl, keiner konnte mir den richtigen Weg weisen. Immer drehte ich mich im Kreis. Ich sah den Horizont vor lauter Leuchttürmen nicht mehr.

Die Frau im Spiegel war 35 Jahre alt, studierte Wirtschafts-informatikerin, unfreiwillig kinderlos und gerade frisch zum zwei-ten Mal geschieden. Es fühlte sich alles falsch an. Mit meinem Alter haderte ich nicht, aber der Job und die Familiensituation waren ganz und gar nicht das, was ich mir für mein Leben mit Mitte dreißig aus-gemalt hatte. Ich verdiente gutes Geld und war frei, zu tun und zu lassen, was ich wollte, aber was wollte ich denn? In den vergangenen Jahren hatte ich mehrfach den Arbeitgeber gewechselt. Ich dachte, damit würde sich das Blatt wenden.

»Viel Erfolg und alles Gute. Wir werden dich vermissen.«

»Du bleibst der Branche ja erhalten, dann sehen wir uns auf der Messe. Da feiern wir!«

So oder ähnlich hatten mir die Kolleginnen und Kollegen jeweils gute Wünsche zum Jobwechsel mit auf den Weg gegeben. Geändert hatte sich jedoch nichts, denn ich hatte den wichtigsten Faktor über-sehen: Ich hatte immer nur den Arbeitgeber gewechselt, der Job war aber der Gleiche geblieben. Und in dem funktionierte ich zwar ganz gut, war aber schon über Jahre unglücklich und suchte jeden Mor-gen aufs Neue meine Motivation.

Ich betrachtete mein Gesicht im Spiegel. In meinen Augen war kein Glanz, sie schauten mattgrau zurück. Ich fühlte mich farblos und unscheinbar.

Mit dem Kaffee setzte ich mich auf den Barhocker am Küchen-tisch und versuchte, das schmerzende Knie zu ignorieren. Das be-kannte Gefühl, der Verdruss, in meinem Job gefangen zu sein, kroch wieder in mir hoch. Es war ein klassisches Hamsterrad.

»Das kann es doch nicht gewesen sein ...«, ging es mir als Mantra ständig durch den Kopf. Nur einen Ausweg hatte ich nicht parat.

Der Gedanke an den Abend munterte mich etwas auf: Die Firmenweihnachtsfeier sollte an diesem Tag mit einer abendlichen Schiffstour durch den Hamburger Hafen stattfinden, anschließend war ein großes Essen im beschaulichen Portugiesenviertel vorgesehen. Geplant war eine Rundfahrt auf einer traditionellen Barkasse, einem dieser typischen kleinen rustikalen Boote, mit denen früher die Hafenarbeiter zu den Docks geschippert wurden. Natürlich sind die Barkassen inzwischen etwas komfortabler ausgestattet, alle verfügen über umlaufende Holzsitzbänke oder Stühle, einen geschützten Innenraum, einen überdachten Außenbereich und ein WC. Je nach Ausführung ist auf diesem Bootstyp Platz für um die fünfzig Personen.

Sollte ich mit meinem geschundenen Knie nun wirklich noch ans andere Ende der Stadt in die Firma fahren oder heute einfach Homeoffice machen? Oder vielleicht doch alles absagen und es mir an diesem Abend zu Hause gemütlich machen? Was konnte aus diesem Tag nach dem blöden Duschunfall schon noch werden?

Ich ging in Gedanken kurz die Liste der unbedingt erforderlichen Anrufe und Bürotätigkeiten des Tages durch. Sehr lang wurde die Liste nicht. Die Auflistung der heimischen Aufgaben versprach da viel mehr Abwechslung: Der Schmutzwäscheberg im Schlafzimmer war auf beachtliche Ausmaße angewachsen, der Kühlschrank war fast leer, die Spülmaschine wartete darauf, ausgeräumt zu werden, und war es nicht höchste Zeit, die Winterreifen aufziehen zu lassen? Ich hätte den Tag so gut sinnvoll nutzen können, das große Fenster im Wohnzimmer hätte ich auch zu gern mal wieder auf Hochglanz gewienert – stattdessen die innere Auseinandersetzung mit meinem Gewissen. Ich rief im Büro an.

»Sie können heute ausnahmsweise von zu Hause arbeiten, wenn Sie wirklich nicht mit dem Auto in die Firma kommen können, aber in den nächsten Wochen möchte ich Sie regelmäßig hier vor Ort sehen«, gab mein Chef widerwillig sein Okay. Er teilte mir allerdings zugleich noch eine aufwendige Aufgabe zu, zu der ich ihm vor Feierabend Ergebnisse mailen sollte.

Also schlechte Karten für die Winterreifen und das Wohnzimmerfenster. Aber den Wäscheberg würde ich immerhin zwischendurch abtragen können und die Küche bot auch willkommene Abwechslung. Normalerweise drücke ich mich vor der Hausarbeit, aber wie so häufig in letzter Zeit schien sie mir das kleinere Übel zu sein.

Es nützte ja nichts, ich begab mich ins Arbeitszimmer. Nun gut, diese Bezeichnung war etwas weit hergeholt, es diente außerdem als Gästezimmer, Abstellkammer, Wäschezimmer, als Werkstatt, und mit den zwei kleinen Hanteln in der Ecke hinter der Tür hatte es sogar einen Fitnessbereich. Als ich mich an den Schreibtisch setzte und den PC hochfuhr, fiel mein Blick erstmals bewusst nach draußen. Durch die Milchglasscheibe im Bad war mir gar nicht aufgefallen, wie dunkel es draußen noch war, obwohl die Uhr an der Wand bereits halb zehn zeigte. Ein trüber Tag. Nebel vermischte sich mit Nieselregen und waberte als undefinierbare graue Pampe zwischen den hohen Tannen durch den kleinen Garten hinterm Haus. Auf der Terrasse tanzten einzelne vertrocknete braune Blätter umher, bis sie vom Regen beschwert an einem der Laubhaufen hängen blieben.

Über meinem Schreibtisch hatte ich eine Postkarte an die Wand gepinnt: »Was immer du tun kannst oder erträumst zu können, beginne es jetzt« stand da. Darüber war eine große leuchtende Sternschnuppe an einen dunklen Himmel gezeichnet.

»Ach, Goethe, du hast ja so recht.« Wenn ich nur wirklich wüsste, was ich denn eigentlich wollte. Ich wusste eher, was ich nicht mehr wollte.

Lichtzeichen

Der Arbeitstag zog sich wie Kaugummi, die Schmerzen im Knie ließen nach, die Vorfreude auf den Abend stieg. Als der Feierabend endlich in Sicht war, zeigte sich das Wetter weiterhin ungnädig. Inzwischen war aus dem dezenten Nieselregen vom Vormittag ein platternder norddeutscher Landregen geworden, der immer wieder von Sturmböen gegen die Scheibe gepeitscht wurde. Es war draußen richtig ungemütlich. Trotzdem besserte sich meine Laune mit dem Feierabend deutlich – das Wetter war da fast egal.

Als ich vor dem Kleiderschrank stand und nach einem passenden Outfit für den Abend suchte, war die Entscheidung für Jeans und einen warmen Pullover schnell gefallen. Der schwarze feine Wollpulli war leicht tailliert und hatte einen V-Ausschnitt, dazu trug ich eine schmale silberne Kette mit Seesternanhänger.

Die Bushaltestelle befand sich zum Glück direkt vor meiner Haustür. Ein Schirm war bei den Sturmböen nutzlos, ich war in schwarze Lederboots mit dicker Gummisohle geschlüpft und hatte die wetterfeste Jacke übergeworfen. Meinen schulterlangen dunkelblonden Haaren widmete ich nicht viel Aufmerksamkeit – es gibt einfach Tage in Norddeutschland, da ist der Kampf gegen Wind und Wetter frisurentechnisch aussichtslos, und man bindet sich am besten einfach einen Pferdeschwanz. Oben links auf meiner Stirn kräuselte sich dank der hohen Luftfeuchtigkeit eine nervige Locke, der ich an diesem Tag aber keine Beachtung schenkte.

Der Bus brachte mich zur S-Bahn-Station, von dort ging es weiter zum Hafen, zu den St. Pauli-Landungsbrücken. Kaum aus der Bahn gestiegen, lief ich zwei Kollegen in die Arme, deren Laune aufgrund des aktuellen Wetters eher bescheiden war.

»Mischtwetter! Müssen wir wirklich eine Schiffstour machen?«, maulte Guido aus dem Vertrieb mir zur Begrüßung entgegen. Er trug eine dieser Michelin-Männchen-Steppjacken: gut wattiert mit fluffigen Daunen, aber bei heftigen Regengüssen nicht unbedingt adäquat. Das schien Guido, der erst vor Kurzem aus dem sonnigen Breisgau in den Norden gekommen war, auch langsam aufzugehen. Immerhin trug er nicht wie sonst eine Anzughose, sondern hatte wetterbedingt zu robusten Jeans gegriffen.

»Hallo, Maike, was macht das Knie? Hast du etwa Lust, bei dem Sturm auf ein Schiff zu steigen? Da kippt uns doch der Glühwein aus der Tasse! Mir wird bestimmt schlecht.« Auch Anna machte ein eher mürrisches Gesicht. Sie war die gute Seele bei uns im Büro. Stets gut gelaunt umsorgte sie uns mit Kaffee, Kuchen und Büromaterial und übernahm die Reisekostenabrechnungen. Wie immer trug sie High Heels in beeindruckender Höhe. Ich fragte mich, wie sie sich damit überhaupt schmerzfrei fortbewegen konnte und vor allem wie man auf die Idee kam, damit auf ein Schiff zu steigen. Mit ihrem pink-farbenen Schirm kämpfte sie tapfer gegen die tosenden Windböen. Der Begriff »Landratte« schoss mir durch den Kopf, und ich musste schmunzeln.

Mir war das Wetter egal. Ich war in Nordfriesland an der Küste aufgewachsen und somit von klein auf alle Arten von Wind, Sturm und Regen gewöhnt. Hätte ich mich daran in der Vergangenheit jedes Mal mit schlechter Laune abgearbeitet, wären viel Zeit und Energie verloren gegangen. Es war ja nicht zu ändern, also machte ich das Beste daraus. In diesem Fall überwog die Freude auf den bevorstehenden Törn – so sagt man hier im Norden umgangssprachlich zu einer Schiffstour.

Wir huschten aus der Bahnstation und suchten uns einen ge-schützten Warteplatz unter dem Vordach eines benachbarten Büro-gebäudes. Wo genau war denn nun eigentlich der Treffpunkt für unsere Fahrt? Ich war wie meine Kollegen ratlos. »Anleger Hafentor« stand in der Beschreibung, davon hatten wir alle bisher noch nichts gehört. Es blieb also nur die Hoffnung, möglichst bald bekannte Gesichter zu treffen und auf den Orientierungssinn der anderen Kollegen zu setzen.

Die St. Pauli-Landungsbrücken kannte ich natürlich, von dort aus war ich schon mehrfach zur großen Hafenrundfahrt gestartet, meist wenn Besuch von auswärts kam. Als Hamburger machte man ja eher keine dieser Touristenrundfahrten, bei denen einem der »He lücht« seine Anekdoten auftischt. Als »He lücht«, also hochdeutsch »Er lügt«, werden lapidar die meist älteren Kapitäne betitelt, die ihr Seemannsgarn und Halbwissen über den Hamburger Hafen verbreiten. Immer die gleichen Sprüche, die man nach zwei bis drei Touren mitsprechen kann. Aktuelle Informationen gibt es dabei eher selten, einige der »Kapteine« sind aber durchaus sehr unterhaltsam. Wenn einheimische Passanten im Vorübergehen solche Anekdoten mitbekommen, werfen sie dem Kapitän gern ein »He lücht« mitten in seine Ausführungen. Das Gelächter bei den Zuhörern ist dann groß, und der Schnacker ist animiert, sein Fachwissen mit der nächsten Anekdote zu untermauern. »He lücht« ist bis heute eine entlang der Hafenkante geläufige abfällig-liebevolle Bezeichnung für alle, die vor Gästen ihre Geschichten zum Besten geben.

Ich habe immer gern Hafenrundfahrten gemacht, Hamburg ist sinnbildlich und auch in der Außendarstellung »Das Tor zur Welt«, und es ist ein einmaliges Gefühl, sich auf dem Wasser den Wind um die Nase wehen zu lassen und den großen Pötten auf der Elbe hinterherzuschauen.

Wenn man an den Landungsbrücken spazieren geht, vergehen kaum fünf Minuten, in denen man nicht von einem der Koberer, also dem Anwerber und Ticketverkäufer, mit markiger Stimme und typisch norddeutschem Slang angesprochen wird: »Hier gleich die nächste Abfahrt! Wollt ihr noch mit?« Oder auch: »Haaaafennnn-rrrrrrrundfahrrrrt – alle wollen mit!«

Diese Schnacks übernimmt der Nachwuchs im Hafen ungefiltert von den alten Haudegen, auch wenn die Zeiten sich ändern und die meisten Fahrgäste heute mit online gebuchten Tickets zum Anleger kommen und gar nicht mehr gekobert werden müssen.

Die St. Pauli-Landungsbrücken sind eigentlich mal vor den Toren der Stadt angelegt worden, in Zeiten, als die ersten Dampfschiffe die Elbe hochkamen und die Hamburger großen Respekt vor Feuer hatten. Mitte des vorangegangenen Jahrhunderts war beim sogenannten Großen Feuer ein Drittel der Innenstadt zerstört worden, da hatte man nicht gerade Vertrauen in die neue Technik, bei der offene Flammen im Schiffsbauch loderten. Inzwischen ist die Stadt Hamburg stark gewachsen, und die ehemals außerhalb der Stadttore befindlichen Landungsbrücken sind ein zentraler touristischer Ort.

Der Anleger Hafentor liegt am östlichen Ende der Landungsbrücken, zwischen der Promenade und dem großen grünen Segelschiff, der Rickmer Rickmers. Dieser ehemalige Frachtsegler hat über 120 Jahre auf dem Buckel und alle Weltmeere bereist, seit 1983 liegt das schwimmende Wahrzeichen als Museums- und Restaurantschiff an den Landungsbrücken fest. Lediglich um »Klasse zu machen«, also den Schiffs-TÜV zu absolvieren und sich ihre Schwimmfähigkeit per Zertifikat absichern zu lassen, verlässt die Rickmer Rickmers alle paar Jahre ihren Liegeplatz und erhält dann auch immer gleich einen neuen Rumpfanstrich. Neuerdings kann man in den Wanten herumklettern, also den Mast erklimmen und Matrosenluft schnuppern, wenn man hoch hinaus möchte und schwindelfrei ist. Dafür war das Wetter am Abend unserer Firmenweihnachtsfeier im Dezember 2006 allerdings definitiv nicht geeignet.

Inzwischen hatte unsere orientierungslose Dreiergruppe Verstärkung bekommen. Ines aus dem Support-Team hatte einen ausgedruckten Wegeplan dabei und führte uns zum Anleger. Die Elbe schmückte sich mit kleinen weißen Gischtkronen, die schwimmenden Pontons der Landungsbrücken knarzten an den Übergängen, und nur vereinzelt trug eine Böe neben ordentlich erfrischendem Regen und tosendem Wind auch die Schreie wetterfester Möwen zu uns herüber.

Die kleine Barkasse ERNA lag fest vertäut am Anleger und kämpfte mit den Wellen. Immer wieder schlug der Rumpf mit einem dumpfen »Klong« gegen den schwimmenden Ponton. Manch einer wäre hier vermutlich schon beim Spaziergang über die Pontons seekrank geworden. Einigen Touristen soll das sogar bei schönem Wetter an den Landungsbrücken passieren. Die Landungsbrücken schwimmen mit wechselnder Tide, also dem Hoch- und Niedrigwasser der Elbe, auf und ab und bilden mit ihren gut siebenhundert Metern Länge die längste schwimmende Pontonanlage Europas.

»Es waggelt«, stellte Guido in tiefstem badischem Dialekt fest.

Mit einem großen Schritt stiegen wir auf das Schiff, der kernige Decksmann, der breitbeinig an der Reling stand, reichte uns eine Hand, griff mit der anderen kräftig unter den Arm und passte auf, dass hier niemand »koppheister«, also unfreiwillig über Bord ging. Auch Anna gelang es, trotz ihres gewagten Schuhwerks, an Bord zu steigen. Im Außenbereich war es ungemütlich, der kalte Regen kam dank des Sturmes quer von der Seite. Das Schiff schaukelte ordentlich, und alle hofften, dass wir bald ablegten. Das unregelmäßige Geschaukel bekommt nicht jedem Magen. Ich selbst bin da recht unempfindlich, allerdings kann ich es nicht ertragen, anderen zuzusehen, wenn sich ihnen der Magen umdreht. Es war unschwer zu erkennen, dass Guido von Minute zu Minute blasser wurde.

Aus den betagten Boxen schepperten Shantyklassiker, jemand sang schon zu dieser frühen Stunde lauthals nach bestem Wissen den Text von *Rolling Home* mit. Es waren gut dreißig Personen an Bord, neben kühlem Bier stand Glühwein an der Bar hoch im Kurs. Die durchnässten Klamotten waren schnell vergessen, in einer Ecke auf der hölzernen Seitenbank türmten sich die abgelegten dicken Jacken.

Eine Stunde lang schaukelten und schunkelten wir durch den Hafen, der Schipper war dann und wann über die knackenden Lautsprecher zu vernehmen und nuschelte schwer verständlich etwas zu den Sehenswürdigkeiten: »Un dor vorn an Backbord *knack* seht ihr *knarz* mächtigsten Pott, *knack* Hamburger Hafen *knack* …«

Gar nicht so einfach, durch die komplett beschlagenen Scheiben irgendwas zu erkennen. Wie war das noch mit Backbord und Steuerbord? Egal. Zahlreiche Wassertropfen liefen in krummen Linien innen an der Scheibe hinunter, während von außen immer wieder Gischt und Regen der Schietwetterfront den Blick trübten. Aber um die schöne Aussicht ging es auf dieser Tour ja auch nicht.

Nach gut einer Stunde legten wir wieder am Hafentor an, und es folgte ein kurzer feuchter Spaziergang ins benachbarte Portugiesenviertel.

Dieses kleine urige Viertel zwischen Michel, Baumwall und der Elbe verdankt seinen Namen portugiesischen Einwanderern, die in den 1960er-Jahren hier Quartier bezogen hatten. Als die Konjunktur im Schiffbau nachließ, verlagerten viele Bewohner ihren Tätigkeitsschwerpunkt aus dem Hafen hin zu gastronomischen Aktivitäten und bildeten so den Grundstein des heutigen Erscheinungsbildes. Die Restaurants, Cafés und Pastelarias vermitteln mediterrane Lebensfreude, man trifft sich auf der Straße. Nicht zuletzt die Mischung mit den vier skandinavischen Seemannskirchen sowie das um italienische und südamerikanische Restaurants erweiterte kulinarische Angebot runden das internationale bunte Bild des heutigen Portugiesenviertels ab.

Wir kehrten in einem der pittoresken, maritim dekorierten Lokale ein. Es wurde lecker gespeist, gelacht, getrunken, und der Abend verging wie im Flug. Schon lichteten sich die Reihen, und die ersten Kollegen verabschiedeten sich. Nach dem Essen drehten sich die Gespräche zunehmend um die Arbeit und die Firma. Bei einem Gang zur Toilette entdeckte ich am Tresen unseren Schiffsführer und den Decksmann. Beide sahen aus wie die typischen Seebären: wettergegerbte Gesichter, einer groß mit grauem Rauschebart und beeindruckendem Bauchumfang, der andere eher klein und drahtig. Beide mit einer Ausstrahlung, dass sie nichts aus der Ruhe bringen konnte. Sie hatten inzwischen das Rentenalter erreicht und den pulsierenden, lauten Hafen noch zu seiner Blüte in den Fünfziger-/Sechzigerjahren erlebt.

Damals konnten tatkräftige Arbeiter auch als ungelernte Kräfte gutes Geld verdienen. Frachtschiffe, zumeist Stückgutfrachter, hatten eine Liegezeit von gut zwei Wochen im Hafen. In dieser Zeit waren bis zu vierhundert Mann damit beschäftigt, die Ladung zu löschen, also die Ladeluken zu leeren. Säcke, Kisten, Fässer, Gebinde oder sperrige Güter – alles war so zusammengezurrt, dass immer ein oder zwei Mann anpacken und die Ladung hochhieven konnten. »Hiev op!«, klang es überall durch den Hafen. Es war ein Knochenjob. Der Container war noch nicht erfunden.

Bis in die 1980er-Jahre hörte man in Norddeutschland noch jeden Morgen im Radio die Aufrufe: »Heute ist wieder ein Schiff an Schuppen 50 angekommen. Gesucht werden dreihundert Schauerleute. Wer beim Entladen mithelfen möchte, melde sich bitte in der Admiralitätsstraße. Arbeitsschuhe und Handschuhe sind mitzubringen.« Die Schauerleute, das waren die mit dem »schaurigen« Job, die mussten anpacken können. Die Kaffeesäcke waren schließlich bis zu achtzig Kilogramm schwer.

Unsere Schipper waren tief in Fachsimpeleien über Hochprozentiges verstrickt.

»Ach watt, Rüdi, dat ist nich das richtige Zeuchs, dor mutt schon mehr binn siin.«

»Doch, Fiete, dat is good so.«

Ich nickte den beiden im Vorbeigehen zu, und als sie mich erblickten, klopfte der eine auf den leeren Barhocker zu seiner Rechten.

»Komm rüber, min Deern, sühs ja so bedröppelt ut, machst ein' mit uns verzehrn?«

Ich war in einem nordfriesischen Dorf groß geworden und hatte als Kind in plattdeutschen Theaterstücken im Dorfkrug mitgespielt. Schon damals wurden am Tresen die skurrilsten Geschichten erzählt, also zögerte ich nicht lang und nahm Platz. Über mir hing dekorativ ein Fischernetz mit einer großen darin eingewebten runden grünen Glasflasche, links davon baumelten einige exotische Muscheln im Netz, und auch ein kleines Steuerrad hatte sich in den Maschen verfangen. Neben dem Tresen der obligatorische Leuchtturm, ein imposantes mediterranes Modell, das einem meiner Badezimmertürme sehr ähnlichsah.

Wir schnackten eine Runde über unsere Schiffstour, über Hamburg und die Welt. Fiete zog irgendwann eine kleine knubbelige, durchsichtige Flasche selbst gebrannten Schnaps aus seiner Tasche und schenkte uns allen unter den wohlmeinenden Augen des Barmannes einen Kurzen ein. Prost. Es schien nicht so ungewöhnlich, dass man hier auch Selbstversorger war.

Ich schüttelte mich, das klare Getränk brannte im Hals. Hochprozentiges war nicht so mein Fall. Es half an diesem Abend jedoch, den Alltag auszublenden, die unglückliche Arbeitssituation zu vergessen und abzuschalten. Die beiden hatten viele spannende Geschichten aus dem Hafen zu erzählen. Auch bei der zweiten Runde sagte ich nicht Nein.

Die Kollegen im Nebenraum waren schnell vergessen, die Seebären und ich schipperten auf gleicher Wellenlänge. Die Themen wurden vielseitiger, die Geschichten bunter, und ich redete mich um Kopf und Kragen. Unter anderem erzählte ich den beiden auf die Frage, warum ich denn den ganzen Abend so »bedröppelt« gewirkt hätte, dass ich mit meinem Job nicht glücklich sei, aber leider auch nicht wüsste, was ich stattdessen machen sollte. Ich berichtete von meinem gerade erst abgeschlossenen Fernstudium Tourismus-Betriebswirtschaft und dass mir das konkrete Ziel vor Augen fehlte. Die beiden hörten aufmerksam zu. Ich bemerkte, dass sie sich zunickten.

Was nun folgte, war der Beginn der besten Schnapsidee meines Lebens. Ich wusste es nur noch nicht. Alles würde sich ändern.

Fiete und Rüdi berichteten mir von einer Idee, die ihnen und dem mit ihnen befreundeten Busunternehmer Georg schon eine Zeit lang im Kopf herumspukte. Ab dem kommenden Jahr würde in Hamburg-Wilhelmsburg die Internationale Bauausstellung, kurz IBA, starten. Man konnte sich mit kreativen Projekten und Ideen um eine Förderung bewerben. Die Themenfelder reichten von Architektur über Bildung und Kultur bis zur Infrastruktur. Die beiden hatten eine Schiffstour nach Wilhelmsburg im Sinn. Sie wollten das Thema der schweren Sturmflut von 1962 in den Mittelpunkt stellen und einen Kaffee-Zwischenstopp mit Zeitzeugen auf der Insel anbieten.

Wilhelmsburg war für die meisten Hamburger, so auch für mich, zu diesem Zeitpunkt ein sozial eher schwacher und unbekannter Stadtteil zwischen Norder- und Süderelbe gelegen, mit hohem Migrationsanteil. Vor allem war er bekannt für die drei großen Verkehrsachsen Autobahn, Bahntrasse und Bundesstraße, über die man immer schnell durch den Stadtteil durch ist und kaum etwas von den Besonderheiten oder der Kultur vor Ort mitbekommt. Die meisten Menschen, die aus Richtung Süden nach Hamburg fahren, realisieren noch den Stadtteil Harburg und wachen dann erst bei den Elbbrücken wieder so richtig auf. Dass sie dabei die größte Binneninsel Europas überqueren, fällt vielen bis heute nicht auf.

Die beiden Hafenkenner brachten mir Hamburg-Wilhelmsburg erstmals im Positiven näher. Auch ich war voller Vorurteile, die durch die Medien und entsprechende Berichte über Kampfhundattacken und ähnliche Zwischenfälle gut genährt waren. Ich hatte keine Ahnung, wie es in Wilhelmsburg wirklich war. Die Beschreibungen von idyllischen Wasserwegen, die man mit der Barkasse befahren konnte, einem quirligen multikulturellen Zentrum rund um den Stübenplatz sowie weiter Gemüsefelder und großer Gewächshäuser im Südosten der Insel faszinierten mich. Mein Interesse war geweckt.

Fiete berichtete begeistert von den Projektideen, es gab da nur ein Problem. Er erzählte, dass sie am liebsten im Frühjahr loslegen wollten, aber niemanden hätten, der dieses Projekt mit ihnen umsetzen würde. Es fehlte jemand, der das Projekt leiten und sich um das Feinkonzept und die Realisierung kümmern würde.

Klick. In meinem Kopf fing es an zu rattern. Ich konnte es nicht glauben. Dieses »Klick« war nicht zu überhören, es hämmerte sich in meine Gedanken. War das die Lösung? War das meine Chance?

»Wow, das klingt total spannend, ich würde zu gern mehr erfahren.«

In mir schien sich alles in Bewegung zu setzen. Mein Herz klopfte, das Gedankenkarussell wirbelte, ich war erfüllt von der Projektidee.

»Allerbest, Maike, dat harrn wi uns all dacht, dat du genau de Richtige wärst för dat Ding. Lot uns man Anfang Januar schnacken, und denn nehmt wi di mit op een Entdeckungsreis över de Insel. Denn gifft dat Botter bi de Fisch.«

Ich strahlte. Und hörte für den Rest des Abends nicht mehr damit auf.

Wenn ich in der Vergangenheit von solchen Klick-Momenten bei anderen gehört hatte, tat ich das in der Regel mit einem »Ah ja, na klar, bestimmt« ab und hielt es für Einbildung. Jetzt weiß ich es besser. Es gibt diese Momente, in denen man ganz genau spürt, dass sich eine große Chance auftut und man nur genug Mut aufbringen muss, diese am Schopfe zu packen.

Jetzt würde sich endlich etwas ändern. Ich würde zugreifen.

Land in Sicht

Im Januar und Februar 2007 standen die ersten Treffen mit Fiete und Rüdi an. Wir trafen uns mal nach Feierabend, mal am Wochenende zu kleinen Exkursionen, bei denen ich ganz neue Ecken von Hamburg kennenlernte. Es hatte fast konspirativen Charakter, in meinem Arbeitsumfeld sollte niemand etwas mitbekommen. Wohin diese Treffen führen würden, das wusste ich nicht, aber meine Neugier war geweckt.

Mit Fiete und Rüdi überquerte ich die ersten Male ganz bewusst die Norderelbe, um den Hafen und die größte Elbinsel, also den Stadtteil Wilhelmsburg, mitten in Hamburg kennenzulernen. Bisher war ich immer nur mit dem Auto oder der Bahn durch den Hafen und über die Insel gerauscht. Überhaupt hatte ich die Insellage und die Spaltung der Elbe in Norder- und Süderelbe bis dahin gar nicht realisiert.

Ich liebe den imposanten Hafenblick, der sich bietet, wenn man mit dem Auto auf der Südseite des Elbtunnels inmitten von Massen von Containern wieder ans Tageslicht kommt. Zur Linken spannt sich die Köhlbrandbrücke über Hafenbetriebe unterschiedlichster Art, während zur Rechten die großen Pötte im Waltershofer Hafen unter den Containerbrücken festmachen. Ich hatte keine Ahnung, dass das Hafenbecken nahe dem Elbtunnel Waltershofer Hafen heißt, geschweige denn wusste ich irgendetwas über die Abläufe dort oder was sich in der großen Halle links unter der Köhlbrandbrücke befand. Alles, was über den ersten oberflächlichen Sichtkontakt hinausging, war Neuland für mich.

Wir fuhren zu den Terminals, die beiden erklärten mir grob die Grundlagen und die Aufteilung des Hafens und nahmen mich mit zu einem beeindruckenden Hafen der ganz anderen Art, dem

Seemannsclub Duckdalben. Hier haben Seeleute seit gut 35 Jahren die Chance auf ein wenig Sozialleben, das im harten, eintönigen Alltag auf den Schiffen immer mehr verkümmert. Sie finden ein Gegenüber zum Reden, haben Gelegenheit, per Telefon oder Internet Kontakt nach Hause aufzunehmen, an einem Kiosk die nötigen Dinge des Alltags zu kaufen, Arztsprechstunden zu besuchen und sich sportlich zu betätigen. Ich hätte es schon damals bei meiner Mitfahrt auf dem kleinen Containerschiff in der Nordsee bemerken können, aber ich realisierte erst bei diesem Besuch im Duckdalben zum ersten Mal wirklich die schwierige Situation der Seeleute. Monatelang auf See, getrennt von Familie und Freunden, mit immer kleiner werdenden Crews und immer kürzeren Liegezeiten in den Häfen. Mit der Romantik der Zeit der Hans-Albers-Filme hat das Seefahrerdasein von heute nichts gemein. Meist fehlt sogar die Zeit, das Hafengebiet überhaupt zu verlassen, geschweige denn die Sehenswürdigkeiten der jeweiligen Stadt zu bewundern. Grundsätzlich steht der Seemannsclub jedem Besucher offen, zumeist finden aber nur Eingeweihte den Weg an diesen versteckten Ort. Man muss im Klub kein Mitglied sein, die Seeleute freuen sich über persönliche Kontakte, und man kommt sehr schnell ins Gespräch.

Wir standen in der zentralen Halle. Unmittelbar neben dem Eingang befinden sich einige Telefonkabinen, die aus der Zeit gefallen scheinen, aber doch so wichtig sind. Sie bieten ein wenig Privatsphäre für den Kontakt nach Hause. Eine Treppe führt ins Obergeschoss, das Geländer zieren Rettungsringe. Die Halle ist geschmückt mit vielen persönlichen Porträts und Geschichten von Seeleuten aus aller Welt, es finden sich Zeitungsausschnitte, Fotos, Schiffsmodelle, Mitbringsel, Informationen über die Arbeit des Klubs und seiner Hilfsangebote. Auf einer Karte kann man sehen, woher die Seeleute stammen, die den Klub besuchen: Der überwiegende Teil kommt von den Philippinen, gefolgt von Indern, Chinesen und Ukrainern.

Aus einem von der Halle abzweigenden Büro kam ein junger Mann auf uns zu. Er trug eine eng anliegende dunkelblaue Mütze, eine dick wattierte Weste und hielt eine Tasse mit dampfendem Kaffee in der Hand, als er uns lächelnd begrüßte.

»Moin, Fiete, lang nich sehn, wo geiht di dat?«

»Allns bestens, min Jung, ick hebb veel to dohn.«

Die beiden kannten sich, und Fiete stellte mich vor.

»Moin, Maike, ich bin der Klaas, herzlich willkommen bei uns.«

»Danke, ich freue mich. So viel zu entdecken hier. Ich bin ganz überwältigt vom ersten Eindruck.«

»Jo. Schau dich in Ruhe um, und wenn du Fragen hast, immer her damit.«

Da fiel mir direkt was ein.

»Woher kommt eigentlich das Wort Duckdalben? Das sind doch die dicken Pfähle in der Elbe, oder?«

»Richtig«, erklärte Klaas, »Duckdalben geht angeblich zurück auf den spanischen Herzog von Alba, den Duc d'Albe, der aus Platzmangel mit dem Einrammen von Pfählen im Hafen zusätzliche Liegeplätze für Schiffe schaffen wollte. Heute sagt man meist nur noch Dalben.«

Und schon hatte ich wieder was gelernt.

Duckdalben sind also große, dicke Holzpfähle, an denen Schiffe festmachen können, mehrere davon finden sich zum Beispiel in der Norderelbe westlich der Elbbrücken. Heute werden sie meist von Schiffen genutzt, wenn diese auf den nächsten Auftrag warten und Zeit überbrücken müssen, da Liegeplätze am Kai teuer sind. Früher haben die großen Schiffe meist an den Dalben mitten im Elbstrom festgemacht, dann wurden die Waren auf kleinere Schiffe oder Schuten – Lastkähne ohne eigenen Motor – umgeladen und dann mit Schleppern oder Muskelkraft zu den Lagerhäusern, in die Speicherstadt oder zu den Umschlagplätzen verbracht.

Wir gingen weiter in den gemütlichen Loungebereich. Er ist mit Holz ausgekleidet, unter der Decke hängen unzählige Rettungsringe, meist in leuchtendem Orange mit gut lesbaren Namen der Schiffe, auf dem diese Rettungsmittel einst für Sicherheit sorgten. Der Tresen dient gleichzeitig als Kiosk und hat neben Telefonkarten und Süßigkeiten auch Rasierschaum, Zahnpasta, Batterien und Ladekabel im Angebot. Gerade ging wieder ein Verkaufsschlager über den Tresen. Über die Schulter von Rüdi hinweg sah ich, wie ein Mitarbeiter vier Tafeln Schokolade in eine Tüte packte und sie einem asiatischen Seemann reichte. Dass Schokolade der meistverkaufte Artikel im Kiosk ist, hatte ich vorab von meinen Begleitern erfahren.

Die Seemannsmission Duckdalben ist immer einen Besuch wert, man kommt schnell mit Seeleuten aus den entferntesten Ländern oder den engagierten Mitarbeitern ins Gespräch. Ein sehr beeindruckender Ort findet sich im Obergeschoss: der Raum der Stille. Hier sind alle großen Religionen mit einer eigenen Gebetsstätte vertreten, alle in einem Zimmer, nur durch Blumenkübel voneinander getrennt. Jeder Abschnitt ist liebevoll dekoriert, immer wieder lassen Seeleute religiöse Devotionalien dort. Es funktioniert wunderbar, die Seeleute respektieren einander in ihren unterschiedlichen Glaubensrichtungen. Der Raum ist auch für Besucher zugänglich. Ich bin jedes Mal sehr bewegt, welche Ruhe dieser Ort ausstrahlt.

Im Rahmen der Erkundungstouren mit Fiete und Rüdi machte ich so manch unerwartete Entdeckung. Einmal ging es mitten hinein in den bunten Trubel des internationalen Marktes auf dem Stübenplatz auf der Elbinsel Wilhelmsburg, an einem anderen Tag fuhren wir zu Hamburgs kleinstem Leuchtturm an der Bunthäuser Spitze, und ich lernte das Elbe-Tideauenzentrum kennen. Überrascht hatten mich ein idyllischer Biergarten direkt am Ernst-August-Kanal, der historische Dorfkern von Kirchdorf mit der knuffigen über vierhundert Jahre alten Kreuzkirche und der schmucke Galerieholländer Johanna, eine restaurierte Windmühle. Ich saugte alle Informationen und Neuigkeiten wissbegierig auf und schrieb zahlreiche Stichpunkte in mein Notizbuch. Diese für mich neuen Welten faszinierten mich. Ich interessierte mich plötzlich für Geschichte, wirtschaftliche Zusammenhänge, soziale Themen und Umweltfragen. Der Hafen und die Elbinsel boten von alldem reichlich.

Gemeinsam mit Fiete und Rüdi entwickelte ich Ideen für das Projekt, das wir Elbinsel-Tour getauft hatten. Es sollte eine kombinierte Schiffs- und Bustour über die Elbinsel Wilhelmsburg werden, wir hatten jedoch noch keine feste Route und keine thematischen Schwerpunkte festgelegt. Alles war recht vage und ohne Struktur. Unklar war auch, wo unsere Gäste herkommen sollten. Wir hofften, unser Enthusiasmus würde sich bald auch auf zahlende Kundschaft übertragen.

Stürmische Zeiten

Ich stand zu dieser Zeit noch voll in meinem IT-Vertriebsjob. Mitte März 2007 war ich, wie die vergangenen zehn Jahre auch, für meinen Arbeitgeber eine Woche auf der CeBIT in Hannover, einer damals sehr großen Computermesse. Mein Job war die Präsentation und der Vertrieb von Dokumentenmanagement- und Workflow-Systemen, kurz gesagt: die Einführung des papierarmen Büros. Ich mochte Messen sehr. Der Fokus lag auf Kundenkontakten und der Produktpräsentation, ich hatte direkt mit Menschen zu tun. Auf diese Weise entging ich der leidigen anonymen Telefonakquise im Büro. Außerdem waren die Messen ein Familientreffen der Branche, eine gute Gelegenheit zum Netzwerken und zum entspannten Plausch mit Kollegen nach Feierabend. Jetzt hatte ich zwar eigentlich gerade am Hafenthema Feuer gefangen und recherchierte nach Feierabend in jeder freien Minute dazu, freute mich aber trotzdem auf die Woche. Unter anderem lief mir in Hannover der frühere Projektleiter meiner dreimonatigen Tätigkeit bei der Kreuzfahrtreederei über den Weg, in deren Eingangshalle mir seinerzeit die Büste des Firmengründers Albert Ballin tagtäglich ins Gewissen zu raunen schien. Nach diesem Projekt hatte ich dreieinhalb Jahre zuvor mein berufsbegleitendes Fernstudium begonnen. Wir verabredeten einen Termin für eine Produktpräsentation nach der Messe. Die restliche Woche verging wie im Flug.

Gemeinsam mit meinem Chef und einem Projektleiter fuhr ich zwei Wochen später zu dem beeindruckenden Bürogebäude mit dem Namen Berliner Bogen am Berliner Tor in Hamburg. Ein gewaltiger Glas- und Stahlbogen, der sich über neun Stockwerke erstreckt. Die

Kreuzfahrtreederei war zwischenzeitlich von der Binnenalster in den Berliner Bogen gezogen.

Der kaufmännische Leiter begrüßte mich freundlich: »Frau Brunk, wie schön, Sie so schnell wiederzusehen. Was für ein Glück, dass wir uns bei der Messe über den Weg gelaufen sind. Jetzt lassen Sie uns doch mal Nägel mit Köpfen machen. Wir sind ganz gespannt.«

»Sehr gern, wir haben etwas für Sie vorbereitet, schauen Sie mal hier.«

Mein Chef gab einen Überblick zu unserer Firma und aktuellen Projekten, dann begannen wir die individuelle Präsentation. Wir kamen dabei immer wieder locker ins Schnacken, und in einem Nebensatz erwähnte ich im Plauderton, dass ich die Kreuzfahrtreederei inzwischen noch besser beraten könne als einige Jahre zuvor, da ich gerade mein Fernstudium Tourismus-Betriebswirtschaft mit Schwerpunkt Kreuzfahrtindustrie abgeschlossen hätte.

»Das klingt prima, Frau Brunk, dann sind Sie ja voll im Thema.«

»Ja, das Projekt bei Ihnen damals hat den Anstoß gegeben. Mir gefällt Ihre Branche«, berichtete ich wahrheitsgemäß. Dass ich kurz mal davon geträumt hatte, Managerin des Luxuskreuzfahrtschiffes MS EUROPA zu werden, behielt ich für mich. Während der Kunde begeistert war, konnte ich aus den Augenwinkeln sehen, wie meinem Chef kurz die Gesichtszüge entglitten. Er ließ sich jedoch nichts weiter anmerken. Ich dachte mir erst mal auch nichts weiter dabei.

Ich ahnte, dass es grundsätzlich riskant war, das Studium meinen Kollegen gegenüber zu thematisieren, ich hatte in der Firma niemandem davon erzählt. Es war meine private Weiterbildung, die ich berufsbegleitend die vergangenen drei Jahre nach Feierabend, an den Wochenenden und in meinem Urlaub absolviert hatte. Ich war frischgebackene Tourismus-Betriebswirtin. Damit hatte ich nichts Verbotenes getan, man konnte mir lediglich vorwerfen, dass mein Herz für eine andere Branche brannte. Sollte mein Chef doch froh sein, dass ich mich in der Freizeit weiterbildete. Immerhin konnte ich doch mit diesem Fachwissen nun unmittelbar beim Kunden punkten.

Der Präsentationstermin lief sehr gut, wir vereinbarten die Einrichtung eines größeren Testszenarios. Ich verabschiedete mich gut gelaunt beim Kunden, und wir fuhren in getrennten Fahrzeugen nach Hause. Nach dem Meeting war Feierabend. Ich freute mich über den gelungenen Termin und vergaß den merkwürdigen Moment.

Am nächsten Morgen saß ich mit einem Kollegen in meinem Büro und war völlig in die Vorbereitung einer Präsentation für den Folgetag vertieft, als mein Telefon klingelte.

»Maike, komm doch mal bitte rüber. Jetzt sofort.«

Die Tonlage meines Chefs klang ernst. Ich konnte mir keinen Reim darauf machen. Ich dachte, es ginge vermutlich um die wichtige Präsentation am darauffolgenden Tag bei einem Großkunden.

Mit ernster Miene überreichte er mir ein Schreiben.

»Hier ist deine Kündigung. Du packst bitte unmittelbar deine Sachen und kannst nach Hause fahren. Wir möchten dich bitten, keine Kunden oder Interessenten mehr zu kontaktieren. Du bist mit sofortiger Wirkung freigestellt.«

Als inoffizielle Begründung bekam ich zu hören, dass ich durch das branchenfremde Fernstudium das Vertrauensverhältnis zur Firma gestört hätte und es offensichtlich sei, dass ich nicht an einer langfristigen Zusammenarbeit interessiert sei.

Ich war völlig vor den Kopf gestoßen, wusste gar nicht, wie mir geschah und fand mich plötzlich wie in Trance. Es war so unwirklich. Es fühlte sich an wie ein übler Tritt in die Magengrube. Mir wurde ganz flau.

Im ersten Schock ging ich zurück in mein Büro und begann sogleich, meine Sachen zu packen. Der Kollege, mit dem ich mitten in den Vorbereitungen für den kommenden Tag steckte, schaute mich entgeistert an, als ich ihm sagte, was gerade passiert war.

»Und was ist mit unserer Präsentation morgen?«

Das war nun nicht mehr meine Sorge. In meinem Kopf ging alles durcheinander. Ich war wütend, verletzt und fühlte mich ungerecht behandelt und gedemütigt. Es gab keine rechtliche Handhabe gegen die Kündigung. Wir waren zu wenige feste Mitarbeiter in der Tochtergesellschaft, ich musste mich fügen.

Es war der 29. März 2007. Zum 30. April war ich raus. Beziehungsweise mit sofortiger Wirkung freigestellt. Morgen müsste ich mich zum 1. Mai arbeitslos melden.

Ich verabschiedete mich noch kurz von den drei im Büro anwesenden Kollegen, die mich völlig erschüttert ansahen und zunächst an einen Scherz glaubten. Ich hatte meine Vertriebsvorgaben erreicht, meine Kunden waren zufrieden, ich funktionierte im Job, trotzdem war ich gerade gekündigt worden. Na gut, vielleicht war ich nicht immer so enthusiastisch bei der Sache wie einige andere Kollegen, aber es war einfach nicht fair.

Ich lief noch ziellos eine Stunde um den Block, bevor ich nach Hause fuhr. Unter Tränen rief ich meine Freundin Marion an und erzählte ihr alles.

»Oh Mann, das tut mir so leid. Die wissen ja gar nicht, was sie an dir haben. Wie können die dich nur aus dem Grund rausschmeißen?!«

Mir fiel das Reden schwer.

»Wer weiß, wofür das gut ist, Maike«, sagte Marion mit sanfter Bestimmtheit. »Du stehst doch immer wieder auf, und am Ende findet sich alles. Vielleicht ist es ganz gut, dass sie dir die Entscheidung abgenommen haben.«

Zu dem Zeitpunkt sah ich noch nicht, wie recht Marion damit hatte und dass ich gerade den besten Tritt meines Lebens bekommen hatte. Im Nachhinein war ich dankbar für den Druck, mich nun entscheiden zu müssen. Ganz oder gar nicht.

Zunächst igelte ich mich ein paar Tage ein, suhlte mich im Selbstmitleid und wollte die neue Situation nicht wahrhaben. Dann begann ich zu überlegen. Welche Optionen hatte ich nun?

Wollte ich weiterhin in der IT herumeiern, halbwegs funktionieren, Geld verdienen, aber weiter unglücklich sein? Ich hätte mich sicher bei einem Mitbewerber melden können, in der Branche kannte man sich. Aber wollte ich das? In den kommenden Tagen sprach sich mein unfreiwilliger Ausstieg auch unter früheren Kollegen herum, und mir wurden vermeintlich passende Stellenausschreibungen sowie Kontakte zu Personalern zugeschickt. Es wäre der einfache Weg gewesen, hier zuzugreifen. Einfach so weiter wie bisher. Kein Risiko, aber auch keine Lebensfreude und keine Erfüllung durch einen tollen Job.

Waren die Hafentouren vielleicht doch die Alternative? Einfach machen? Loslegen? Ein schlüssiges Konzept erarbeiten, tüfteln und dann mutig drauflos? Da gab es jedoch ein Problem. Vor und nach der Messe hatte ich mich mehrfach mit Fiete und Rüdi getroffen, und es hatte sich mehr und mehr herausgestellt, dass wir nicht so kompatibel waren wie gewünscht. Unsere Vorstellungen über das gemeinsame Projekt, die Herangehensweise und die anvisierten Zielgruppen passten nur mit Mühen, vielen Diskussionen und Kompromissbereitschaft zusammen.

Mitte April, drei Wochen nach meiner Kündigung, planten wir eine Probetour mit Freunden und Familienangehörigen. Danach wollten wir beraten, wie es weitergehen könnte. Wir charterten eine Barkasse, schipperten in den idyllischen Ernst-August-Kanal nach Wilhelmsburg, machten vom Biergarten ausgehend einen Rundgang durch das Reiherstiegviertel und über den Stübenplatz, wo wir in einem portugiesischen Lokal einkehrten. Abschließend fuhren wir mit einem von Georgs Doppeldeckerbussen auf direktem Weg zurück zu den Landungsbrücken. Fast fünf Stunden hatte die Tour gedauert, und es hatte viel zu essen gegeben. Wir hatten zwischendurch ordentlich Spaß, es war aber alles andere als ein rundes Konzept. Für den Abschnitt mit dem Spaziergang hatte Fiete eine riesige Fahne mit dem Wilhelmsburger Wappen organisiert, die ein Bekannter wie bei einer großen Parade vor unserer knapp zwanzigköpfigen bunten Gruppe hertrug.

»Das mit der Fahne macht ihr aber nur heute so zur Show, oder?« Ungläubig schaute Marion, die natürlich zum Testpublikum dieser Tour gehörte, mich an.

Mir war die Flaggenaktion richtig peinlich, und es war klar, dass dieser Tourabschnitt nicht funktionieren würde. Der Sinn, mit einer Gruppe hinter einer Flagge herzumarschieren, erschloss sich mir nicht. Eine Ausnahme waren vielleicht Dorffeste und andere Kultureinrichtungen mit langer Tradition, aber warum sollte unsere touristische Gruppe solch ein markantes Zeichen brauchen?

»Nee, meins ist das auch nicht. Ich wünschte, die würden die zusammenrollen.«

Wir mussten wirklich einen merkwürdigen Anblick abgeben. Wann immer wir auf Passanten trafen, die uns fragend ansahen, zuckten Marion und ich fast schon entschuldigend und peinlich berührt die Schultern.

Der Themenschwerpunkt der Tour lag auf der Sturmflut 1962, die den Stadtteil Wilhelmsburg massiv getroffen hatte. Landesweit bekannt wurde in dieser Krise der Hamburger Innensenator und spätere Bundeskanzler Helmut Schmidt, der die Bundeswehr zum ersten inländischen Einsatz um Hilfe gebeten hatte. Neben vielen alten Zeitungsausschnitten und Fotos hatten Fiete und Rüdi im entfernten Bekanntenkreis auch einen Zeitzeugen aufgetrieben, der von den schrecklichen Erlebnissen der kalten Februarnacht berichtete, als ein Großteil der Elbinsel Wilhelmsburg unter Wasser stand und viele Menschen ertranken. An verschiedenen Stationen auf dem Rundgang berichtete der Mann aus seinen Erinnerungen. Er erzählte sehr anschaulich, wie er und seine Schwester als Jugendliche mitten in der Nacht von ihrer Mutter geweckt wurden, sie durchs eiskalte, stetig steigende Wasser wateten und versuchten, über eine wacklige Leiter aufs Dach zu klettern. Seine Schwester stürzte dabei und ertrank. Die Teilnehmer unserer Tour hörten ihm betreten zu, die Stimmung war sehr gedrückt. Kein gutes Thema für einen beschwingten Sonntagsausflug.

Am Tag nach der Tour setzten wir drei uns zu einer Aussprache zusammen. Zwischenzeitlich hatten wir Rückmeldung erhalten, dass unser Projekt im Rahmen der Internationalen Bauausstellung leider keine Fördergelder bekommen würde. Wir hatten somit nichts als eine fixe Idee, die jedoch weder ausgereift noch wirtschaftlich tragfähig war. Wir kamen zu dem Ergebnis, ab sofort getrennte Wege zu gehen.

»Datt schull wohl nix warrn mit unse Kooperation, aber denn mok du man wat dorvon. Wi wünscht di veel Glück.«

Ich dankte den beiden trotz allem herzlich. »Danke für all die guten Anregungen und alles, was ihr mir hier nähergebracht habt. Ich habe so viel gelernt, und die Grundidee finde ich super.«

»Wi sünt bannig gespannt, wat du nu dohn wullst. Kannst uns jümmers anropen.«

Anpacken

Wir trennten uns in Freundschaft, ich durfte die Grundidee der kombinierten Tour und den Namen Elbinsel-Tour mitnehmen. Mit Georg, dem Busunternehmer, konnte ich weiter zusammenarbeiten. Fiete und Rüdi wollten sich um andere Projekte kümmern, sie hatten noch zig Ideen. Zum Abschied vermittelten sie mir den Kontakt zu Johnny, einem sehr hilfsbereiten Barkasseneigner. Für mich ging es nun um alles. Ich hatte mir überlegt, dass ich mich entweder ganz der Touridee verschreiben musste oder es besser gleich bleiben lassen sollte. Als Hobby würde es zu viel Energie und auch Zeit beanspruchen.

Die folgenden Wochen nutzte ich intensiv, um herauszufinden, wie ich aus der Schnapsidee eine Firma machen könnte. Was wollte ich anbieten, was war mein Produkt? Wer war eigentlich die Zielgruppe, und was erhoffte ich mir von der Selbstständigkeit? Welche Qualifikationen hatte ich, welche Voraussetzungen musste ich noch schaffen, welche Kontakte konnte ich aktivieren? Und schließlich auch die ganz wesentliche Frage, wie konnte ich daraus ein Einkommen generieren? Welche Fördermöglichkeiten gab es, welche Rechtsform kam infrage?

Ich hatte eine Mission, und mein Kampfgeist erwachte. Plötzlich hatte ich Energie im Überfluss und war hoch motiviert. Ich brütete Tage und Nächte am Schreibtisch über einem Businessplan, wälzte Literatur zum Thema Existenzgründung, durchforstete das Internet und suchte die Beratungsstellen bei der Handelskammer und dem Arbeitsamt auf. Durch meine zwei vorherigen Selbstständigkeiten verfügte ich über Grundwissen. Diesmal wollte ich ein dauerhaftes Geschäftsmodell entwickeln und es richtig angehen.

Bei meinen Recherchen zum Stadtteil Wilhelmsburg, der auf der gleichnamigen Elbinsel in Hamburgs Mitte liegt, war ich auf interessante geschichtliche Zusammenhänge gestoßen, die ich meinen Fahrgästen näherbringen wollte. Während meiner Schulzeit kam ich im Geschichtsunterricht nie über eine Vier als Note hinaus, plötzlich fand ich mich jedoch inmitten der norddeutschen Grafschaften und Herzogtümer mit Verbindungen zum englischen Königshaus wieder und verschlang die Geschichten regelrecht. Merkwürdigerweise konnte ich mir die Daten und Fakten problemlos merken. Mein Interesse war geweckt.

Wilhelmsburg hat seinen Namen nicht etwa Kaiser Wilhelm zu verdanken, sondern dem Herzog Georg Wilhelm zu Braunschweig-Lüneburg. Dieser hatte 1672 die Herausforderung zu bewältigen, seine Tochter unter die Haube zu bringen. Um sie auf dem Heiratsmarkt attraktiver zu machen, kaufte er von den Groten, einem Lüneburger Adelsgeschlecht, drei Elbinseln, deichte diese zusammen und benannte sie nach sich selbst. Seine Tochter wurde zur Gräfin von Wilhelmsburg ernannt und später mit einem Cousin aus dem Hause Hannover vermählt. Als den Engländern einige Jahre später die eigenen Nachkommen fehlten, bestiegen zunächst der Mann der Gräfin von Wilhelmsburg als Georg I. und später ihr Sohn den englischen Thron. Es gibt somit eine direkte Verbindung von der verkannten Insel in Hamburgs Mitte zum britischen Königshaus. Die ganze Geschichte dazu erzähle ich bis heute bei jeder Tour, die nach Wilhelmsburg führt und ernte großes Erstaunen. Bei den jüngeren Teilnehmern auf den Fahrten vor allem mit dem Knüpfen der Verbindung der Elbinsel zu Johnny Depps *Fluch-der-Karibik*-Filmen. Der unsympathische englische König in den Filmen ist kein Geringerer als Georg II., Sohn der Gräfin von Wilhelmsburg.

Außerdem wollte ich auf meinen Touren spannende Zeitgeschichte und aktuelle Stadtteilpolitik, gemischt mit Hafenentwicklungen und Stadtgeschichte, unterhaltsam-informativ transportieren.

Im Mai befragte ich an den St. Pauli-Landungsbrücken mithilfe zweier Freunde fast vierhundert Personen zu ihren Vorlieben und Vorstellungen einer guten Hafenrundfahrt. Ich fragte die Menschen, wie oft sie schon eine Hafentour gemacht haben, zu welchem Anlass sie an den Hafen kommen, was sie daran reizt, wie ihnen die Moderation auf den Schiffen gefällt, ob sie schon mal im Stadtteil Wilhelmsburg waren und ob sie gern mal mit einem Doppeldeckerbus über die Köhlbrandbrücke fahren würden. Zu meinem Erstaunen wussten viele gar nicht, dass man auch als Privatperson einfach die damals noch im Freihafen befindliche Brücke überqueren darf.

Diese majestätisch über dem Hafen thronende Brücke, deren beiden blaue Pylone in den Himmel ragen, faszinierte mich von der ersten Überquerung an. Seit 1974 überspannt sie als wichtige Verbindung zwischen den Autobahnen A1 und A7 den Köhlbrand, einen breiten Seitenarm der Elbe, der zur Süderelbe führt. Im Pkw kann man zwar kaum über die Leitplanken hinwegsehen, aber an einigen Stellen öffnet sich doch ein fantastischer Weitblick über den Hafen. Vom Oberdeck eines Doppeldeckerbusses ist der Ausblick imposant. Die Brücke bildet eine wichtige Tangente zwischen den Terminals im Hafen, ist über dreieinhalb Kilometer lang und schwingt sich an der höchsten Stelle auf 55 Meter auf, sodass auch große Containerschiffe darunter hindurchpassen. Leider kann man sie nur motorisiert überqueren. Ich wollte die Köhlbrandbrücke unbedingt in meine Fahrtroute einbauen.

Meine Geschäftsidee war die bereits grob erprobte Kombination aus Barkassenfahrt und Doppeldeckerbustour mit einem kurzen gastronomischen Zwischenstopp. Insgesamt sollte die Tour nicht länger als drei Stunden dauern. Gegenüber unserer Aprilprobetour würde ich den Schiffsteil verlängern und den Bus als Highlight über die Brücke fahren lassen. Den Spaziergang wollte ich weglassen, im Biergarten sollte es lediglich einen Kaffee-und-Kuchen-Stopp geben.

Als Dankeschön fürs Mitmachen bei meiner Umfrage und als Anreiz für die Buchung einer Tour bekamen die Umfrageteilnehmer einen Schnipsel mit meinen Kontaktdaten und einem Zwanzig-Prozent-Rabattangebot auf die Tickets in die Hand. Um es vorwegzunehmen, nein, niemals hat jemand einen dieser Schnipsel eingelöst. Aber es fühlte sich professionell an, den auskunftsbereiten Menschen als Gegenleistung etwas in die Hand zu drücken. Dass niemand einen Gutschein einlöste, lag vielleicht daran, dass es zu diesem Zeitpunkt weder eine konkrete Tour noch Termine oder Ticketpreise und auch noch keine Website gab. Das hatte ich nicht bedacht. Dieser Zustand sollte sich aber kurzfristig ändern.

Die Elbinsel Wilhelmsburg wurde zu meinem ersten festen Tourschwerpunkt. In den folgenden Jahren wollte ich die Fahrtrouten ausweiten, denn zum Firmennamen Elbinsel-Tour passte im Grunde das gesamte Hafengebiet. Die Containerterminals, die Docks und Werften, die Speicherstadt und HafenCity – überall bildeten Elbinseln das Fundament, auch wenn diese heute meist nicht mehr als Inseln wahrgenommen werden. Zum Neugierwecken passte der Firmenname aus meiner Sicht hervorragend.

Im Juni meldete ich die Hamburger Elbinsel-Tour als offizielles Gewerbe an. Nun wurde es ernst: Aus einer Schnapsidee wurde Wirklichkeit. Würde ich es schaffen, meinen Lebensunterhalt aus Hafentouren zu finanzieren? Das Darlehen für den missratenen Hauskauf (und schnellen Verkauf desselben) im Rahmen meiner ersten Ehe war inzwischen abgezahlt, die zweite Ehe dank eines vorab geschlossenen Ehevertrages und einer daraufhin unkomplizierten Onlinescheidung in beiderseitigem Einvernehmen ohne finanzielle Nachwirkungen geblieben. Ich musste nur noch für mich selbst sorgen und war voller Zuversicht.

Bei der Agentur für Arbeit hatte ich einen Antrag auf Gründungs-zuschuss gestellt und einen ausgetüftelten Businessplan eingereicht. Finanzielle Reserven hatte ich nicht, ich hoffte, mein Plan würde aufgehen. Dem Antrag wurde zugestimmt, damit stand meine Grundfinanzierung für die kommenden neun Monate. Ich würde meinen Lebensstandard runterfahren müssen, aber das nahm ich gern in Kauf.

Leinen los

Eben stand ich noch vor dem Musicaltheater, nun fand ich mich also unmittelbar vor der ersten Tour an der Hafenkante wieder. Es war Juni 2007, jetzt wurde es ernst.

Als Abfahrtsort hatte ich mir den Anleger Hafentor ausgeguckt. Unmittelbar zwischen der Rickmer Rickmers und der Promenade. Genau dort, wo auch meine schicksalhafte Weihnachtsfeiertour begonnen und ihren Lauf genommen hatte. Johnny lag mit seiner kleinen hellgrünen Barkasse unten am Ponton, während ich oben an der Promenade meine Gäste in Empfang nahm. Ich hatte dem erfahrenen Schiffsführer ausführlich von meiner Geschäftsidee berichtet und in ihm und seiner ebenfalls mitschippernden Frau wohlwollende Unterstützer gefunden.

Der Anleger liegt etwas ab vom Schuss, aber noch in Sichtweite der Landungsbrücken. Ich dachte, der Ort sei perfekt, denn hier käme ich keinem anderen Betrieb in die Quere. Der Menschenstrom von der Promenade lief hier vorbei, ich rechnete mir für mein Kobergeschäft gute Chancen aus. Schnell lernte ich, dass es einen Grund hat, dass niemand sonst von hier aus Touren anbietet. Ich hatte die Rechnung ohne das Hamburger Wegegesetz gemacht. Es dauerte keine Viertelstunde vom Aufstellen meines aufwendig zusammengebastelten Werbeplakates bis zum Erscheinen einer Patrouille der Wasserschutzpolizei. Ein kleiner grauhaariger und ein großer blonder Polizist bauten sich vor mir auf.

»Moin, junge Frau, was soll denn das hier werden?«

»Ich mache mich gerade selbstständig und will hier gleich meine erste Hafentour starten.« Stolz blickte ich die beiden Wachleute an.

»Das geht aber nicht. Sie dürfen hier keine Passanten ansprechen. Auf den öffentlichen Wegen in Hamburg ist Werbung verboten.«

»Aber ich bin in einer halben Stunde wieder weg, ich sammle nur meine Fahrgäste ein.«

»Das können Sie ja gern tun, aber Sie dürfen hier keine Schilder aufstellen und niemanden ansprechen. Außerdem ist dieser Anleger nur zum kurzfristigen Ein- und Aussteigen gedacht, die Barkasse darf hier nicht länger als fünf Minuten liegen.«

Uff. Mit diesen Hürden hatte ich nicht gerechnet. Mir wurde erklärt, dass ich nicht einmal mit einem bedruckten T-Shirt für meine Tour unmittelbar vor dem Anleger auf dem Bürgersteig oder der Promenade werben dürfe.

»Aber die anderen Anbieter kobern hier doch auch«, beharrte ich und wies in Richtung eines in nur fünfzig Metern Entfernung um Kundschaft buhlenden Kollegen.

»Die alteingesessenen Rundfahrtbetriebe haben Sonderbefugnisse, die dürfen an festgelegten Stellen kobern. Aber Sie können sich hier nicht einfach hinstellen und das auch tun. Da bräuchten Sie schon eine Sondergenehmigung, und die werden Sie nicht bekommen«, erklärte der Blonde, und der kleinere Kollege nickte unterstützend. »Keine Chance.«

Mist. Ich war davon ausgegangen, dass ich auf diese Weise das Schiff leicht füllen konnte. Ich hatte für die erste Tour immer noch nur einen einzigen zahlenden Gast, die Dame, die sich auf die Annonce im Wochenblatt gemeldet hatte. Wie sollten denn jetzt noch potenzielle Fahrgäste auf mich aufmerksam werden? Wie sollten in Zukunft die, die angemeldet waren, mich finden, wenn ich nicht auf mich aufmerksam machen durfte? Ich war ratlos. Das hatte ich mir deutlich einfacher vorgestellt.

Schiffsführer Johnny schlug vor, für die nächste Fahrt den etwas abgelegenen Anleger in der Nähe der U-Bahn-Station Baumwall für den Tourstart zu nutzen. Auch dort bestand das Problem, dass ich nicht offen kobern durfte. Vielleicht konnte ich mich dort mit

Flyern in der Hand unter die Passanten mischen und jemanden ansprechen. Optimal war diese Variante nicht. Ich musste eine andere Lösung finden.

Für die erste Tour half es mir nicht weiter. Ich räumte also meine Werbeutensilien zusammen und stellte mich zerknirscht zu meinen Freunden, die am Pontonzugang auf den Tourstart warteten. Marion und ein Freund versuchten, mich aufzumuntern und nahmen mir den frisch kopierten Stapel Werbezettel aus der Hand, den ich in den vergangenen Tagen noch schnell entworfen hatte.

»Wir gehen jetzt einfach bis zur Abfahrt die Promenade hoch und runter und verteilen die Flyer an Passanten. Das wird schon.«

Ich war dankbar für die Unterstützung. Und doch niedergeschlagen.

Tatsächlich brachten meine Freunde eine Viertelstunde später von ihrer Werbetour über die Promenade zwei Ehepaare mit, die sich für die Tour interessierten. Ich verkaufte die ersten regulären Tickets und war dann einfach nur froh, dass es endlich losgehen konnte. Auch die Dame mit dem Wochenblatt-Ticket war zwischenzeitlich eingetroffen und stand erwartungsfroh am Zugang zum Anleger. Es wurde eine schöne Fahrt, die Kombination aus Barkassenfahrt und Doppeldeckerbustour inklusive Überquerung der Köhlbrandbrücke begeisterte die Gäste.

Für die kommenden Touren war nun die Herausforderung zu klären, wie ich meinen Kunden den Weg zum neuen Abfahrtsort beschreiben sollte und wie ich sie überhaupt im Vorwege erreichen konnte, damit ich nicht erst direkt bei der Abfahrt noch auf schnell entschlossene Passanten angewiesen war. Vermutlich war es sowieso recht optimistisch, überhaupt auf spontane Gäste für eine Tour zu hoffen, die drei Stunden lang war. Wer hatte schon spontan so viel Zeit?

Es war vertrackt. Den Anleger am Baumwall kannte eigentlich niemand, und man konnte ihn als Passant nur sehen, wenn man aus Richtung der HafenCity auf der linken Brückenseite der linken Niederbaumbrücke zum Baumwall kam. Damals gab es noch keine Elbphilharmonie und somit auch keinen großen Besucherstrom, der diesen Weg gewählt hätte. Ich war an dieser Stelle unsichtbar. Da man den Anleger nicht sah, rechnete hier auch niemand mit einem Angebot für Hafentouren. Keine guten Voraussetzungen.

Ich malte Lagepläne und schickte den bisher zahlenmäßig noch sehr übersichtlichen Kunden diese per Mail oder per Post zu. Es war dennoch schwierig, denn die Straßennamen, die in Hamburg auch gern mal alle hundert Meter wechseln und gerade an der Hafenkante auch den meisten Hamburgern unbekannt sind, halfen nicht weiter. Genau genommen hätte die Beschreibung lauten müssen:

»Nehmen Sie die westliche der beiden Niederbaumbrücken, direkt an der Ecke zur Promenade am Niederhafen, südlich der U-Bahn-Haltestelle Baumwall, da finden Sie eine Lücke in der Hochwasserschutzwand, und da geht es dann runter zum Anleger.«

Glasklar. Aber irgendwie schwer vermittelbar.

Die heutige schicke Promenade war damals noch nicht im Bau. Der Anblick der alten grauen Waschbetonplatten mit seitlichem schmucklosen Metallgeländer aus den Sechzigerjahren war recht trostlos. Der Blick der Passanten driftete schnell in die Weite, angelockt und abgelenkt vom Hafentreiben. Kaum jemand registrierte, wo er da gerade genau unterwegs war. Die Meile zwischen den St. Pauli-Landungsbrücken und dem Baumwall war ein reiner Durchgangsort, ohne Aufenthaltsqualität.

Kaum ein Hamburger wusste den Niederhafen zu verorten, geschweige denn die Niederbaumbrücken. Problematisch war dabei auch, dass es zwei gleichnamige Brücken gab, eine östliche und eine westliche, und dass das mit der Orientierung und den Himmelsrichtungen als Wegbeschreibung und Ortsangabe nicht so jedermanns Sache war.

Ich beschloss, temporär Wegweiser an den Ausgängen der U-Bahn-Station aufzuhängen. Laminierte Schilder, große Ausdrucke, die ich in kostengünstige Bilderrahmen packte und mit Kabelbindern am Geländer auf der Promenade befestigte.

Außerdem hatte ich mir überlegt, die Koberer des nächsten Hafenrundfahrtbetriebes entlang der Meile anzusprechen und über meinen Abfahrtsort zu informieren. Ich würde sie bitten, meine Kunden, die sich ja bereits angemeldet hatten und die nur den Abfahrtsort suchten, in meine Richtung zu schicken. Nicht gerechnet hatte ich mit der Hinterlist einiger »Kollegen«. Von mehreren Gästen, die auf der Suche nach meinem Abfahrtsort über die Promenade geirrt waren, bekam ich die Rückmeldung, dass ihnen erklärt worden war, von einer »Elbinsel-Tour« habe man noch nie gehört, das gäbe es hier nicht. Noch schlimmer war, dass meine Kunden bewusst in die falsche Richtung, nämlich Richtung Landungsbrücken, geschickt wurden. Ich suchte immer wieder das Gespräch, versuchte den Jungs klarzumachen, dass ich Passanten auf der Suche nach der nächsten Gelegenheit zu einer Standardhafenrundfahrt zu ihnen schicken würde, und bat darum, dass Gäste, die gezielt nach mir fragten, einen kurzen Hinweis bekämen. Es half nichts. Sie blieben bei der Einstellung.

»Wir sind hier ja nicht die Touristeninformation!«

Es war zum Verzweifeln. Da auch der Lageplan auf meiner Website nicht immer half, schrieb ich meine Mobilnummer dazu. Google Maps war noch nicht verbreitet.

Im Folgejahr investierte Johnny in ein größeres Schiff und vermittelte mich an eine andere Reederei an den Landungsbrücken. Als ich wenige Jahre später meine Position im Hafen gefestigt und einen Überblick über den Markt hatte, wechselte ich zu meiner heutigen Stammreederei Bülow am Anleger Kajen, arbeite aber bei Bedarf auch mit mehreren anderen Reedereien zusammen.

Aller Anfang ist schwer

In meinem Businessplan war ich zunächst nur von einer, später zwei Touren pro Woche ausgegangen. Ab August wollte ich dann auf fünf wöchentliche Fahrten steigern. Übersehen hatte ich lediglich, dass es gar nicht so einfach war, Tickets zu verkaufen und Schiffe mit Gästen zu füllen. Die Anzahl der Touren blieb in den ersten Jahren deutlich unter den Planzahlen.

Kurz nach der Gewerbeanmeldung passte ich mein Profil auf dem Business-Netzwerkportal XING an und erstellte einen Vorstellungstext über mein Tourangebot in einer großen Hamburg-Gruppe. Schon nach zwei Stunden erhielt ich eine persönliche Nachricht des Gruppenmoderators Joachim Rumohr:

»Moin, Maike, dein Angebot klingt sehr interessant. Kannst du deine Tour mit Barkasse und Doppeldeckerbus auch für 150 Personen ausrichten?«

Ich schluckte beim Lesen. Und war doch sofort Feuer und Flamme. Ich liebe solche Herausforderungen und antwortete unerschrocken: »Hallo, Joachim, ich habe das zwar noch nie gemacht, aber ich bin sicher, wir schaffen das.«

Wir tauschten uns über die Details aus, ich sprach mit meinen Kooperationspartnern, und schon eine Woche später wurden die damals neuntausend Mitglieder der Hamburger XING-Gruppe zu einem »Elbinsel-Networking« für Ende August eingeladen. In der Einladung verwies Joachim auf mich als Veranstalterin und setzte einen Link zu meiner gerade noch am Vorabend fertiggestellten Website. Im Nu waren die Tickets ausverkauft.

Zugegebenermaßen war mir etwas mulmig beim Gedanken an solch eine große Tour, schließlich hatte ich bisher kaum Erfahrungswerte. Ich sprach mit Johnny und bekam über ihn den Kontakt zu einem anderen Barkassenunternehmen, um weitere Schiffe hinzu-zubuchen. Wir würden die große Gruppe auf drei Barkassen auf-teilen, die hintereinanderher fahren sollten. Im Biergarten in Wilhelmsburg gab es einen Grill-Zwischenstopp, danach würden zwei von Georgs Doppeldeckerbussen mit je 75 Plätzen bereitstehen. Ich fühlte mich ganz in meinem Element, auch wenn ich noch nicht wusste, wie man so viele Menschen dirigieren sollte.

»Wie mache ich das nur mit der Busmoderation, ich kann mich ja nicht aufteilen?«, klagte ich Marion einige Wochen vor dem Tour-termin meine größte Sorge.

»Ach, da mach dich mal nicht verrückt, Maike«, beruhigte sie mich. »Das ist doch ein Netzwerktreffen, die wollen sich doch alle unterhalten.«

»Ja, aber vielleicht möchten die Leute auch zwischendurch wis-sen, wo sie da überhaupt sind und was sie gerade sehen, wenn sie aus dem Fenster gucken?«, gab ich zu bedenken.

»Dann übernehmen Thomas und ich eben den zweiten Bus«, schlug sie unverhofft vor.

»Das würdest du machen? Was für eine großartige Idee!«

Ich liebe Marions Pragmatismus. In der folgenden Woche schrieb ich den Busmoderationstext, in dem ich selbst noch nicht fit war, auf Karteikarten und gab diese meinen Freunden weiter. Auf den Schiffen würden die Schiffsführer die Moderation übernehmen. Ich würde mich im Biergarten über eine Mikrofonanlage allen vorstellen und etwas zu Wilhelmsburg erzählen.

Das Elbinsel-Networking wurde im Laufe der folgenden Jahre zu einer Institution und zu einem wichtigen Multiplikator. Die XING-Gruppe wuchs von Jahr zu Jahr und umfasste zu ihrer Hochzeit über sechzigtausend Mitglieder, die zu den von mir ausgerichteten Touren eingeladen wurden. Das Networking in Bewegung mit Bar-kasse, Zwischenstopp und Doppeldeckerbus war ein voller Erfolg.

Unmittelbar nach der ersten Veranstaltung erhielt ich die ersten Anfragen zur Ausrichtung von Betriebsfeiern im Rahmen meiner Touren. Dieses Empfehlungsmarketing sollte in den nächsten Jahren mein größter Erfolgsfaktor werden. Gemeinsam mit Joachim Rumohr veranstaltete ich weiterhin jedes Jahr Touren. Einmal erfuhren wir sogar, dass ein Teilnehmerpaar, das sich beim Elbinsel-Networking kennengelernt hatte, nunmehr als Ehepaar an Bord gekommen war.

Im ersten Winter meiner Selbstständigkeit gab es nur wenige Aufträge. Um über die Runden zu kommen, jobbte ich von Oktober bis März als Servicekraft auf verschiedenen Events, das hatte ich während meiner Kieler Zeit schon nebenbei gemacht. Unter anderem kellnerte ich bei der Betriebsfeier einer namhaften Unternehmensberatung, mit der ich zwei Jahre zuvor noch in einem großen IT-Projekt zusammengearbeitet hatte. Wir bedienten an zugeteilten Tischen. Im Laufe des Abends entdeckte ich am Nachbartisch ein bekanntes Gesicht. Da saß Bernd, ein früherer Projektkollege. Ich winkte ihm zu. Er stutzte erst, dann erkannte er mich und kam zu mir rüber.

Leicht irritiert fragte er: »Maike, was machst du denn hier?«

»Ich sorge heute dafür, dass ihr genug zu trinken habt«, gab ich grinsend zur Antwort. »Die ganze Geschichte erzähle ich dir ein andermal, ich bin hier gerade ziemlich in Zeitnot.« Ich verabschiedete mich und ließ ihn mit einem Stirnrunzeln zurück.

Anfangs nicht sonderlich begeistert von meiner Schnapsidee und dieser Art der Nebenjobs war auch meine Familie. Ich hatte zwei abgeschlossene Studiengänge und bekam Jobangebote für Festanstellungen, die ich aber ausschlug. Vor allem für meinen Vater war es zunächst schwer verständlich, wieso seine Tochter unter diesen Voraussetzungen kellnerte und im Weihnachtsgeschäft als

Verkaufsaushilfe jobbte. Im Nachhinein erkenne ich die Sorge um meine wirtschaftliche Zukunft, damals sind wir über dieses Thema jedoch so manches Mal aneinandergerasselt. Natürlich hätte ich mir auch einen Nebenjob in der IT suchen und vermutlich mehr Geld verdienen können, aber ich wollte den Kopf frei behalten für meine Unternehmensgründung.

Vom zweiten Sommer an gelang es mir, meinen Lebensunterhalt komplett aus den Toureinnahmen zu generieren. Schnell wandelte sich damit auch die Sorge in der Familie, und ich bekam Unterstützung. Mein Vater ist mittlerweile einer meiner größten Fans und verteilt in seinem Shantychor und im Golfklub begeistert meine Visitenkarten.

Gegenwind

Besonders in der Zeit meiner ersten Gehversuche im Hafen schlug mir oft heftiger Gegenwind um die Ohren. Und damit meine ich nicht nur das Hamburger Schietwetter. Der Hafen ist eine Welt für sich. Ich stellte schnell fest, dass die häufig etwas dickköpfigen Alteingesessenen nicht gerade auf eine Quereinsteigerin wie mich warteten.

»Meedchen, wat wüsst du denn hier?«

»Hesst doch keen Schimmer.«

Für den Anfang hatten sie mit diesen Sprüchen ja recht. Ich wusste selbst noch nicht genau, was ich hier wollte und hatte wirklich keine Ahnung von der Materie. Aber ich hatte einen gezündeten Funken in mir, und ich lernte schnell.

Vor allem erkannte ich, dass ich außer von meinen direkten Kooperationspartnern keine Unterstützung oder Hilfe erwarten konnte, sondern mir meinen Platz an der Hafenkante selbst erarbeiten und erobern musste. Johnny, der Schipper, den mir Fiete und Rüdi vermittelt hatten, machte mir zu Beginn sehr großzügige Sonderpreise und sprach mir Mut zu. Auch Georg, der Busunternehmer, fand meine Geschäftsidee gut und lotste mich über die ein oder andere Hürde. Dennoch war das Geschäftsleben an der Elbe rau.

»Maike, hier musst du echt gucken, mit wem du dich einlässt. Einmal falsch abgebogen gehen viele Türen zu und bleiben dann auch zu. Du musst aufpassen, dass du nicht übern Tisch gezogen wirst.«

Diesen Ratschlag meiner Geschäftspartner nahm ich mir zu Herzen. Ich hörte auf mein Bauchgefühl und beobachtete viel. Schaute mir an, wie die einzelnen Betriebe mit den Fahrgästen umgingen, wie sie auftraten und wie sie sich den Mitbewerbern gegenüber verhielten. Da gab es bemerkenswerte Unterschiede. Für die meisten waren die Touristen und Passanten Kunden, die man vom Hafen begeistern wollte, für einige andere schienen sie hingegen eher ein lästiges Übel zu sein. Man spürte als stiller Beobachter sofort, wie die flapsige Ansprache gemeint war, und am ehesten zeigte sich das wahre Gesicht eines Koberers, wenn ein Tourist eine Frage stellte, die nichts mit dem Hafenrundfahrtangebot zu tun hatte:

»Hiiiier gleich die nääächste Abfaaaahrt. Weeer will noch mihit?«

»Entschuldigung, wo geht's denn hier zum Fischmarkt?«

Eine harmlose Frage, die man eigentlich kurz und bündig freundlich beantworten kann.

»Ich bin doch nicht die Auskunft«, kam dann jedoch manchmal patzig zurück.

Es gab an der Hafenkante Zeiten, da gönnte keiner der Konkurrenz auch nur einen einzigen Fahrgast. Einige schwarze Schafe versuchten mitunter sogar, den Mitbewerbern gleich ganze Busladungen an Passagieren mit unlauteren Mitteln abzuluchsen. Kam ein auswärtiger Bus auf den Vorplatz der Landungsbrücken gefahren – und das geschieht in der Hochsaison fast im Minutentakt –, tauchte gleich jemand auf, der dem Bus strammen Schrittes entgegenging. In der Regel hatten die Busunternehmer eine Rundfahrt bei einer Reederei telefonisch oder per Fax vorgebucht. Verbindliche Onlinebuchungen mit Vorauszahlungen waren 2007 noch nicht die Regel. Viele Busunternehmen waren Stammgäste und hatten ihre festen Reedereien, es kamen aber auch immer wieder neue Reiseanbieter, die noch wenig erfahren oder auf ein Schnäppchen aus waren.

Es ging also jemand zum Bus und fragte den Fahrer nach der gebuchten Tour. Sofern noch keine Zahlung für die Hafenrundfahrt getätigt war, wurde direkt ein günstigeres Angebot gemacht und die Gruppe so der Konkurrenz abgeworben. Die Herrschaften wurden umgehend zu einem schon bereitstehenden Schiff gebracht, und die Reederei, bei der ursprünglich gebucht war, guckte in die Röhre und wunderte sich, dass die Gäste nicht auftauchten. Mir wurden mehrere solcher Schauergeschichten berichtet. Zum Glück war das nicht die Regel, aber der Markt war höchst umkämpft. Bis ich selbst die ersten Busgruppen als Gäste für Stadt- und Hafenrundfahrten bekam, sollte es noch eine ganze Weile dauern, erst mal musste ich überhaupt irgendwelche Kunden begeistern.

Ich wollte die öffentlichen Touren mit den Einzelgästen oder Kleingruppen als Marketingaktion betrachten, also als Investition, bei der ich nicht unbedingt Geld verdienen würde. Es war anfangs hart, genug zahlende Gäste aufzutreiben, um die Charterkosten für das Schiff und den Doppeldeckerbus abzudecken, geschweige denn Gewinn zu erwirtschaften. Wenn die Fahrgäste aber zufrieden waren und meine Tour gut fanden, würden sie hoffentlich mit ihrer Firma, einer Familienfeier oder dem Kegelverein eine individuelle Gruppentour bei mir buchen. Damit würde ich dann Geld verdienen. So zumindest der Plan. Ich musste erst mal für ein Grundrauschen an Kundschaft sorgen.

Bei meiner Umfrageaktion im Mai hatte ich herausgefunden, dass es unter den Hamburgern viele Menschen gab, die sich nur widerwillig auf eine traditionelle Hafenrundfahrt begaben, und zwar immer dann, wenn auswärtiger Besuch kam, der danach fragte. Dann ging man los und hoffte, an einen guten Kapitän zu geraten. Inzwischen hat sich in der Branche viel getan, es sind neue Anbieter dazugekommen, das belebt das Geschäft und bringt Bewegung an die Hafenkante. Als ich anfing, hörte man auf vielen Schiffen noch die immer gleichen Texte mit in die Jahre gekommenen Witzen.

»Jo, Kinners, und da hinten in dem großen Schuppen, da werden die Bananen krumm gebogen.«

»Wenn ihr oben auf den Turm des Michels steigt, könnt ihr sieben Städte sehen: die Altstadt, die Neustadt und fünfmal Karstadt.«

»Augen auf hier in der Schleuse, wenn ihr Glück habt, könnt ihr zugucken, wie bei uns zwischen den Toren die Schollen platt gedrückt werden.«

Beim ersten Hören sind diese Schnacks unterhaltsam, vielen Teilnehmern an meiner Umfrage fehlten jedoch aktuelle Informationen und Entwicklungen zum Hafengeschehen, sie wollten nicht nur Seemannsgarn und Döntjes, also lustige Geschichten, hören.

Ein Hamburger Familienvater fasste es so zusammen: »Ich fahre mit meinen Freunden und Verwandten lieber zehnmal die Linie 62 hoch und runter, und ich erzähle von meinem Hamburg. Das ist günstiger, und wir haben mehr davon.«

Das hörte ich häufiger. Bis heute erfreut sich die Fährlinie 62, die man im Rahmen des öffentlichen Nahverkehrs nutzen kann, großer Beliebtheit. In den Sommermonaten regeln inzwischen sogar Ordner den Zustieg, da der Andrang so groß geworden ist.

Ich hatte mir vorgenommen, informativ-unterhaltsame Touren anzubieten – das angeborene Lehrergen in mir konnte ich nicht leugnen. Ich wollte, dass die Gäste den Hafen auf andere Art kennenlernten und von der Tour etwas mitnahmen.

Die Schiffsmoderation überließ ich in den ersten Wochen noch Johnny, ich kannte mich viel zu wenig aus im Hafen. Ich machte mir fleißig Notizen, fuhr bei den traditionellen Hafenrundfahrten mit, überprüfte die ein oder andere Angabe, die mir merkwürdig vorkam, im Internet und verschlang zahlreiche Hamburg- und Hafenbücher. Ich ging ins Hamburg-Museum, fuhr zum Schaudepot an den Schuppen 50 am Bremer Kai und sprach mit jedem Hafenmenschen, den ich zu fassen bekam.

Nach sechs Wochen Recherche entschied ich, dass ich den Sprung ins kalte Wasser wagen wollte. Auf der Barkasse bat ich Johnny bei

Tourstart um das Mikrofon. Er schaute mich erstaunt, aber auch erfreut an. Er ist niemand von der Sorte, der gern viele Worte macht, und so hatten wir fortan die Arbeitsteilung, die ich bis heute auf jeder Tour zelebriere. Der Schipper schippert, und ich schnacke. Damit macht jeder das, was er am besten kann.

Für die ersten Moderationen hatte ich noch Spickzettel dabei. Es dauerte eine Weile, bis ich all die Geschichten, die ich während der Tour erzählen wollte, zusammenhatte. Und noch länger, bis ich all die Zahlen und Fakten für mögliche Rückfragen im Kopf hatte. Immer wenn ich mein Tourprogramm um neue Gebiete und Themen erweiterte, schrieb ich mir Karteikarten. Auf Anforderung der Kunden ergänzte ich mein Angebot an Schiffstouren bald um Rundgänge und Bustouren und war auch immer öfter in der Hamburger Innenstadt unterwegs. Mein Herzensthema ist jedoch bis heute der Hafen. Wenn ich eine neue Hafenecke erkunde, verschwinden die Spickzettel schneller als in der Innenstadt. Ich kann mir die Hafenthemen einfach besser merken.

Im Laufe der ersten Saison zeigte sich ein unverhofftes Phänomen, mit dem ich überhaupt nicht gerechnet hatte: Schlechtes Wetter führte häufig zu Touren, bei denen ich draufzahlen musste. Und das, obwohl ich am Morgen des Veranstaltungstages noch dachte, ausgebucht zu sein. Es ist allgemein bekannt, dass in Hamburg nicht immer nur die Sonne scheint. Das norddeutsche Schietwetter kann recht ungemütlich werden und einem die Vorfreude auf eine Hafentour damit ordentlich vermiesen.

Ich nahm die Buchungen telefonisch oder per Mail entgegen, schickte den Kunden eine Bestätigung und Rechnung zu und führte eine Teilnehmerliste. Das Geld für die Tickets kassierte ich erst beim Einsteigen am Schiff. In die Buchungsbestätigungen für die Kunden schrieb ich zwar, dass die Buchung verbindlich sei, offenbar setzten viele Kunden diese Verbindlichkeit aber in einen direkten Zusammenhang mit einer Schönwettergarantie.

Manche meldeten mir bei Regenwetter kurzfristig einen eingetretenen Notfall, der sie von der Teilnahme an der Tour abhielt, andere erschienen bei Regenwetter kommentarlos gar nicht erst zur Abfahrt. Es war frustrierend.

»Wir können heute leider nicht dabei sein, unsere Oma (oder wahlweise die Katze oder der Nachbar oder die Katze des Nachbarn) ist plötzlich gestorben.«

»Ich muss meine Freundin ins Krankenhaus fahren.«

»Uns hat gerade der Babysitter abgesagt.«

»Unsere Tante ist unangemeldet zu Besuch gekommen, leider sitzt sie im Rollstuhl und kann nicht mit auf die Barkasse.«

Insgeheim wartete ich auf die Meldung, der Hund habe die Tickets gefressen. Die Ausreden waren teils absurd und doch so offensichtlich. Bei Sonnenschein bekam ich keinen einzigen Anruf dieser Art.

Die Lösung lag auf der Hand: Vorkasse. Außerdem musste ich den Gästen offenbar noch besser vermitteln, dass die Tour bei jedem Wetter ihre Reize hat und wir uns von ungnädigem Wetter niemals einen Ausflug verderben lassen. Wenn es richtig vom Himmel plattert und keine Besserung in Sicht ist, bringe ich stets einen großen Korb voller Schokoriegel mit. Die Schokolade zaubert vielen dann ganz schnell ein Lächeln ins Gesicht.

Sichtbar werden

Wenn du bekannt werden willst, rede drüber.

Ich versuchte, jede sich bietende Chance zu nutzen, um mein Tourangebot bekannt zu machen. Immer wieder begegnen mir Menschen, die sagen: »Na ja, auf Presseartikel bin ich nicht so wild, ich will mich nicht in den Vordergrund spielen.«

Ich bin überzeugt davon, dass das Drüberreden das Wichtigste ist, wenn man sein Angebot unters Volk bringen möchte. Von Anzeigenwerbung und direkter Kundenakquise am Telefon halte ich nicht so viel. Ganz anders verhält es sich bei einem redaktionellen Beitrag. Ein Text über eine persönliche Erfahrung, in dem ein Ausflugsziel beschrieben oder von einer interessanten Lebensgeschichte berichtet wird, ist für mich die beste Werbung.

In Hamburg werden Gewerbetreibende automatisch Mitglied der Handelskammer. Es gab zur Zeit meiner Unternehmensgründung eine Mitgliederzeitschrift mit Namen *Hamburger Wirtschaft*, die in gedruckter Form verschickt wurde. In jeder Ausgabe wurden einige Gründer vorgestellt. Auch ich hatte das Glück, gefragt zu werden, ob ich mich für das Magazin porträtieren lassen würde. Wir führten ein Telefoninterview, und ich bekam die Info, dass sich der Fotograf am darauffolgenden Tag melden würde, um mich in meinem Arbeitsumfeld abzulichten. Das klang spannend. Ich hatte zu dem Zeitpunkt noch nicht viel Erfahrung mit Profifotografen. Wir verabredeten uns zu einem Shooting auf einer Barkasse. Leider regnete es an dem Tag in Strömen. Gefordert war ein Porträt, das mich am Arbeitsplatz zeigte. Da es nicht um ein touristisches Werbefoto ging, war das Hamburger Schietwetter kein Hinderungsgrund. Wir entschieden uns als Fotomotiv für das Ruderhaus der Barkasse, also den Bereich vorn auf dem Schiff, von wo aus der Schiffsführer am hölzernen Steuerrad die

Barkasse steuert. Der Raum ist nur knapp zwei Quadratmeter groß, man steigt über drei bis vier Stufen nach oben.

Ich sollte in Zukunft feststellen, dass Fotografen dieses Motiv gern wählen, auch wenn ich während meiner Touren gar nicht selbst am Ruder stehe. Immer wieder erschienen Artikel über mich, in denen ich als Kapitänin dargestellt wurde, was ich bei dieser Gelegenheit gern klarstellen möchte: Ich habe zwar einen Schein als sogenannte schifffahrtskundige Person und verfüge über Bootsführerscheine unter Segeln und Motor, aber ich habe keine Ambitionen, selbst das Schiff zu steuern.

»Für Fotos sieht das aber gut aus«, sagen die Fotografen. Gern suchen sie dann auch nach weiteren Requisiten, die den Hafenbezug verdeutlichen sollen.

»Habt ihr hier nicht irgendwo so eine Kapitänsmütze, die du aufsetzen kannst?«

Innerlich rolle ich mit den Augen und hoffe inständig, dass gerade keiner der Kollegen im Umkreis von fünfzig Metern eine solche Mütze hervorzaubert. Das ist natürlich ein frommer Wunsch. Immer findet sich irgendwo eine weiße Mütze mit kleinem schwarzem Schirm und goldenem Emblem, optimalerweise mit einem Anker oder zumindest einer goldenen Kordel, die den Schirm schmückt. Und wenn keine griffbereit ist, gibt es um die Ecke an den Landungsbrücken noch den Souvenirshop, der zuverlässig Requisiten der gewünschten Art im Sortiment führt. Es gibt also kein Entkommen.

Es ist fürs Foto offenbar auch nicht schlimm, wenn die Mütze gar nicht passt. Ich habe einen recht großen Kopf. Da sieht es seltsam aus, wenn die Kapitänsmütze wie eine Nussschale auf einem Wellenkamm oben auf meinem Scheitel balanciert. Aber nun denn, was nimmt man nicht alles für einen Zeitungsartikel auf sich.

Als das Handelskammer-Heft vier Wochen später erschien, bekam ich von Freunden und Bekannten viele sehr unterschiedliche Rückmeldungen.

»Hey, hast du am Abend vorher gesoffen und bist im Ruderhaus versackt?«

»Wow, cooles Foto, das hat richtig was. So verträumt.«

»Bist du umgefallen und hangelst dich am Ruder hoch?«

Was war denn da passiert? Ich hatte den Artikel und das Bild vorab nicht zu sehen bekommen. So eilte ich nach den ersten Botschaften dieser Art zum Briefkasten und fischte mein Exemplar der Zeitschrift aus dem Poststapel. Hektisches Blättern, dann sah ich es. Die Redaktion hatte sich für ein Bild entschieden, bei dem ich mir schon während des Shootings merkwürdig vorgekommen war.

Im oberen Bereich ist der Führerstand des Ruderhauses für den guten Rundumblick zu allen Seiten verglast. Es gibt einen kleinen Hocker, in manchen Schiffen auch eine Sitzbank, und am Armaturenbrett ist das hölzerne Steuerrad montiert.

Aufgrund des Regens und des ungünstigen Blickwinkels hatte der Fotograf entschieden, dass ich nicht am Steuerrad sitzen oder stehen, sondern darunter auf dem Boden Platz nehmen sollte. Das große Steuerrad prangte somit halb über mir, meine Augen waren ungefähr auf mittlerer Höhe des Rades. Die Fenster mit den Regentropfen und dem Ausguck befanden sich wohlgemerkt gut einen Meter über meinem Kopf. Ich konnte aus dieser Sitzposition nicht mal auf die Anzeigen am Armaturenbrett schauen. Es sah tatsächlich aus, als wäre ich im Ruderhaus umgekippt oder zusammengebrochen. Eine Hand hatte ich für das Foto ans Steuerrad gelegt, sodass man meinen konnte, ich würde mich daran hochziehen wollen oder Halt daran suchen.

Die Kapitänsmütze, die mir für das Bild etwas zu weit nach hinten auf den Kopf gesetzt worden war, und der abwesende, fast hilflose Blick nach oben komplettierten das Kunstwerk. Vielleicht war es wirklich Kunst? Es sah zugegeben nicht schlecht aus, aber der Gesamteindruck ließ nicht gerade auf kompetente Seemannschaft schließen. Werbetechnisch ein Desaster.

Heute muss ich schmunzeln, wenn ich das Bild sehe.

Zum Ende meines ersten Geschäftsjahres im Hafen fiel mir beim Aufräumen in meinem Büro ein Zettel in die Hände. Es war ein Bogen aus dem Berufsfindungsseminar, an dem ich Jahre zuvor teilgenommen hatte. Auf dem Zettel stand, was mich motivieren würde, morgens freiwillig früh aufzustehen, was mein Traumjob war, wenn es keine Hürden gäbe, wie mein optimaler Tagesablauf aussehen sollte. Es stand drauf, welche Tätigkeiten mir Spaß machten und wie ich mir meinen Job selbst gestalten würde. Erstaunt stellte ich fest, dass auf diesem Zettel genau mein jetziger Job beschrieben war. Meine Selbstständigkeit. Mit allen Facetten.

Mit dem Zettel in der Hand ging ich zu meinem Schreibtisch. Ich wollte eine Dankesmail an Uta Glaubitz schreiben, die mir geholfen hatte herauszufinden, was mich im Job glücklich machte. Ich wollte ihr mitteilen, dass ich nun angekommen war. Dass es etwas gedauert hatte, aber alle auf dem Zettel stehenden Faktoren eingetreten waren und nun meinen Alltag bestimmten. Schon einen Tag später meldete sie sich telefonisch.

»Mensch, Maike, vielen Dank für dein positives Feedback, das freut mich ja riesig.«

Wir sprachen über meinen Weg nach dem Seminar, es hatte doch noch ein paar Jahre gedauert, bis ich zur entscheidenden Wende kam, aber nun war ich da.

»Das ist ja wirklich eine tolle Geschichte. Sag mal, darf ich dich als Referenz auf meiner Website nennen? Ich bin ja auch als Autorin für verschiedene Zeitungen tätig, und manchmal suchen Redakteure nach Fallbeispielen bei mir, vielleicht hilft dir das mal weiter.«

Ich sagte sofort zu. Erkannte die Chance, auf der Website einer renommierten Autorin als Fallbeispiel aufzutauchen. Ich hatte sofort wieder die Geschichte der Krankenschwester im Kopf, die ich vor Jahren im WDR gesehen hatte. Gern wollte auch ich andere Menschen mit meinem Berufswechsel inspirieren.

Ich schrieb also für Uta meinen Werdegang auf und schickte ihr einige Bilder für die Story. Es war der Auftakt meines »Sechsers im Lotto«, wie ich diese Geschichte gern nenne.

In den folgenden Jahren erschienen zahlreiche Artikel in großen Tageszeitungen und Magazinen, die Redakteure reichten meine Geschichte einmal quer durch die Republik. Ich staunte und konnte es selbst kaum glauben. Ein paarmal sprachen mich sogar Leser an den Landungsbrücken an.

»Hey, Sie sind doch die Frau, die erst neu in den Hafen gewechselt ist, oder?«

Einmal fragte ein Herr, der in der Zeitschrift *Bild der Frau* von mir gelesen hatte, per Brief nach einem Autogramm. Wie abgefahren war das denn bitte? Er hatte eine hübsch aufbereitete Karte mit meinem Foto, das er aus dem Internet ausgedruckt hatte, vorbereitet. Dazu ein freundliches Anschreiben, in dem er erklärte, dass er Autogramme und Fotos von Menschen, die ihn beeindrucken, sammle. Nun denn, ich schickte also eine kleine Widmung an Herbert in Grevenbroich und hoffte, dass er so nett und harmlos war, wie er schien.

Zum Glück war ich aus der IT in den Hafen gewechselt und nicht umgekehrt. In die andere Richtung wäre meine Geschichte deutlich weniger medienkompatibel gewesen. Die erste nennenswerte Story über mich war entstanden, weil eine Redakteurin über mein XING-Profil gestolpert war. Für die *GLAMOUR* wurden Protagonisten gesucht, die eine »Ich hätte niemals gedacht, dass ...«-Story zum Besten geben konnten.

Nun, ich hätte niemals gedacht, dass ich jemals in der *GLAMOUR* landen würde, und dann auch noch mit Hafentouren. Und natürlich auch nicht, dass ich überhaupt jemals selbstständig im Hafen landen würde. Es gab sogar ein kleines Honorar als Aufwandsentschädigung. Das Aufregendste für mich war das professionelle Fotoshooting mit eigens dazu bestelltem Make-up-Artisten. Na klar, in einem Hochglanzmodemagazin hatte man schon entsprechend aufgebrezelt auszusehen.

An der Hafenkante

Auf der Suche nach neuen Tourideen entwickelte ich über die Jahre verschiedene Varianten einer »Zeitreise durch den Hafen«. Dabei konzentrierte ich mich auf bedeutende alte, aktuelle und zukünftige Gebäude, Umschlaganlagen oder bemerkenswerte Entwicklungen am Hafenrand. Eine dieser Touren begann mit der telefonischen Anfrage für eine Jubiläumsfeier im Hause Friedrichsen im Jahr 2014.

Carl Friedrichsen senior hatte früher selbst im Hafen mit angepackt, bevor er Ingenieur wurde und ein Beratungsunternehmen in Sichtweite der Speicherstadt aufbaute. Inzwischen hat er sich aus dem aktiven Geschäft zurückgezogen. Anlässlich seines 75. Geburtstages wollte der rüstige Herr seine Familie und einige Freunde zu einer Erinnerungs- und Entdeckungstour durch den Hafen einladen. Knapp über dreißig Personen sollte die Gesellschaft umfassen, das Alter der Gäste lag zwischen neun und 82 Jahren. Aus nostalgischen Gründen – früher war dies sein täglicher Arbeitsweg – wollte er unbedingt den Alten Elbtunnel mit einbeziehen, der bis heute die St. Pauli-Landungsbrücken mit dem gegenüberliegenden, von Werften und Industrieanlagen geprägten Hafengebiet Steinwerder verbindet. Alle anderen Programmpunkte der Tour der Friedrichsens waren noch offen. Wir verabredeten uns für ein Vorgespräch auf einen Kaffee an den Landungsbrücken, um gleich in die richtige Stimmung zu kommen. Möwengeschrei, Barkassen, Binnenschiffe, die sich über die Elbe schieben, Koberer, die lauthals an der Hafenkante um Fahrgäste buhlen, eine leichte Brise, die einem den Fischbrötchenduft direkt in die Nase weht. Das passende Ambiente für ein Kundengespräch.

Einer meiner Lieblingsorte an der Hafenkante ist der Fischbrötchenladen an Brücke 10, ganz am westlichen Ende der schwimmenden Pontonanlage. Damals, 2014, war er so was wie die Kantine und das Wohnzimmer der westlichen Hälfte der Landungs-brücken. Hier war der Touristenrummel nicht ganz so arg wie am Ostende, und man traf immer viele Schiffsführer, Decksleute und Reedereimitarbeiter. Für mich auch eine wichtige Quelle schöner Hafengeschichten und interessanter Begegnungen. Ein echtes Klein-od, das aufgrund seiner legendären Krabbenbrötchen inzwischen weit über die Stadtgrenzen hinaus Bekanntheit erlangt hat und von neuen Eignern deutlich vergrößert wurde.

Mit Carl Friedrichsen hatte ich mich an einem trüben Dienstag-morgen Anfang März verabredet. Der Wind wehte wie meistens zu dieser Jahreszeit in Böen aus West, die Luftfeuchtigkeit lag bei hundert Prozent. Eine dicke grau-wabernde Schicht verschleierte den Blick auf die Elbe und die gegenüberliegenden Docks von Blohm+Voss. Ich spürte, wie mein Gesicht von den winzig kleinen Wassertropfen erfrischt wurde, die sich als dünner Film auf meine Wangen legten und damit die letzte Müdigkeit des Morgens vertrieben.

Als ich die Pontonanlage zu unserem Treffpunkt entlangspazierte, vermutete ich schon aus der Ferne, dass die zwei Personen unter dem Vordach vor dem Lokal meine Gesprächspartner sein mussten. Herr Friedrichsen war ein groß gewachsener, schlanker Mann mit aufrechter Haltung und gepflegtem weißen Kinnbart. Neben ihm seine Gattin im kamelfarbenen Wollmantel mit eleganten Leder-handschuhen und schwarzem Schirm.

»Moin, liebe Frau Friedrichsen, Herr Friedrichsen!« Ich nickte den beiden lächelnd zu und begrüßte sie. »Da haben wir uns ja den schönsten Tag der Woche ausgesucht.«

»Oh ja, was für ein Schietwetter mal wieder«, entgegnete Frau Friedrichsen mit rollenden Augen. »Das ist ja ganz schön trist hier.«

»Nützt ja nix«, kam es achselzuckend von Herrn Friedrichsen, »Hauptsache, im Juni zu meiner Feier ist der Himmel gnädig.«

Ich versicherte ihm, dass er mit seiner Festgesellschaft, egal wie das Wetter wäre, eine unvergessliche, schöne Tour erleben würde und dachte bei mir, dass wir uns vielleicht doch besser in einem gut beheizten Café in einem innerstädtischen Einkaufszentrum getroffen hätten, von dem aus man die trübe Suppe draußen nicht so unmittelbar vor Augen hatte.

In den vergangenen Jahren habe ich unzählige Male den Satz »Sie sorgen dann bitte auch für schönes Wetter« oder wahlweise »Das hatten wir so aber nicht bestellt« gehört. Ich habe es mir abgewöhnt, mir Gedanken um das Wetter zu machen. Ganz nach der friesischen Tradition »Es ist ja, wie es ist« arrangiere ich mich mit jeder Witterung. Bei Schietwetter ist es immer etwas schwieriger, die Gäste bei Laune zu halten und sie für die Schönheit des Hafens zu begeistern, aber dieses Wetter hat auch seinen Reiz.

»Bei Sonne kann ja jeder gut aussehen, aber Hamburg ist auch im Regen so schön«, sagte mal eine kluge ältere Dame auf einer verregneten Tour. Ich stimme ihr absolut zu.

Ich mag den Blick durch an der Scheibe herabperlende Regentropfen auf die Silhouette der Stadt und gehe auch gern bei Regen spazieren. Blauer Himmel hat aber unbestritten auch seine Vorzüge. Man muss eben das Beste draus machen und darf sich die gute Laune nicht verderben lassen. Schließlich wird das Wetter davon auch nicht besser.

Wir gingen in den Cafébereich der Fischbrötchenbude. Der Raum war angenehm geheizt und wirkte mit den weiß getünchten rustikalen Möbeln und dem charmanten Fischdekor modern-maritim. Dank farbenfroher Blumenarrangements in schlichten Glasvasen, einiger Lichterketten sowie kleiner Holzanker und Miniaturleuchttürme auf den Tischen war es sehr gemütlich.

Wir legten die Jacken ab und suchten uns einen Platz mit Hafenblick vorn auf die Elbe raus. Auf dem Boden vor den großen Fenstern hatten sich trübe Pfützen gebildet. Wir waren froh über das trockene Plätzchen, das wir, abgesehen von zwei Hafenarbeitern, die sich gerade ihre Brötchen für die Pause bei der resoluten Wirtin Susanne abholten, für uns allein hatten.

Nach kurzem Small Talk kamen wir auf die Detailplanung der gewünschten Veranstaltung zu sprechen. Herr Friedrichsen war im Vorjahr Teilnehmer einer Firmenfeier gewesen, bei der ich den Gästen den Alten Elbtunnel nähergebracht hatte.

»Frau Brunk, Sie können uns, wie ich ja erlebt habe, eine Menge zum Tunnel erzählen, aber was können wir denn außerdem noch machen? Haben Sie da eine Empfehlung für mich?«

»Da fallen mir eine ganze Menge Dinge ein, Herr Friedrichsen. Wie lang darf die Tour denn werden? Sind Ihre Gäste gut zu Fuß?«

Schon im Vorwege hatte ich überlegt, dass ich nach dem Tunnelspaziergang gern eine Barkassenfahrt anbieten wollte. Es bot sich an, die Gruppe direkt auf der Südseite des Tunnels mit einem kleinen Schiff abzuholen und dann die großen Containerterminals anzusteuern. Danach könnten wir zu den Museumshäfen fahren und uns an den historischen Umschlaganlagen am Bremer Kai in Carl Friedrichsens junge Jahre im Hafen zurückversetzen. Im Gezeiten- oder umgangssprachlich Tidenkalender, einem kleinen Büchlein, das jährlich vom Bundesamt für Seeschifffahrt und Hydrografie neu aufgelegt wird, hatte ich das gewünschte Tourdatum herausgesucht und mir die Uhrzeiten des Hoch- und Niedrigwassers für Hamburg-St. Pauli angesehen. Von der Tide her würde es gut passen, am späten Nachmittag die Speicherstadt zu durchqueren, da dann der Ebbstrom einsetzte und wir wieder unter den Brücken hindurchpassten. Vielleicht konnte ich auch noch die HafenCity miteinbeziehen.

»Na ja, wir sind nicht mehr die Jüngsten, aber ein Spaziergang in gemütlichem Tempo geht immer. Wir wollen nachmittags starten und den Tag dann mit einem Abendessen ausklingen lassen. Machen

Sie mal ruhig ein umfangreiches Programm für den ganzen Nachmittag bis ungefähr halb sieben. Dann haben wir sicher ordentlich Hunger.«

»Sehr gut, wie wäre es, wenn wir dann geführte Spaziergänge mit einer Schiffstour kombinieren?«

»Oh, das klingt gut. Können wir ein eigenes Schiff nur für unsere Gruppe haben?«

»Auf jeden Fall, Sie können sogar bestimmen, wo wir hinschippern wollen. Solange das mit der Tide passt.«

»Da wird meine Familie begeistert sein, ein Teil wohnt seit Jahren in der Nähe von Stuttgart, die freuen sich, wenn ihnen hier oben mal ordentlich der Wind um die Nase weht. Was haben Sie denn da für uns im Sinn?«

Ich schlug die Tourkombination aus Altem Elbtunnel, Barkassenfahrt und einem Rundgang durch die wachsende HafenCity mit Finale an der Elbphilharmonie-Baustelle vor. Das Abendessen sollte dort ganz in der Nähe in einem Lokal stattfinden.

»Was für eine schöne Idee, die alten und neuen Teile des Hafens zu kombinieren. Das ist dann ja eine richtige Zeitreise«, freute sich die Frau des Jubilars. »Da erleben wir alle was gemeinsam und werden uns sicher noch lange dran erinnern.«

»Ja, Lisbeth, das ist besser als bei den normalen Feiern. Ich weiß gar nicht mehr, wo waren wir eigentlich letztes Jahr zum Essen?«

Lisbeth schaute ihren Mann mit einem nachsichtigen Lächeln an. Sie wusste es vermutlich noch sehr genau. Ich war froh, dass den beiden mein Vorschlag zusagte. Eine Tour vom Alten Elbtunnel zur Elbphilharmonie. Das bedeutete gut 110 Jahre Hafengeschichte. Durch die vorgesehenen Rundgänge vor und nach der Schiffstour war Bewegung in der ganzen Sache, und mit einem zwischenzeitlichen Catering würde der Nachmittag für die Gäste wie im Fluge vergehen.

Ich beschloss, für die geführten Spaziergänge im Alten Elbtunnel und in der HafenCity meinen Lieblingskollegen und guten Freund Marc Müller um Unterstützung zu bitten, die Schiffstour würde ich allein moderieren. Marc hat sein altes Leben ebenfalls hinter sich gelassen. Dass er mal Banker und Buchhalter war, kann ich mir bei seinen lebendigen Tourmoderationen nur schwer vorstellen. Er ist ein Meister darin, seinem Publikum vermeintlich trockene Geschichte äußerst spannend zu vermitteln und mit amüsanten Anekdoten zu würzen. In unserer Art der Moderation, unserem Qualitätsanspruch und dem Umgang mit Kunden sind wir uns sehr ähnlich. Sein Fokus liegt auf der Stadt, meiner auf dem Hafen. In Hamburg lassen sich diese Themenbereiche kaum voneinander trennen und überschneiden sich vielfach. Wir haben uns vor einigen Jahren bei einer Netzwerkveranstaltung getroffen und schnell festgestellt, dass wir uns gut ergänzen. Seitdem buchen wir uns gegenseitig für Aufträge hinzu, bei denen mehr als ein Gästeführer benötigt wird. Seriös kann man mit maximal zwanzig Personen als Gruppengröße bei einer Führung unterwegs sein, da muss die Gruppe aber schon recht homogen ausfallen. Optimal sind Führungen mit bis zu 15 Personen. Bei der geplanten Tour zu Ehren des Herrn Friedrichsen lagen wir mit unseren zwei Teilgruppen knapp darüber.

Drunter durch

Pünktlich zum Tourtermin im Juni zeigte sich Hamburg von der besten Seite. Die Sonne strahlte von einem hellblauen Himmel, es herrschten angenehme Temperaturen knapp über zwanzig Grad, ein leichter Wind wehte, und ab und zu zog eine Wolke durch. Perfekte Bedingungen. Ich wählte für diesen Tag eine lange weiße Hose und eine dunkelblaue Bluse – obligatorisch gehört bei mir immer ein Ankerhalstuch zum Touroutfit. Marc erwartete mich gut gelaunt im Torbogen der Brücke 6. Er sah wie meistens aus, als wäre er geradewegs einem Prospekt für lässige Herrenmode entstiegen: dunkle schmale Hose, weißes Hemd und dunkles dezent gemustertes Sakko, auf dem Kopf einen Hut. Er war definitiv ein Hingucker.

Die sommerlich-elegant gekleidete Gesellschaft traf sich neben dem Eingang zum Alten Elbtunnel. Vorab waren alle über den groben Programmablauf informiert worden, sodass die meisten Damen bequemes Schuhwerk gewählt hatten. Schicke farbenfrohe Kleider, helle Sommerhosen, modische Blazer, hier und da ein Hut prägten das Bild der Damen. Bei den Herren dominierten leichte Anzüge in allen Schattierungen von Hellgrau bis Dunkelblau, insgesamt gab unsere Gruppe ein sehr hanseatisches Bild ab. Lediglich die Nichte des Jubilars aus Stuttgart, die, wie ich später erfuhr, als Influencerin modisch stets up to date unterwegs war, trug auch heute Heels – glücklicherweise hatte sie sich aber für moderate Absätze entschieden. Ich würde versuchen, später bei unserem Rundgang durch die Speicherstadt die Kopfsteinpflasterstraßen bestmöglich zu meiden. In meinem Kopf spulte ich vor Tourbeginn den geplanten Ablauf schon einmal vollständig durch.

Wir warteten, bis alle eingetroffen waren und die erste Begrüßungswelle abgeebbt war, dann stellte ich Marc und mich vor und erläuterte den Ablauf. Alle hörten gebannt zu und freuten sich auf den Tag. Wir würden die Gruppe zunächst trennen, aber in Sichtweite voneinander unterwegs sein. Schon auf der anderen Seite der Elbe würden alle wieder aufeinandertreffen und die nächste Gelegenheit zum Austausch haben. Über einen Caterer hatte ich einen Sektempfang organisiert, der uns in einer guten halben Stunde auf der anderen Seite der Elbe erwartete.

Zunächst leiteten wir unsere Gruppen für eine kurze Einführung auf das Oberdeck der Landungsbrücken. Direkt am Tunnel waren zu viele andere Menschen unterwegs, und die Akustik war aufgrund des vorbeirauschenden Verkehrs und der vielen Reisebusse, die hier einen Parkplatz suchten, eher suboptimal.

Ich erklärte der Gruppe, dass wir uns nun auf eine Zeitreise durch den Hafen begeben würden und dabei unter, auf und entlang der Elbe unterwegs wären. Meine Ausführungen begann ich mit allgemeinen Infos zum Hafen, zu Hamburg und zu den Landungsbrücken. Im Rahmen der Tourmoderation stelle ich immer gern Fragen in die Runde und beziehe das Publikum ein. Hier schlagen immer wieder die Lehrergene durch. Ich mag die Interaktion mit den Gästen und möchte, dass sie möglichst viel von der Tour mitnehmen.

»Der Alte Elbtunnel entstand von 1907 bis 1911 und stellt ein Meisterwerk deutscher Ingenieurskunst dar.« Als ich das betonte, zwinkerte mir der studierte Ingenieur Carl Friedrichsen zu. Er war begeisterter Fan dieses Bauwerks.

Zum Zeitpunkt des Tunnelbaues gab es ein paar Kilometer ostwärts mit den Elbbrücken bereits eine feste Straßenverbindung über den Fluss. Aufgrund der Tausenden Hafenarbeiter, die täglich zu den Docks und Werften sowie den Lagerschuppen auf die andere Seite nach Steinwerder gelangen mussten, war aber eine weitere feste Querung nötig geworden. Eigentlich wäre der Bau noch einer Brücke naheliegend gewesen – immerhin gab es im gesamten Stadtgebiet über

2.500 und damit mehr, als die durch ihre Wasserwege weltbekannten Städte Venedig und Amsterdam zusammen zählten. Ein Problem dabei war jedoch die Schifffahrt. Anfang des 20. Jahrhunderts verkehrten auf der Elbe noch zahlreiche Großsegler, sodass eine Brücke gut fünfzig Meter Durchfahrtshöhe, also eine Dimension vergleichbar der imposanten Köhlbrandbrücke, hätte bieten müssen.

Man verwarf den Gedanken, auch weil aufgrund der Bebauung auf der St. Pauli-Seite des Flusses gar nicht genug Platz für eine aufwendige Brückenzufahrt gewesen wäre. Mit dem Tunnelbau hatte man in Norddeutschland wenig Erfahrung, der Hamburger an sich verfügte schließlich nur über eine sehr begrenzte Menge an Bergbaugenen.

Heutzutage ist die Unterquerung großer fließender Gewässer eine Selbstverständlichkeit, zu Beginn des letzten Jahrhunderts hingegen waren Planung und Realisierung eines solchen Bauwerks große Herausforderungen. Die Hamburger beschlossen, das Projekt zu wagen, schickten Erkundungsteams in die Alpen und nach Schottland. In Glasgow gab es ein vergleichbares Tunnelprojekt, man setzte auf den Erfahrungsaustausch. Schließlich wurde das Motto »Drunter durch« ausgegeben.

Größter sofort ins Auge fallender Unterschied zu einem normalen Tunnelbauwerk ist sicherlich, dass auf beiden Elbseiten die Zufahrtsrampen in den Tunnel fehlen. Wie auch bei einem Brückenbauwerk hätten diese viel Platz benötigt, der nicht vorhanden war. Also entschied man sich für eine Aufzugslösung. Auf beiden Seiten des Flusses errichtete man imposante Kopfgebäude, in denen die Aufzugskörbe sowohl Personen, Fahrräder und Motorräder als auch Pferdefuhrwerke und Automobile 21 Meter tief nach unten bringen würden. Es gibt vier große Körbe, in die jeweils bis zu zwei Fahrzeuge passen, sowie seitlich zwei, die ausschließlich für Fußgänger bestimmt sind. Durch die beiden knapp 450 Meter langen

Röhren mit je einer Fahrspur gelangt man auf die andere Seite und wird dort mit einem Aufzug wieder ans Tageslicht befördert. Bis heute sind auch die großen Aufzugskörbe in Betrieb, also schon über hundert Jahre, auch wenn seit 2019 keine motorisierten Fahrzeuge mehr durch den Tunnel fahren dürfen. Durch notwendige Restaurierungsarbeiten, die Sperrung einer Tunnelröhre und aufgrund des zunehmenden Fahrradverkehrs und des hohen touristischen Wertes des Bauwerkes ist es dort unten zu eng geworden und man sperrte die Autos und Motorräder aus. Kurz vor der Schließung Ende Mai 2019 fuhr ich ein letztes Mal mit meinem Kleinwagen hindurch und zelebrierte dieses ganz besondere Fahrerlebnis. Es ist ein spannendes Gefühl, wenn man mit seinem Auto in einen Aufzugskorb fährt und sich dann unter leichtem Rütteln des Fahrkorbes auf oder ab bewegt.

Mit der Gruppe im Schlepptau ging ich zur Nordseite des Kopfbaus an den Landungsbrücken, also zu den großen Einfahrttoren der Aufzüge.

Der Tunnelwärter, der die mächtigen Falltore der Fahrkörbe bediente, grüßte uns freundlich.

»Na, Maike, bist du schon wieder fleißig? Wollt ihr gleich mitfahren?«

»Moin, Hauke, danke für das Angebot. Für den Weg runter nehm ich doch immer gern die Treppe. Heute kommen wir hier leider auch nicht wieder, aber ein andermal gern.«

Die uniformierten Tunnelwärter sind Angestellte der Hafenbehörde, sie regeln den Zugang zu den großen Fahrkörben. Ein Aufzug kam in diesem Moment von unten hoch, das Tor öffnete sich, einige Fahrräder rollten heraus.

Meine Gäste staunten nicht schlecht.

»Wow, und da passt ein Auto rein?«, fragte ein etwa elfjähriger Junge.

»Ja, Philipp, da ist dein Opa schon viele Male durchgefahren«, erklärte ein danebenstehender Mann.

»Krass, das sieht ganz schön schmal aus.«

Philipp hatte recht. Die rechts und links von hohen Bordsteinen begrenzte Fahrspur im Aufzugskorb ist nur 1,92 Meter breit. Zur Zeit der Inbetriebnahme war sie sogar noch zehn Zentimeter schmaler. Sie entsprach exakt der Fahrspurbreite unten in den Tunnelröhren.

Wer mit dem Auto den Tunnel durchqueren wollte, musste also nicht nur wissen, welche Spurbreite sein Fahrzeug hatte, er sollte auch in der Lage sein, 426,5 Meter schnurstracks geradeaus fahren zu können. Für die heute weitverbreiteten SUVs, die Geländewagen, wurde es da schnell eng.

Es war früher *die* Attraktion im Tunnel, wenn Autofahrer das Geradeausfahren in der schmalen Spur nicht beherrschten. Viele waren bei der Durchfahrt etwas aufgeregt und von den Dekoreliefs oder den sie akribisch beobachtenden Fußgängern abgelenkt. So manche Fahrt endete mit einer zerschrammten Felge oder einer abgefahrenen Radkappe. Für die Fußgänger im Tunnel war es immer wieder ein Highlight, wenn die Räder an den engen Bordsteinen entlangquietschten und die Fahrer nervös versuchten, die Spur zu halten. Man konnte meist schnell erkennen, ob jemand den Tunnel regelmäßig mit einem Fahrzeug durchquerte oder ob es eine Premierenfahrt war. Letztere hatten gelegentlich Unterhaltungswert.

Bevor es für meine Gruppe in den Tunnel hineinging, präsentierte ich noch eine zeitgenössische Karikatur von der Eröffnung, also vom September 1911.

»Was meinen Sie, wie begeistert waren die Hamburger von diesem neuen Bauwerk?«

»Die fanden das bestimmt supertoll«, rief Philipp in die Runde.

»Na, ich weiß nicht, mit der Euphorie haben die Norddeutschen es ja erst mal nicht so«, bemerkte eine Dame älteren Semesters zaghaft.

»Richtig«, stimmte ich ihr zu. »Die Hamburger waren tatsächlich gar nicht angetan, sie waren sehr skeptisch. Wir Norddeutschen sind da ja immer erst mal etwas stur und zurückhaltend. Schauen Sie mal, hier in den Karikaturen spiegelt sich der Zeitgeist herrlich plakativ.«

Ich hielt ein Bild in die Runde. Auf einem Motiv quetschten sich zwei dicke Hamburger Pfeffersäcke, wie gediegene Kaufleute hier auch heute noch genannt werden, mit ihren imposanten Bäuchen gerade so aneinander vorbei. Darunter stand: »Ein Verkehrshindernis!«

Auf einem anderen Bild torkelte ein betrunkener Seemann gegen die Seitenwand und beschwerte sich: »Lieb Vaterland, musst breiter sein!« Es wurde offenbar kritisiert, dass die Röhren recht schmal geraten waren. Die Tübbinge, also die massiven Metallringe, die aneinander genietet die Außenwand der Tunnelröhren bildeten, hatten einen Durchmesser von sechs Metern. Mein Lieblingsbild bewahre ich immer bis zum Schluss auf, auch an diesem Tag erheiterte es die Gäste sehr. Auf dem Bild sieht man ein gut gekleidetes Paar in einem offenen Automobil, das gerade so in die Tunnelröhre passt. Der Herr hält mit verzweifeltem Gesichtsausdruck das Lenkrad fest, während sich die Dame mit opulentem Hut um seinen Hals wirft und ihn sichtlich anschmachtet. An der Tunneldecke leuchten schwach zwei kleine Glühbirnen, während vorn am Auto der Scheinwerfer hell vorausstrahlt. Darunter der Text: »Aber Aurelia, wir sind doch nicht im Eisenbahntunnel!«

»Erinnert sich hier in der Runde noch der ein oder andere an frühere Eisenbahnfahrten?«, fragte ich meine Gäste.

»Wenn man reinfährt, wird's dunkel, wenn man rauskommt, wird's hell«, trällerte der bestens aufgelegte Herr Friedrichsen, und die rüstige Dame neben ihm stimmte beim folgenden »Holladi holleradihia« fröhlich mit ein. Ich weiß es sehr zu schätzen, wenn

Kunden untereinander gute Stimmung verbreiten. Vom Gesang beschwingt erklärte ich den Hintergrund des Bildes.

»Genau, ich erinnere das auch noch aus meiner Kindheit. Es wurde recht schummrig, wenn man mit der Bahn in einen Tunnel fuhr. Aurelia hat sich wohl gedacht, dass die Gelegenheit günstig sei, dem Fahrer näherzukommen – eben so, wie man das in der Dunkelheit in der Eisenbahn früher gern nutzte –, allerdings hatte der Herr offenbar große Sorge um sein Fahrzeug, das er in der Spur halten musste.« Die Gruppe lachte.

Tatsächlich war es so, dass unten in den Röhren des Alten Elbtunnels an den Wänden zunächst nur alle neun Meter je zwei 25-Watt-Glühbirnen leuchteten. Die Nachttischlampen der meisten Gäste dürften mehr Leuchtkraft aufweisen. Zwischenzeitlich war die Beleuchtung verbessert worden, ab den Fünfzigerjahren waren Leuchtstoffröhren im Einsatz.

Wir gingen zum westlichen Eingang des Tunnels, und ich fragte, ob es für alle in Ordnung sei, die Treppen hinunterzusteigen oder ob jemand den Fahrstuhl bevorzugte.

»Oh, Thomas, ich hab doch so Höhenangst, ich weiß nicht, ob ich das kann«, hörte ich eine Frau mittleren Alters in einem gelb geblümten Kleid sagen.

»Dann nimmst du eben den Fahrstuhl«, konterte der Angesprochene, »das macht doch nichts.«

Ein älterer Herr schloss sich der Frau an, und ich zeigte beiden den Weg zum Fahrstuhl.

»Ich lege Ihnen allerdings ans Herz, zumindest einen Blick in die offene Schachthalle zu werfen. Es ist sehr beeindruckend.«

Als die Frau zögerte, ergänzte ich: »Sie können direkt am Eingang stehen bleiben, aber die wunderschöne Kassettendecke, die dem Pantheon in Rom nachempfunden ist, wie auch das ganze Kopfgebäude hier sollten Sie aus dieser Perspektive gesehen haben.«

Ihre Miene erhellte sich, und sie traute sich nun doch bis zur Schwingtür vor.

Ich bat die anderen Gäste, sich auf der Treppenanlage zu versammeln. Beim Betreten der weitläufigen Schachthalle waren staunende »Ohs« und »Ahs« zu vernehmen. Gut die Hälfte der Gäste wusste zwar, dass es den Tunnel gibt, hatte aber bisher keinen Fuß in das Bauwerk gesetzt oder dies schon sehr lange nicht mehr getan.

Auch mich beeindrucken die Kopfgebäude immer wieder. Früher waren sie auf beiden Elbseiten fast identisch, durch die Zerstörungen im Krieg und die anschließenden Renovierungen fällt die Südseite auf Steinwerder jedoch heutzutage deutlich schlichter aus.

Auf der St. Pauli-Seite tritt man aus einem vorgesetzten Windfang durch zwei abgewetzte hohe Schwingtüren in einen sehr großzügig ausgelegten Kuppelbau. An der Decke prangen beeindruckende Kassettenelemente, die abends mystisch grün illuminiert werden. Die schmiedeeisernen Treppen schmiegen sich im Halbrund an die ockerfarben gekachelte Außenwand, auf der gegenüberliegenden Seite finden sich die vier großen Fahrkörbe der Aufzüge, die von zwei kleineren modernen Fußgängeraufzügen an den Seiten eingerahmt werden.

Wir befanden uns in der großen, insgesamt etwa vierzig Meter hohen Halle und schauten vom Treppenabsatz direkt bis zur Sohle über zwanzig Meter nach unten. Zur Hafenseite prangen über den Treppen sechs hohe kathedralenartige Fenster und fluten das Kopfgebäude mit Licht. Am unteren Ende des runden Kuppeldaches finden sich darüber sechs runde Fenster, die an Bullaugen erinnern. Die Nachmittagssonne schien durch die Fenster hinein und zauberte auf den hölzernen Aufzugstoren der Fahrkörbe interessante Lichtspiele.

Nach den ersten Erläuterungen stiegen wir die Treppe hinunter und passierten einige Skulpturen. Am oberen Ende der Treppe sind die geistigen Köpfe des Tunnelbaues verewigt, also alle vom

Architekten über den Vermesser bis zum kaufmännischen Direktor, während unten über den Tunneleinfahrten auch die Arbeiter abgebildet sind.

»Wo sind eigentlich die Rolltreppen abgeblieben? Hier waren doch mal welche, ich weiß das noch aus meiner Kindheit«, meldete sich Frau Friedrichsen, während wir im Gänsemarsch die Stufen hinuntergingen.

»Das ist eine sehr gute Frage. Einen kleinen Moment Geduld, bitte«, vertröstete ich sie.

Ich nutzte ihren Einwurf für einen kurzen Zwischenstopp auf dem nächsten Plateau in der Treppenanlage und klärte die Frage auf.

»War jemand von Ihnen mal zwischen den Fünfziger- und Neunzigerjahren hier im Tunnel?«, fragte ich die Gruppe. »Erinnern Sie sich noch, was damals anders war?«

Achselzucken und ratlose Gesichter bei den meisten. Lisbeth Friedrichsen schaute mich erwartungsvoll an.

»Es gab hier mal Rolltreppen, die sind aber Anfang der Neunzigerjahre aufgrund fehlender Wirtschaftlichkeit wieder abgebaut worden. Eigentlich hatte man schon zur Eröffnung über Rolltreppen nachgedacht, den Gedanken an diesen neumodischen amerikanischen Kram aber doch wieder verworfen.«

Belustigte Gesichter in der Runde, einige erinnerten sich nun offenbar und erzählten ihrem Nachbarn darüber. Ich fuhr mit meinen Erklärungen fort:

»In den Fünfzigerjahren nahm der Andrang an Hafenarbeitern, die den Tunnel als Arbeitsweg nutzten, so stark zu, dass man eine Lösung finden musste, den Durchsatz zu erhöhen. So bekamen die Rolltreppen dann doch noch ihren Auftritt. Sie wurden zu den Hauptverkehrszeiten beim Schichtwechsel auf den Werften eingeschaltet und beförderten pro Stunde zusätzlich bis zu achttausend Menschen nach unten.«

Frau Friedrichsen schwelgte in Erinnerungen: »Oh ja, jetzt fällt es mir wieder ein. Als junges Mädchen war ich mal mit meinen Freundinnen hier, wir wollten uns den Tunnel ansehen. Wir fuhren mit der Rolltreppe runter und gerieten in den Strom der Werftarbeiter. In Nullkommanix fanden wir uns auf Steinwerder wieder.«

»Soso«, brummte der Jubilar zur Erheiterung der Runde.

Während wir weiter die Treppen hinuntergingen, winkten uns aus dem gläsernen Fahrstuhl unsere beiden Gruppenmitglieder im Vorbeirauschen zu. Sie erwarteten uns unten.

Nach 132 Stufen erreichten auch wir die Sohle. Zunächst zog es alle vor den Eingang der Tunnelröhre, es war ein beeindruckender Anblick. Die schmal wirkende Röhre mit der einen Fahrspur und den beiden Fußwegen erscheint schnurgerade, man sieht das andere Ende trotz eines leichten Gefälleknicks.

Ein Tunnelwärter begrüßte uns unten aus seinem Wachhäuschen. Die kleine offene Kabine ist für die kalten Monate mit einer Wärmeplatte auf Rückenhöhe ausgerüstet, die Wärter tauschen alle dreißig Minuten ihren Einsatzort: unten im Tunnel, oben vor der Einfahrt oder ganz oben im Maschinenraum. Außerdem werden regelmäßig die Nord- und die Südseite getauscht, so bleibt der Job abwechslungsreich.

»Kann ich schon mal losrennen?«, fragte der kleine Philipp, der gern etwas zügiger vorankommen wollte. Seine Mutter nickte ihm zu, während ich den Blick der Erwachsenen nach oben lenkte.

»Wir schauen uns hier oben noch kurz die Baugeschichte des Tunnels an.«

Direkt über den Eingängen zu den beiden Tunnelröhren, von denen eine derzeit durch Renovierungsarbeiten gesperrt war, hängen vier große in Stein gehauene Bilder. Sie visualisieren die Reihe vom Baubeschluss über das kräftezehrende Buddeln der Arbeiter bis zur feierlichen Eröffnung.

Es wurde viel fotografiert, dann spazierten wir auf die Südseite. Unterwegs passierten wir mehrere schöne Steinzeugreliefs mit Unterwassermotiven, die zur Dekoration schon bei der Eröffnung angebracht worden waren.

Mitten im Tunnel blieben wir kurz stehen, und ich erzählte gerade davon, dass man bei einer nächtlichen Durchquerung des Tunnels durchaus auch mal Schiffspropeller hören konnte, als eine jüngere Frau mit ernster Miene fragte: »Wo sind denn hier eigentlich die Notausgänge? Gibt es hier irgendwo eine Tür?«

Nun, das ist leicht zu sagen – man kann sie schließlich sehen. Ein Ausgang liegt auf der Südseite, einer auf der Nordseite. Der Tunnel ist schließlich nur 426,5 Meter lang. »In der Geschichte des Tunnels gab es tatsächlich keine nennenswert gefährlichen Zwischenfälle«, beeilte ich mich zu sagen. In jüngster Zeit kann man höchstens die immer rabiateren Begegnungen zwischen Radfahrern und Fußgängern dazuzählen, die um den verfügbaren Platz streiten, seit ihnen die Autos dabei nicht mehr in die Quere kommen.

Wir erreichten die Steinwerder-Seite und fuhren mit einem der großen Aufzugskörbe von 1911 hinauf ans Tageslicht. Als sich das große hölzerne Falltor am Aufzugskorb öffnete und uns die Sonne wieder ins Gesicht schien, atmeten einige Gäste tief durch und genossen die Wärme.

»Herzlich willkommen in Norditalien«, hieß ich die Gruppe auf dem Vorplatz willkommen, als wir alle wieder zusammenstanden. Einige Teilnehmer schmunzelten, andere schauten sich fragend an. Für viele sogenannte Nord-Elbianer, also Hamburger, die nördlich der Norderelbe wohnen, gleicht die Querung des Flusses einer beschwerlichen Reise in den Süden. In vielen Köpfen stellt der Fluss noch heute eine Grenze dar, auch wenn der Stadtteil Wilhelmsburg, unmittelbar südlich des Hafengebiets auf Steinwerder gelegen, inzwischen zum Verwaltungsbezirk Hamburg-Mitte gehört.

Ich erzählte meiner Gruppe gerade noch weitere Anekdoten, als mein Kollege Marc mit der zweiten Hälfte der Gruppe aus dem Tunnel trat. Er signalisierte mir, dass er noch etwa fünf Minuten bräuchte, dann würden wir gemeinsam zu dem vorbereiteten Sektempfang am Aussichtspunkt gehen.

Kurz bevor wir aufbrachen, warf ich noch eine Frage in die Runde: »Es gab Zeiten, da sammelten sich hier vor dem Tunnel beim Schichtwechsel viele Frauen. Was meinen Sie, was wollten die?«

Zwei ältere Damen in meiner Nähe kicherten und steckten die Köpfe zusammen, eine andere antwortete »Na, was wohl?« und rollte gelangweilt mit den Augen.

»Nicht, was Sie jetzt denken«, beschwichtigte ich, »es war ganz harmlos.«

Die Gruppe schaute mich fragend an.

»Die Damen waren die Ehefrauen der Hafenarbeiter. Sie wollten die Lohntüten einsammeln, bevor die Jungs diese zu ihrem Vergnügen auf St. Pauli durchbringen konnten.«

Daran hatten die wenigsten gedacht. Es waren andere Zeiten. Im Hafen gab es viele Tagelöhner, die allabendlich ihren Lohn in bar ausgezahlt bekamen, und auf der St. Pauli-Seite lag das verlockende Vergnügen sehr nah.

Inzwischen hatte sich die Festgesellschaft wieder zusammengefunden und genoss bei Sekt und kleinem herzhaften Gebäck den Ausblick auf die Stadt. Hamburg liegt einem hier zu Füßen, man kann vom Fischmarkt bis zur Elbphilharmonie blicken. Wir befanden uns gefühlt mitten in einer Panoramapostkarte. Ein kleiner Frachter schipperte vorbei, mehrere Möwen erfreuten sich an Resten eines weggeworfenen Brötchens, farbenfrohe Barkassen pflügten durch die Elbe.

Unsere Barkasse war auch darunter, sie kreuzte gerade aus Richtung der Überseebrücke das Fahrwasser und fuhr danach in den

Fährkanal keine dreißig Meter neben uns. Ich machte Herrn Friedrichsen auf das Schiff aufmerksam, seine Augen leuchteten beim Anblick der BUENOS AIRES.

»Oh, auf der bin ich früher, als ich im Hafen gejobbt habe, schon mal mitgefahren. Was für ein schönes Schiff.«

Ich wusste das, denn er hatte mir bei unserem Kennenlernen davon berichtet, das aber offenbar wieder vergessen. Dass ich ihn nun damit überraschen konnte, war mein kleines Geburtstagsgeschenk an den rüstigen Senior.

Backsteine

Die BUENOS AIRES war früher ein Arbeitsschiff für die Reederei Hamburg-Süd und stammte aus den Sechzigerjahren. Sie ist als Rundfahrtschiff mit ihrem gut aufgeteilten Innenraum mit Tresen, Tischen und Stühlen sowie den beiden achterlichen Außendecks vielfältig einsetzbar.

Die Festgesellschaft der Friedrichsens machte noch Gruppenfotos und bewunderte den Ausblick, bevor es dann für alle zum nahe gelegenen Anleger ging und die Gruppe die Barkasse enterte.

Schiffsführer Hermann begrüßte uns fröhlich. Er ist ein drahtiger Mann im besten Rentenalter. In seiner Jugend hatte er Hafenschiffer gelernt und fühlt sich bis heute dem Wasser verbunden. Er hat immer gute Laune, verschmitzte, wache Augen und liebt den Hafen.

»Moin, Hermann«, lachte ich, »heute drehen wir mal wieder eine schöne große Runde.«

Als alle Gäste an Bord waren, warf er die Leinen los und ging ins Ruderhaus.

»Na, dann wollen wir mal.«

Die Tour führte uns zu den Docks von Blohm+Voss, zu den großen Containerterminals, dem Fischmarkt und dem Dockland und unter der imposanten Köhlbrandbrücke hindurch. Um unserer Zeitreise Substanz zu geben, steuerten wir natürlich auch den Museumshafen Oevelgönne und den Hansahafen mit dem Hafenmuseum an. Hier gibt es am Bremer Kai Schiffe, besondere Fahrzeuge, Hafenbahnanlagen, Krane und alte Schuppen, die einen unmittelbar in die Sechzigerjahre zurückversetzen. Ich erläuterte den Umschlag aus den historischen Tagen.

»Das heißt doch Kräne und nicht Krane«, unterbrach mich der kleine Philipp.

»Nee, min Jung, im Hafen sagt man bei der Mehrzahl immer Krane«, informierte ihn sein Großvater Carl Friedrichsen.

»Das habe ich auch im Hafen gelernt«, schmunzelte ich. »Das spricht man hier nur einmal falsch aus, dann lernt man die richtige Variante.«

Wir näherten uns einem weiteren Highlight jeder Schiffstour im Hamburger Hafen: der historischen Speicherstadt. Die roten Backsteinspeicher waren zwischen 1883 und Ende der 1920er-Jahre entstanden, als Hamburg sich auf Drängen Bismarcks dem Deutschen Zollverein anschloss und den Freihafen errichtete. Man wollte damit den Hamburger Kaufleuten das Privileg erhalten, in einem definierten Areal ihre Waren auch weiterhin zollfrei lagern, verarbeiten und veredeln zu können. Vorher war dies im gesamten Stadtgebiet möglich, mit dem Zollanschluss brauchte man für den Freihafen ein abgeschlossenes Gebiet mit überwachten Zugängen.

Bevor die Speicherstadt hier errichtet wurde, befanden sich auf den der Innenstadt vorgelagerten Inseln Kehrwieder und Wandrahm quirlige Wohn- und Arbeitsquartiere. Mit dem Beschluss zum Bau der Speicherstadt wurden die Bewohner in andere Stadtteile zwangsumgesiedelt, ihre Häuser wurden dem Erdboden gleichgemacht, und man errichtete die heute bekannten Speicher. Über zwanzigtausend Menschen verloren damals ihre Wohnungen. Vielen Besuchern ist dies kaum bekannt.

Wir schipperten auf das Kehrwiederfleet zu. Fleete, das sind Wasserwege, in denen das Wasser wortwörtlich »fließt« und in denen die Tide, also der wechselnde Wasserstand der Gezeiten, spürbar ist. Daher ist eine Fahrt mit dem Schiff durch die Fleete nicht immer möglich. Bei Ebbe verwandelt sich der üppige Kanal nach und nach in ein dünnes Rinnsal, bei Flut steigt das Wasser so hoch, dass nur noch Schiffe platt wie Flundern unter den Brücken hindurchpassen. Neben dem Blick in den Tidenkalender schaut jeder Schiffsführer für den aktuellen Wasserstand auf den Pegel. Diese Messskalen sind an verschiedenen neuralgischen Punkten im Hafen angebracht, so auch kurz vor der Einfahrt ins Kehrwiederfleet. Dort kann man den aktuellen Wasserstand ablesen.

»Maike, gute Nachrichten, das sollte passen«, rief Hermann in diesem Moment aus dem Ruderhaus zu mir nach unten.

Wir hatten an diesem Tag leichten Westwind, das Wasser war zur Flut etwas höher als normal aufgelaufen, befand sich nun aber auf dem Rückzug. Eventuell würde es an der ein oder anderen Brücke noch etwas knapp sein, wir würden sehen. Gegebenenfalls mussten wir kurz abwarten.

Erster Hingucker bei der Fahrt ins Kehrwiederfleet ist die kleine verschnörkelte Polizeiwache auf der linken Seite.

»Hey, das ist doch das Revier aus meiner Lieblingsserie *Notruf Hafenkante*«, hörte ich eine Frau rufen, die sich gerade neben meinem Moderationsplatz am Kuchenbüfett bediente. Sie verdrehte leicht den Hals beim Versuch, aus dem Seitenfenster neben unserem Bordkühlschrank auf das gelbe Backsteinkleinod zu schauen.

»Ja, richtig. Man sieht sogar, dass gerade Dreharbeiten stattfinden, schauen Sie mal«, informierte ich sie.

Am Gebäude war in großen Lettern POLIZEI zu lesen. Diese weißen Buchstaben wurden immer nur für die Dreharbeiten an die Fassaden gehängt. Tatsächlich war das Gebäude auch im wahren Leben eine Polizeidienststelle, aber für das Fernsehen sollte es durch die Beschriftung noch verdeutlicht werden. In der weiteren Vorbeifahrt sahen wir ein paar Kameraleute und Produktionsmitarbeiter neben dem Haus.

Wir fuhren in das wenige Meter breite Fleet hinein. Zunächst umgaben uns rechts und links moderne Bürogebäude, die farblich zum Gesamtensemble der Speicherstadt in rotem Backstein passten. Im Zweiten Weltkrieg war gut die Hälfte der Speicher zerstört worden. Einige wurden originalgetreu wiederaufgebaut, andere neu errichtet, aber der Gesamtoptik angepasst. Man kann immer sehen, an welchen Stellen an den alten Gebäuden etwas ausgebessert wurde. Es gibt aus der Nachkriegszeit eigens eine Verordnung, die besagt, dass Veränderungen des Ursprungsbaus sichtbar bleiben müssen.

Nach ungefähr dreihundert Metern kamen wir zur ersten etwas niedrigeren Fußgängerbrücke. Sie ist doppelstöckig angelegt, ein großer halbrunder Bogen krönt die obere Ebene. Einige Fußgänger, die gerade die Brücke überquerten, blieben stehen und winkten uns zu.

Hinter dieser Brücke beginnt der historische Teil der Speicherstadt. Oben neben dem Giebel ist in einem Speicher das Erbauungsjahr 1888 in dunklen Ziegeln weithin sichtbar eingemauert.

Der Großteil unserer Gesellschaft hatte sich nunmehr draußen auf dem Freideck versammelt, um die besondere Atmosphäre der Speicherstadt zu erleben.

»Jeder Speicher grenzt an einer Seite ans Wasser und mit der anderen an die Straße. Über die Seilwinden in den Giebeln wurden früher die Waren in die einzelnen Speicherböden gehievt. Manchmal können Sie das auf der Straßenseite beobachten, wenn bei einem der etwa dreißig Teppichhändler, die es noch gibt, neue Ware angeliefert wird.«

Tatsächlich werden Orientteppiche auch heute noch in größerer Menge in der Speicherstadt eingelagert, da Luftfeuchtigkeit und Raumtemperatur durch die dicken Backsteinmauern für sie optimal sind.

Auf der Wilhelminenbrücke gegenüber dem kleinen Polizeihäuschen an der Einfahrt zur Speicherstadt wurde als Hommage an die Teppichhändler in den Neunzigerjahren sogar ein überdimensionaler steinerner Orientteppich auf dem östlichen Fußweg der Brücke verlegt. 2019 wurde der Belag mit einem neuen Teppichmuster restauriert.

Vor der nächsten Brücke stoppte Hermann auf.

»Oh, das wird nu doch knapp hier. Maike, kannst du kurz alle nach vorn holen?«

»Klar, Hermann, endlich etwas Abenteuer«, schmunzelte ich.

Ich kenne die Reaktion meiner Gäste auf das nun folgende Manöver zu gut.

Unsere Barkasse hatte mit dem Ruderhaus vorn einen recht hohen Aufbau, der nach Hermanns Augenschein unter der nächsten Brücke um ein paar Zentimeter noch nicht ganz hindurchpassen würde. Das Wasser lief ja ab, wir konnten also einfach ein paar Minuten warten oder aber die Sache etwas spannender gestalten. Ich griff zum Mikrofon.

»So, meine Damen und Herren, Sie haben ja sicher eben an der letzten Brücke schon gesehen, dass wir mal so gerade eben noch durchgepasst haben, hier an der nächsten wird es nun noch etwas knapper. Damit wir uns da nicht festfahren, gibt es eine ganz einfache Lösung, wir müssen unseren Eintauchwinkel anpassen. Dabei können Sie uns helfen. Kommen Sie doch bitte alle mal so weit Sie können nach vorn zu mir.«

Erstaunte Gesichter. Besorgte Mienen. Fragende Blicke, ob ich das wohl ernst meinte?

»Ja, Sie haben richtig gehört, alle Mann – und Deerns – mal bitte hier nach vorn kommen. Wir brauchen vorn mehr Gewicht, damit das Schiff mit dem Bug weiter eintaucht und wir dann entspannt unter der Brücke durchpassen.«

Zunächst zögernd, dann mit merklich freudiger Spannung folgten die Gäste meiner Aufforderung und rückten näher.

»Wie aufregend!«

»Physik im Alltag.«

»Jens, nun komm schon vom Achterdeck runter mit deinen Zentnern, wir brauchen dich hier vorn als Kontergewicht«, schallte es durch die Gästeschar.

Einige schoben sich aufgeregt wie Schulkinder an mir vorbei vorn in das Vorschiff.

Hermann duckte sich aus dem Ruderhaus raus und lachte die Fahrgäste an.

»Super, das läuft ja wie geschmiert!« Er zeigte den Daumen nach oben.

Für eine weitere Brücke blieben die Gäste noch vorn, dann entließ ich sie wieder an ihre Aussichtsplätze und dankte für die Unterstützung.

»Krass!«, fasste der junge Philipp nach der Aktion treffend zusammen.

Manchmal muss man eben Dinge, die nicht sofort passen, passend machen. Da sind wir im Hafen ganz pragmatisch.

An der nächsten Ecke kamen wir zu einem der bekanntesten Postkartenmotive Hamburgs, dem Wasserschloss, das eingerahmt von zwei Fleeten beschaulich vor dem Speicherstadt-Backsteinpanorama im Wasser aufragte. Auf der gegenüberliegenden Brücke, der Poggenmühlenbrücke, hatten sich wieder zahlreiche Fotografen versammelt, die versuchten, dieses schöne Bild auf ihre Speicherkarten zu bannen. Einer rief uns zu, ob wir noch mal kurz wenden könnten, er hätte uns da gerade wunderbar in Position für sein Wunschbild gesehen.

Leider ging das nicht, da uns eine andere Barkasse entgegenkam und die Lage mit den beiden zusammenlaufenden Wasserarmen hier etwas unübersichtlich war. Aus einer der Ladeluken in einem Speicher direkt über uns beobachtete ein junger Mann die Szenerie und winkte. Er legte offenbar gerade eine Raucherpause an einem der Zugangsbalkone für an einigen Speichern eingemauerte Feuertreppen ein. Westphalentürme heißen diese gemauerten Treppenhäuser, die gut sichtbar halbrund aus den Fassaden hervorspringen. Aus jedem Stockwerk gibt es von außen einen balkonartigen Zugang zu diesem Treppenhaus. Benannt wurden diese Treppenhäuser nach dem früheren Branddirektor Westphalen. Diesen sollte man übrigens nicht verwechseln mit dem Branddirektor Westphal aus der Nachkriegszeit, nach dem das aktuell modernste Feuerlöschboot im Hamburger Hafen benannt ist.

Mit dem pittoresken Fleetschlösschen und dem mit Türmchen verzierten sogenannten Rathaus der Speicherstadt passierten wir zwei weitere Sehenswürdigkeiten und bogen in einen Verbindungskanal zur HafenCity ein. Bevor die Umgebung zur modernen Architektur wechselte, ragte hinter einer weiteren Brücke noch der beeindruckende Kaispeicher B vor uns auf, das älteste Gebäude der Speicherstadt beziehungsweise eines, das seit 1879, also schon vor Baubeginn der Speicherstadt, errichtet worden war. Auf neun Etagen lädt hier heutzutage das Internationale Maritime Museum zu einer Erkundungstour durch die weltweite Seefahrtsgeschichte ein.

Ich begann, über das Mikrofon das größte innerstädtische Bauprojekt Europas zu erläutern, in das wir nun mitten hineinschipperten: die HafenCity.

Zukunftsmusik

Auf dem Gebiet der heutigen HafenCity standen früher Lager- und Kühlhäuser, Schuppen, Umschlaganlagen für Stückgutfrachter, ein großes Gaskraftwerk und eine Kaffeelagerei. Mit Aufkommen der Container Ende der 1960er-Jahre hatten sich die Anforderungen an die weltweite Logistik drastisch verändert. Statt großer Lagerhallen für Güter aller Art benötigte man nunmehr riesige Freiflächen, auf denen die Container gestapelt werden konnten. Jeder Container für sich ist ja im Grunde ein kleines mobiles Lagerhaus, in dem die Ware weitestgehend vor der Witterung geschützt ist.

Die Stadt hatte allerlei Pläne geprüft und wieder verworfen, wie das große Gebiet zwischen der Kehrwiederspitze und den Elbbrücken zukünftig entwickelt und genutzt werden sollte. In allen Hafenstädten stellt sich dieselbe Herausforderung: Wie soll man mit den brachliegenden Schuppen umgehen? Die Docklands in London sind für die Umwidmung von Hafenflächen ein großes Vorbild. Hier hat man aus einem ehemaligen Hafenareal ein lebendiges Wohn- und Arbeitsquartier geschaffen.

Im Hintergrund hatte Hamburg schon einige Jahre lang Grundstücke aufgekauft, ohne dass es publik wurde. Der Paukenschlag erfolgte im Mai 1997, als der damalige Bürgermeister Henning Voscherau in seiner Rede im renommierten Übersee-Club erstmals die Pläne für die Entwicklung der HafenCity vorstellte.

Das 157 Hektar große Gebiet sollte zu einer attraktiven Mischung für Wohnen, Arbeit und Freizeiteinrichtungen ausgebaut werden. Mit den Erlösen aus den Grundstücksverkäufen sollte das neue Containerterminal Altenwerder gegenfinanziert werden. Nach dem ersten Aufruhr machte sich schnell auf allen politischen Ebenen Zustimmung für das gewaltige Projekt breit. 2001 erfolgte der erste Spatenstich.

Nach der beschaulichen Speicherstadt änderte sich unsere Umgebung mit der Fahrt in die HafenCity auf einen Schlag, und wir fanden uns inmitten moderner, eher nüchterner Gebäuderiegel wieder. Es dominiert zwar auch hier weiter der rote Backstein, aber er ist bei Weitem nicht so charmant in Szene gesetzt wie zuvor in der Speicherstadt. Rechts von uns ragte ein großes dunkelrotes Wohngebäude in den Himmel, das den Namen Cinnamon Tower trägt, es war gerade erst fertiggestellt worden.

»Was meinen Sie, wie viele Wohnungen gibt es in diesem 14-stöckigen Gebäude?«, fragte ich in die Runde. Die Gäste drehten die Köpfe nach rechts und blickten in den Himmel.

Einige begannen in Gedanken zu zählen.

»Vierzig?«

»28!«

»Ach was, bestimmt nur 14!«

»Sie nähern sich langsam der korrekten Zahl«, antwortete ich und setzte eine Gedankenpause, bevor ich auflöste: »Es sind tatsächlich nur zehn Wohnungen. Auf 14 Stockwerken. Verrückt, oder?«

Kopfschütteln unter den Gästen, erstaunt blickten sie zu der dunkelroten »Zimtstange« auf.

Ich legte das Mikrofon für eine Moderationspause ab und mischte mich auf dem Achterdeck unter die Fahrgäste. So konnte ich zwischendurch individuelle Fragen beantworten, ohne über die Lautsprecher gleich alle in ihren Gesprächen zu stören.

»Was sind denn das da für sperrige Gebilde?«, unterbrach eine Frau im hellblau geblümten Kleid ihr Gespräch und schaute mich fragend an. Mit einer Hand hielt sie ihren schicken Strohhut, über dessen Rand zwei weiße Bänder im Fahrtwind flatterten, und zeigte nach oben. Ich folgte ihrem Blick und antwortete: »Eigentlich sind das Vertikalwindräder, die Energie erzeugen sollen. In diesem Haus hat Greenpeace seine Zentrale. Es gibt aber wohl Schwierigkeiten, die Räder stehen meistens still.«

»Oh, das war bestimmt anders geplant. Dann drücken wir mal die Daumen. Danke!«, erwiderte die Frau und wandte sich mit einem Kopfschütteln wieder ihrer Gesprächspartnerin zu. Gerüchten zufolge soll es Probleme mit der Statik des Gebäudes geben, und dank der kraftvollen Windräder auf dem Dach sollen in den Büros mitunter die Schreibtische wackeln, aber damit wollte ich die Dame nicht beunruhigen.

Aus dem Magdeburger Hafen genannten Nebenarm der Elbe erreichten wir schließlich wieder die Elbe. Der Ebbstrom lief weiter, überall sah man an den Kaimauern deutlich die dunklen Kanten des fallenden Wasserstandes. Links zweigte das Becken des Baakenhafens ab, während sich zu unserer Rechten eine gewaltige Brache zeigte. Das Überseequartier Süd sollte eigentlich längst fertiggestellt sein, es gab hier jedoch über die Jahre einige Wechsel in den Planungen. Aktuell geht man von einer Fertigstellung Ende 2023 aus.

Am Kreuzfahrtterminal HafenCity führte unsere Tour entlang des 2014 ebenfalls noch brachliegenden Strandkais mit dem Ziel des im vorigen Winter frisch eingeweihten Anlegers an der Elbphilharmonie. Dieses beeindruckende neue Wahrzeichen sollte eigentlich längst eröffnet sein, hier sollten sich die Koryphäen der zeitgenössischen und klassischen Musik die Klinke in die Hand geben. Erst kurz vor unserer Tour war das letzte gewaltige Scheibenelement in der Fassade eingesetzt worden, im Dach klaffte in der Mitte jedoch noch ein großes Loch. Es hatte aufgrund von Planänderungen und daraus resultierenden Streitigkeiten immer wieder Verzögerungen im Bau gegeben. Bei der Grundsteinlegung 2007 war noch eine Eröffnung im Jahr 2010 vorgesehen, letztlich wurde das Gebäude Ende 2016 fertiggestellt.

»Das wird ein prachtvolles Haus«, freute sich Carl Friedrichsen, als wir vom Schiffsanleger in Richtung der Baustelle spazierten.

»Wie war das noch mit den Kosten aktuell?«, fragte er mich.

»Ach, Herr Friedrichsen, Sie wissen doch, in Hamburg schnackt man nicht so über Geld«, erwiderte ich augenzwinkernd und ergänzte: »Aber es wird deutlich teurer als ursprünglich gedacht.«

Früher hatte am Standort der jetzt entstehenden Elbphilharmonie mal der wunderschöne Kaiserspeicher gestanden. Er war im Zweiten Weltkrieg beschädigt und später leider abgerissen worden. 1963 baute man nach den Plänen von Werner Kallmorgen stattdessen den sehr nüchtern-pragmatisch anmutenden Kaispeicher A. Er war eigentlich für die Zukunft geplant, große Schiffe konnten direkt an der Kaikante anlegen und die Waren über Ladeluken in den Speicher verbracht werden. Allerdings war diese Art des Umschlags durch das Aufkommen der Containerschifffahrt schnell überholt. Die großen Terminals wurden im Westen des Hafens neu errichtet, die Speicherstadt und Lagerschuppen verloren an Bedeutung.

Es gab mehrere Vorschläge, was im Zuge der Entwicklung der HafenCity mit dem Kaispeicher A passieren sollte. Letztlich überzeugte der spektakuläre Entwurf des Architekturbüros Herzog & de Meuron aus Basel, und die »Elphi« wurde gebaut. Wie eine überdimensionale Welle oder eine Art Segel erhebt sich heute das gläserne Dach auf dem Backsteinsockel. Der Ursprungsbau wurde entkernt, lediglich die Außenwände blieben stehen, und Stockwerk um Stockwerk wuchsen ein Parkhaus, eine öffentliche Plaza, die Konzertsäle, ein großes Hotel und Luxusappartements in den Himmel. Knapp 110 Meter misst die Spitze unseres neuen Wahrzeichens.

Gemeinsam mit meinem Kollegen Marc stand ich mit je einer Gruppenhälfte in Sichtweite vor der Baustellenabsperrung. Wir erläuterten die Pläne für das zukünftige Bauwerk.

»Es wird eine lange gebogene Rolltreppe geben, die sogenannte Tube, über die man zunächst zu einem Aussichtsfenster mit Blickrichtung Überseebrücke und Landungsbrücken gelangt und nach einer weiteren kurzen Rolltreppenfahrt auf die öffentlich zugängliche Plaza. Der Zugang wird kostenfrei sein, aus 37 Metern Höhe wird man hier einen imposanten Blick auf den Hafen und die Stadt haben.«

Die Gäste schauten interessiert auf das von uns gezeigte Bildmaterial und verglichen dieses immer wieder mit dem jetzt schon vor ihnen stehenden riesigen Gebäudeklotz.

«Wir gehen jetzt gleich bei unserer Runde noch zu den Magellan-Terrassen, dort gibt es den Elbphilharmonie Pavillon, und wer mag, kann schon mal einen Blick in den Großen Saal werfen«, motivierte ich meine Gruppe für den nun folgenden kleinen Rundgang um das Becken des nahe gelegenen Sandtorhafens.

»Das ist ja eine tolle Idee«, stimmte Lisbeth Friedrichsen mir nickend zu. »Da war ich mit Carl neulich erst zu einem Spaziergang.«

Marc und ich beschlossen, unsere Gruppen jeweils entgegengesetzt um das benachbarte Hafenbecken herumzuleiten. Wir würden uns an den Magellan-Terrassen beim Infopavillon für einen Zwischenstopp treffen und die Gäste am Ende zum gewählten Restaurant in der direkten Nachbarschaft der Elbphilharmonie bringen.

Mit meiner Gruppe überquerte ich die große Klappbrücke an der Zufahrt zum Sandtorhafen. Dieser war vor gut 150 Jahren das erste künstlich angelegte Hafenbecken der Stadt. Hier konnten Frachter ihre Ladung direkt an der Kaikante auf die Hafenbahn oder in geräumige Lagerschuppen umschlagen. Im Zuge des Hafen-City-Baues war ein Traditionsschiffhafen mit einer geschwungenen Pontonanlage eingerichtet worden, vom Dampfschiff über Schlepper bis zum Segelschiff gab es hier viele spannende Fahrzeuge zu bewundern, fast alle gingen noch regelmäßig in Fahrt. Die historischen

Schiffe bildeten einen schönen Kontrast zu den teils futuristisch anmutenden Gebäuden. Am Kopf des Beckens luden die Magellan-Terrassen zum Verweilen ein.

Wir flanierten gemütlich an der Promenade entlang, links von uns reihten sich Firmen- und Wohngebäude aneinander, zu unserer Rechten ging der Blick über das Hafenbecken und die einladenden Schiffe unterschiedlichster Bauart.

An den Terrassen steuerte ich die Gruppe direkt zu dem schwarzen Pavillonbau, der dort bis 2017 aufgebaut war. Es gab zahlreiche Informationen zur Elbphilharmonie und Hörstationen, mit denen die Besucher auf das Konzerthaus eingestimmt werden sollten. Über eine Treppe führte ich die Gäste ins Obergeschoss. Hier konnte man über einige weitere steile Stufen den Kopf mitten in ein Eins-zu-zehn-Modell des zukünftigen Großen Saals stecken. Die Begeisterung unter den Gästen war stets groß, denn man guckte mitten aus dem Boden der Bühne auf das ringsum in Weinbergarchitektur gesetzte Publikum. Zweitausend kleine Püppchen schauten erwartungsvoll zurück. An diesem Modell testete der Akustikdesigner Yasuhisa Toyota das zukünftige Klangerlebnis unter möglichst realen Bedingungen.

»Die Besonderheit im Großen Saal ist auf allen Plätzen die Nähe zur Bühne und das optimale Klangerlebnis. Sie haben sich vermutlich noch nie Gedanken darüber gemacht, wie ein überdurchschnittlicher Anteil an Wollmänteln oder im anderen Extrem an Glatzen die Akustik in einem Konzertsaal beeinflussen«, führte ich für meine Gruppe aus. Alle lachten.

»Oh, da besorgen wir uns auf jeden Fall ein Konzertabo, Schatz, ja?«, hörte ich die Dame mit dem Strohhut und dem hellblauen Kleid zu meiner Rechten zu ihrem Gatten sagen.

»Ein wenig müssen Sie sich da wohl leider noch gedulden«, bemerkte ich augenzwinkernd.

Auch Marc kam nun mit seiner Gruppe aus der anderen Richtung zum Pavillon. Wir gewährten den Gästen eine Zeit des angeregten Plausches, dann machte ich mich mit meiner Hälfte auf zur finalen Etappe.

Ein kleiner Abstecher führte uns in Richtung der Coffee-Plaza am benachbarten Sandtorpark, der ersten offiziellen Grünanlage in der HafenCity. Hier steht eine riesige, reich verzierte Kaffeebohnenskulptur und erinnert an die in dieser Gegend früher beheimatete Kaffeelagerei und das erste Hamburger Rohkaffeelager.

Carl Friedrichsen blickte sich bei meinen Erläuterungen zu diesem Thema suchend um.

»Das sah hier aber früher irgendwie anders aus. Hier stand doch nicht das Silo?«

»Da haben Sie recht. Früher reichte das Sandtorhafen-Becken bis hierher, das Lager stand etwas nördlich von unserem jetzigen Standpunkt. Das Hafenbecken wurde mit dem Bau der HafenCity verkleinert«, erläuterte ich.

»Ah ja, dann passt das wieder zu meinen Erinnerungen. Ich dachte schon, ich werde tüdelig«, lächelte er mir zu.

Für den Bau der HafenCity wurde das Lager nach Hamburg-Wilhelmsburg umgesiedelt. Dort können seit 2006 bis zu 35.000 Tonnen Rohkaffee in gewaltigen Silos zwischengeparkt werden. Hamburg ist bis heute einer der wichtigsten Umschlagplätze für Rohkaffee weltweit. An der Coffee-Plaza findet sich neben der wuchtigen Skulptur inzwischen nur noch der Verwaltungssitz des Kaffeehändlers.

Der kleine Philipp hatte offenbar nicht so viel Interesse an Kaffeebohnen, er balancierte auf einer der Betonbohlen im Park. Plötzlich kam er zu uns rübergelaufen und zeigte auf das Dach eines Gebäudes. Mit dem Blick nach oben fragte er: »Was sind denn das da für bunte Stangen oben auf dem Dach?«

Die Gruppe wandte die Köpfe gen Himmel.

»Das ist der Pausenhof der Katharinen-Grundschule hier in der HafenCity. Die Kinder können in den Pausen auf dem Dach herumtoben und frische Luft schnappen. Außerdem klingt angeblich für einige empfindliche Nachbarn das Kindergeschrei dort oben mit etwas Fantasie fast wie Möwengeschrei.«

Erstaunte Blicke, einige Gäste schmunzelten. Ein Ehepaar fachsimpelte über den Vergleich der Kindheit heute und früher und fragte, ob der hoch gelegene Spielplatz mit dem Hochwasserschutz zu tun habe.

Ich musste lachen.

»Nein, ganz so hoch steigt das Wasser hier dann doch nicht. Aber Sie sprechen ein gutes Thema an. In Sachen Hochwasserschutz hat man sich in der HafenCity etwas ganz Besonderes ausgedacht. Man wollte den Bewohnern und Firmen hier keine Hochwasserschutzwände oder Deiche vor die Nase setzen, da hat man einfach das gesamte Areal um ein paar Meter erhöht. Schauen Sie mal, wie die Straße hier vorn den Berg hochkommt.«

Ich vernahm deutliches Gelächter aus der süddeutschen Gästefraktion.

»Na gut, für Hamburger Verhältnisse ist es ein Berg. Die Straße überwindet immerhin mehr als zwei Höhenmeter«, stimmte ich in die Heiterkeit mit ein.

»Das habe ich schon bemerkt, dass die Luft hier ganz schön dünn ist«, setzte ein Mann mittleren Alters noch einen Kommentar drauf.

»Da haben Sie absolut recht. Wir Norddeutschen sind da ja nicht so trainiert«, bestätigte ich ihn.

Mit der nun ausgelassen schwatzenden Gruppe spazierte ich zurück in Richtung Elbphilharmonie. An der einen oder anderen Stelle hielten wir noch für kurze Blicke auf bauliche Besonderheiten, ich hielt mich mit Erklärungen nun aber zurück. Es war eine lange

Tour gewesen, und die Aufnahmefähigkeit der Gruppe erreichte ihre Grenze. Jetzt wollte man dann doch vom informativen zum geselligen Teil übergehen und sich über die Erlebnisse des Tages und der Zeit seit dem letzten Aufeinandertreffen austauschen. Von der anderen Seite der Straße kam Marc in dem Moment mit der anderen Gruppenhälfte um die Ecke gebogen.

Wir ließen die Gruppe auf dem Platz neben dem Restaurant zusammenkommen, dann verabschiedeten wir uns von der großen Runde und dankten der Familie Friedrichsen und ihren Gästen für die Aufmerksamkeit. Lisbeth und Carl Friedrichsen bedankten sich mit ausgiebigem Händeschütteln, während die Gruppe applaudierte. Das ist immer einer der schönsten Momente jeder Tour. Wenn die Gäste einen spüren lassen, dass man ihnen eine schöne Zeit bereitet hat und dass sie sich offenbar gut unterhalten fühlten. Wir sahen in eine Runde froher Gesichter und strahlten zurück. Es ist ein Gefühl, vermutlich dem eines Schauspielers auf einer Theaterbühne sehr vergleichbar. Wir genossen den Moment, dann verabschiedeten wir uns.

Beim Händeschütteln mit Carl Friedrichsen waren auf charmante Art und Weise Trinkgeldscheine in unseren Händen gelandet. Marc und ich sahen uns nach erfolgreich beendetem Job fröhlich an und fragten gleichzeitig: »Noch Zeit für einen Absacker?« Da waren wir uns einig und nahmen Kurs auf eine unserer Lieblingsbars zwei Ecken weiter. Bei Toni würden wir die Tour noch mal Revue passieren lassen und auf unsere großartige Zusammenarbeit anstoßen.

Fischmarkt, Schlepper und Lotsen

Seit ich in Hamburg wohne, habe ich einen Lieblingsplatz, an dem ich die Magie des Hafens und die Kraft der Elbe immer ganz besonders spüre und richtiggehend inhaliere. Es gibt da diese eine Ecke am Fischmarkt. Knubbeliges Kopfsteinpflaster, plätschernde Wellen an der Kaimauer, ein schmiedeeisernes dunkelgraues Geländer, vereinzelte Grasbüschel, die sich ihren Weg durch dieses unwegsame Gelände gebahnt haben und der Hamburger Witterung tapfer trotzen. Hier stehe ich gern und lasse mich ordentlich durchpusten.

Kaum trete ich aus dem Schutz des großen roten Backsteinspeichers neben der Fischauktionshalle näher an die Elbe heran, schon schlägt mir der Wind ins Gesicht, ein erfrischendes Gefühl. Haarsträhnen kitzeln die Nase, ich muss sie mir hinters Ohr streichen, um einen freien Blick weit über die Elbe und auf das gegenüberliegende, der Stadt nächstgelegene Containerterminal zu bekommen. Das Terminal mit dem schönsten Namen: Tollerort. Tollerort bedeutet im Dänischen so viel wie Zollstelle, hier verlief früher die Grenze zu Hamburg.

Heute ist das ehemals eigenständige Altona, das schon 1664 vom dänischen König das Stadtrecht verliehen bekam und dann gut zweihundert Jahre lang Dänemark unterstellt war, ein großer Stadtteil und gleichnamiger Bezirk im westlichen Hamburg. Den heute als Touristenattraktion bekannten sonntäglichen Fischmarkt gibt es schon seit über dreihundert Jahren. Die Altonaer Fischer hatten sich Anfang des 18. Jahrhunderts beklagt, dass ihre Ware im Sommer schnell verderben würde, wenn sie sie nicht auch sonntags verkaufen dürften. In einem Erlass wurde festgelegt, dass der Fisch nunmehr auch sonntagmorgens verkauft werden konnte, allerdings nur bis halb neun. Danach sollten die Bürger in die Kirche gehen.

Inzwischen wurde diese Regelung um eine Stunde verlängert, auch wenn heute kaum noch jemand nach dem Markt in die Kirche geht. Offizielles Ende des Fischmarktes ist jeweils um halb zehn, mit einer Karenzzeit bis maximal Viertel nach zehn, dann muss aber Feierabend sein, und die Stadtreinigung rollt an. Die markigen Sprüche von Aale-Dieter und seinen Kollegen hallen jeden Sonntag über den Platz, während sich Frühaufsteher und übernächtigtes Partyvolk durch die Gänge schieben. In der hübschen, nach Originalvorbild in Form einer dreischiffigen Basilika restaurierten Fischauktionshalle kann man bei Livemusik frühstücken und den eventuell auftretenden Kater mit Kontergetränken bekämpfen oder mit Kaffee auskurieren.

Ursprünglich handelte es sich um zwei konkurrierende, unmittelbar benachbarte Fischmärkte: Altona unterhielt den einen, Hamburg den anderen. Erst kurz vor der Eingemeindung Altonas aufgrund des Groß-Hamburg-Gesetzes von 1937 schloss man sich zur heute noch bestehenden Fischmarkt Hamburg-Altona GmbH zusammen.

Heutzutage geht auf dem Fischmarkt keine nennenswerte Menge Fisch mehr über den Tresen. Der Markt ist eine bunte Mischung aus klassischen Wochenmarktständen mit Lebensmitteln und Pflanzen sowie gewerblichen Ständen mit Kleidung, Technik und Souvenirs. Die Besonderheit sind und bleiben die Marktschreier, die lauthals in öffentlicher Show mit ihren Kunden und der Konkurrenz kommunizieren und verdutzten Passanten den geräucherten Aal auch mal über mehrere Meter Entfernung in die Arme werfen. Nach Ende des Marktes sieht man entlang der Hafenkante zahlreiche Menschen mit gut gefüllten Kisten voller Obst und Gemüse, aber auch mit überdimensionalen Zimmerpalmen oder einem gackernden Huhn als Errungenschaft von dannen ziehen.

Für meine Hafentourmoderationen halte ich ständig und überall die Augen und Ohren auf, egal wo ich bin. Eine erstaunliche

Geschichte fand ich in einer ausziehbaren Infoschublade bei einem Museumsbesuch im Tönninger Multimar Wattforum in meiner nordfriesischen Heimat. Seitdem verblüffe ich meine Tourgäste bei der Vorbeifahrt am Fischmarkt mit folgender Frage:

»Was meinen Sie, in welchem Hafen in Deutschland kommt der meiste Frischfisch an Land? Frischfisch darf übrigens nur so heißen, wenn er so gekühlt wird, dass er nicht gefriert.«

»Bestimmt Hamburg oder Bremerhaven, oder?«, ist meist die spontane Antwort.

»Nein. Welcher Hafen könnte es noch sein?«, frage ich weiter.

»Kiel«, »Rostock«, »Büsum«, »Cuxhaven« – meine Fahrgäste werfen mir alle bekannten Hafenstädte an Nord- und Ostsee entgegen, doch keine Lösung ist korrekt.

Die Gäste an Bord schauen sich ratlos an, einer wirft zum Spaß »Duisburg« in den Ring. Duisburg hat in der Tat einen für seine Binnenlage großen Hafen, es ist sogar der größte Binnenhafen Europas, je nach Betrachtung sogar der größte im Landesinneren liegende Hafen der Welt. Das bringt uns in der Fischfrage jedoch nicht weiter.

Die Auflösung führt an Bord zu Gelächter und Erstaunen.

»Es ist der Flughafen Frankfurt am Main. Dort kommen jährlich gut 25.000 Tonnen Frischfisch an.«

»Verrückte Welt«, höre ich dann von mindestens einem kopfschüttelnden Zuhörer.

Heutzutage werden die Fische auf den Hochseetrawlern, also den großen Fischfängern, die mit Schleppnetzen arbeiten, schon direkt an Bord für längere Haltbarkeit schockgefrostet. In Hamburg kommen die größten Mengen Fisch in tiefgefrorenem Zustand in Lkw aus Skandinavien an. Der Fischhandel läuft in Auktionen größtenteils virtuell und ein paar Hundert Meter westlich vom bekannten Fischmarkt in großen Kühlschuppen ab. Bei einem abendlichen Spaziergang entlang der Hafenkante vom Fischmarkt zum Altonaer

Kreuzfahrtterminal fällt einem dies vor allem geruchsmäßig und an der Vielzahl kreisender Möwen auf. Hier stehen Container mit manchmal intensiv duftenden Fischabfällen hinter den Gebäuden.

Besonders spannend wird es an meiner Lieblingsecke am Fischmarkt, wenn mal wieder ein großer Pott reinkommt, der zum Liegeplatz am Tollerort will. Das Tollerort-Containerterminal befindet sich unmittelbar gegenüber dem Fischmarkt. Die Elbe ist hier gut fünfhundert Meter breit.

Man blickt hinüber auf den Vorhafen, ein breites Hafenbecken, das östlich von den Docks von Blohm+Voss und auf der westlichen Seite vom Containerterminal begrenzt wird. Über die gewaltigen Containerbrücken hinweg kann man bis zur Köhlbrandbrücke schauen. Hier direkt vor der Fischauktionshalle drehen die gewaltigen Schiffe, die am Tollerort festmachen. Genauer gesagt werden sie gedreht und dann rückwärts zum Terminal gezogen und an die Kaimauer gedrückt. Mit eigenem Antrieb können die Riesenschiffe innerhalb eines Hafens nicht so filigran manövrieren. Schon bei der Anfahrt nach Hamburg fahren den großen Frachtern daher Schlepper entgegen, also kleine, wendige Kraftprotze. Sie nehmen die Leinen über und helfen den Großen, sicher ihren Liegeplatz zu erreichen. Je nach Schiffsgröße und Wetterlage assistieren zwei bis fünf Schlepper einem Frachter.

Wann immer ich am oder im Hafen unterwegs bin, schaue ich vorab in einer Hafen-App, welche Schiffe gerade unterwegs sind. Ich sehe die Schiffsbewegungen in Echtzeit und kann durch Anklicken sowohl die Fahrtroute als auch interessante Daten und Bilder von den Schiffen abrufen. Vor jeder Hafentour checke ich den aktuellen Schiffsverkehr entlang der Fahrtroute und habe schon so manchen Fahrgast verblüfft.

»Da hinten, der kleine Frachter, dem wir gerade entgegenschippern, das müsste die CHARLOTTA B sein.«

»Woher wissen Sie das denn? Man erkennt doch den Schriftzug noch gar nicht.«

»Ach, wissen Sie, ich bin so viel im Hafen unterwegs – und habe die passende App auf dem Handy«, ergänze ich dann meistens mit einem Augenzwinkern.

Auf dem Bildschirm scrolle ich in der Hafenübersicht immer gleich ganz die Elbe runter bis nach Glückstadt, um zu sehen, welche Schiffe in den nächsten Stunden nach Hamburg einlaufen. Die großen Containerfrachter brauchen für die gut hundert Kilometer lange Elbpassage je nach Tide, also je nachdem, ob sie gerade mit dem Strom oder gegen den Strom schwimmen, zwischen vier und fünf Stunden.

Die Frachter müssen sich vor der Einfahrt in die Elbe in Hamburg in der Nautischen Zentrale anmelden und bekommen je nach Größe gegebenenfalls ein Zeitfenster für die Elbpassage und natürlich ihren Liegeplatz zugewiesen. Außerdem werden die Kapitäne der größeren Frachter für die Fahrt durch die Elbe von Lotsen beraten und begleitet. Im Bereich der Elbmündung kommt der Elbmündungslotse an Bord, dieser wird auf Höhe von Brunsbüttel durch den Elblotsen ersetzt, und dieser wiederum tauscht seine Position bei der Einfahrt in den Hamburger Hafen auf Höhe des Bubendeyufers mit dem Hafenlotsen. Das Sagen auf dem Schiff und damit auch die Verantwortung hat immer der Kapitän, der Lotse ist jedoch derjenige mit den Revierkenntnissen. Er manövriert auch die unförmigen, windanfälligen Riesenschiffe, die heutzutage bis zu vierhundert Meter lang sind, durch den schmalen Fluss und vor allem durch die Untiefen, die flachen Stellen, damit keiner auf einer Sandbank strandet.

Die Lotsen müssen jeweils das höchste nautische Patent vorweisen, also selbst einige Jahre Kapitän auf großer Fahrt gewesen sein, und eine spezielle Ausbildung und Kenntnisse des Einsatzreviers haben, bevor sie als Freiberufler über eine Lotsenbrüderschaft ihre Dienste anbieten können. Manchmal hilft aber auch ein Lotse an Bord nicht, etwa wenn die Technik versagt. So kommt es bisweilen vor, dass ein Schiff bei ausfallender Ruderanlage auf einer Sandbank strandet, mit einer Kaimauer, einem anderen Schiff oder einem Ponton kollidiert. Zum Glück ist das aber sehr selten der Fall.

»Manchmal kommt eine Windböe über die Elbe, da wirkt das riesige Schiff wie ein Segel, das dem Wind eine gewaltige Angriffsfläche bietet. Laien unterschätzen, was für Naturkräfte hier walten. Es ist ja viel mehr Schiffsfläche über dem Wasser als darunter«, erklärte mir mal ein pensionierter Lotse, mit dem ich während eines Besuches im Hafenmuseum ins Gespräch kam. Das leuchtete ein, auch ich hatte mir darüber bisher wenig Gedanken gemacht.

Wie stark der Wind auf eine Schiffsseite einwirken konnte, das hatte ich eindrucksvoll in meinen Anfangsjahren erlebt. Ein Herbststurm toste über Norddeutschland, die Elbe war aus Sicherheitsgründen für den großen Schiffsverkehr gesperrt.

Ich war Gast auf einem Arbeitsschiff im Hafen, wir schipperten gerade mit gutem Seegang zurück zum Liegeplatz und passierten das Tollerort-Containerterminal. Dort hatte ein knapp 350 Meter langer Frachter festgemacht, der Wind zerrte an den dicken Schiffstauen, Trossen genannt, die hörbar ächzten. Ein flirrendes Knacken war aus dem Tauwerk zu hören, der Riesenfrachter bewegte sich mit den Wellen auf und ab und wehrte sich sichtbar gegen die Befestigung.

»Guck mal da, Maike, die Trossen«, der Schiffsführer wies zum Bug des Frachters. Die Taue, die das Schiff normalerweise straff am Kai im Zaum hielten, waren mächtig in Bewegung.

»Wahnsinn, so habe ich das noch nie gesehen«, raunte ich beeindruckt.

»Der Wind steht volle Breitseite auf dem Frachter, das ist eine Herausforderung für Mensch und Material. Sieh mal, da kommen auch schon die Festmacher zur Kontrolle.« Er zeigte aus dem Fenster an der Steuerbordseite, wir waren etwa hundert Meter entfernt.

An Land konnten wir ein kleines Fahrzeug mit leuchtend orangefarben gekleideten Personen erkennen, die die Trossen an den Pollern, also den in den Boden eingelassenen pilzförmigen Metallvorrichtungen für die Schiffstaue auf der Kaimauer, prüften. Plötzlich krachte es. Wie ein Peitschenschlag knallte ein Geräusch zu uns rüber, und wir konnten sehen, dass eine Vorleine gerissen war. Der Druck war offenbar zu groß geworden. Der Bug, also der vordere Teil des Schiffes, hatte nun etwas Spielraum und bewegte sich mit den Wellen.

»Irre!«, staunte der mit im Ruderhaus stehende Decksmann.

Ich war beeindruckt und erschrocken. Wie konnten Taue, die so dick waren wie mein Oberarm, einfach so reißen? Was für Kräfte waren da nur am Werk.

Kurze Zeit später konnten wir beobachten, dass ein Schlepper mit »Hebel auf dem Tisch«, also mit voller Fahrt voraus, zum Tollerort düste. Der Frachter musste schnellstmöglich wieder eingefangen und ordentlich vertäut werden, um sich nicht weiter loszureißen. Der Schlepper würde sich möglichst weit vorn seitlich positionieren und das Schiff gegen die Kaimauer drücken, und die Festmacher an Land würden währenddessen gemeinsam mit den Seeleuten an Bord neue Leinen ziehen. Wir sahen zu, dass wir zu unserem Lieger, dem festen Liegeplatz, kamen. Auf der Elbe wurde es zunehmend ungemütlich.

In den vergangenen Jahren sind solche Vorfälle zum Glück selten vorgekommen. Stattdessen sieht man nun prophylaktisch bei schweren Stürmen drückende Schlepper an den Seiten der großen Schiffe, die quer zum Wind liegen. Dadurch wird die Last auf die Taue reduziert. Die Arbeit mit den schweren, häufig vom Wasser vollgesogenen, unhandlichen Trossen ist schon bei normaler

Wetterlage körperlich sehr anspruchsvoll. Das ist der tägliche Job der Festmacher.

Auch die Lotsen sind im wahrsten Sinne des Wortes mit allen Wassern gewaschen. Hier in unseren Breitengraden vor allem mit Nordsee- und Elbwasser. Der Zustieg auf ein Schiff, das gelotst werden soll, erfolgt in der Regel nicht direkt an der Kaikante in einem Hafen, sondern mitten während der Fahrt. Das heißt, ein sogenanntes Lotsenversetzboot, ein kleines wendiges, schnelles Boot, bringt die Lotsen zu ihrem Einsatzschiff. Das Versetzboot geht längsseits, es fährt parallel ganz nah an das große Schiff heran. An dem großen Schiff öffnet sich entweder auf halber Höhe im Rumpf eine Luke, durch die eine Strickleiter herabgelassen wird, oder die Strickleiter führt zu einer seitlich im oberen Bereich befestigten Gangway. Manchmal müssen die Lotsen auch den ganzen Weg bis zur oberen Bordkante die Strickleiter erklimmen. Keine Freude, wenn einem dabei im Winter eisige Windböen mit Starkregen ins Gesicht schlagen und das Lotsenboot auf den Wellen neben dem großen Frachter wie ein Pingpongball auf und ab zu hüpfen scheint. Die Strickleitern verfügen dabei alle paar Sprossen über eine verlängerte Holzplanke, die ein Umschlagen der Leiter verhindern soll. Man kann diese Lotsenmanöver in Hamburg vom Elbufer aus vor allem auf Höhe des Strandes in Oevelgönne gut beobachten, wenn die Hafen- und die Elblotsen getauscht werden. Bei einlaufenden Schiffen geht der Elblotse von Bord, und der Hafenlotse kommt neu dazu, bei auslaufenden Schiffen andersherum.

Die erste Lotsenstation wurde 1902 auf dem danach benannten Lotsenhöft errichtet. Heute gehört das Gelände zur Werft Blohm+Voss, auf der Landzunge direkt am Fahrwasser neben Dock 11. Das schmucke Backsteingebäude mit dem angrenzenden runden, beflaggten Turm ist vom Fischmarkt aus gut zu erkennen. Schon wenige Jahre nach der Inbetriebnahme stellte sich allerdings heraus, dass die

Lotsenstation zu weit hafeneinwärts gelegen war. Also wurde eine neue Station gebaut, die auch heute noch in Betrieb ist. Sie steht auf dem Seemannshöft am Bubendeyufer. Diesen markanten roten Backsteinbau mit eckigem Turm umrundet man, wenn man mit der Hafenfähre 62 nach Finkenwerder schippert.

Unmittelbar angrenzend findet sich der Tower des Hafens, die Nautische Zentrale. Hier werden alle Schiffsbewegungen im Hafen überwacht und Einsätze koordiniert. Ähnlich einem Tower am Flughafen.

Schlepperballett

Einmal durfte ich auf einem Schlepper an Bord gehen, als ein 396 Meter langer Megafrachter nach Hamburg einlief. Auf einem Netzwerktreffen hatte ich den leitenden Mitarbeiter einer Schleppreederei kennengelernt und beim lockeren Fachsimpeln über den Hafen das Angebot einer Mitfahrt auf einem der großen Assistenzschlepper erhalten. Ich war sofort Feuer und Flamme. Als die Nachricht kam, dass es tatsächlich am kommenden Tag losgehen sollte, führte mein erster Weg zum benachbarten Supermarkt. Ich wollte einen saftigen Kuchen backen. Weiß doch jedes Kind, dass man eine Crew am besten für sich vereinnahmt, wenn man etwas Leckeres zu essen mitbringt.

Ich fuhr mit dem Rad zu den Landungsbrücken und von dort mit der Fähre weiter zum Anleger Neumühlen/Oevelgönne. Hier befindet sich die Schlepperbrücke, ein zentraler Sammelplatz für gut zwanzig der kleinen Kraftprotze. Hier warten sie auf ihre Einsätze. Auf meinen Hafenrundfahrten tituliere ich die Schlepper auch gern mal als unsere »Hafen-Balletttanztruppe«. Eine der beliebtesten Attraktionen beim jährlichen Hafengeburtstag Anfang Mai ist das Schlepperballett. Die mit bunten Wimpeln und Fähnchen reich geschmückten Schlepper stellen ihre Wendigkeit und ihr Taktgefühl unter Beweis, wenn sie zu klassischer und moderner Musik vor den Landungsbrücken die Elbe in Wallung bringen. Durch die Manöver schwappt der Fluss an den benachbarten Pontons häufig über die Kanten und durchnässt Zuschauer, die sich zu nah heranwagen. Sehr zur Schadenfreude derer, die sich an höher gelegenen trockenen Plätzen in Sicherheit fühlen. Um diese beeindruckenden Manöver auf engem Raum überhaupt ausführen zu können, sind die meisten Schlepper mit Propellergondeln oder Schwenkflügelpropellern ausgestattet. Die Propeller können dabei in alle Richtungen gestellt werden und der Schlepper kann somit in jegliche gewünschte Richtung fahren oder ein anderes Schiff drücken oder ziehen, was natürlich die eigentlichen Aufgaben der Assistenzschlepper sind. Das Ballett ist dabei eine eindrucksvolle Form, diese Wendigkeit der Öffentlichkeit zu präsentieren. Die kraftvollsten Schlepper verfügen über mehrere Tausend PS, die aussagekräftige Einheit sind jedoch die Tonnen Pfahlzug, die ein Schlepper aufbringt. Das ist die Masse, die theoretisch unter Berücksichtigung der Erdbeschleunigung von der Kraft des Schleppers angehoben werden könnte. Klingt komplizierter, als es ist. Durchs Wasser ziehen kann der Schlepper deutlich mehr Masse. Die stärksten Hamburger Schlepper kommen auf über achtzig Tonnen Pfahlzug. Wenn ich das auf meinen Touren in der Vorbeifahrt lapidar erkläre, ernte ich vor allem bei älteren Hafenkennern regelmäßig erstaunte Gesichter, gefolgt von anerkennendem Nicken.

Ich erreichte den Anleger in Neumühlen am späten Vormittag und spazierte zur Zugangskontrolle.

»Na, mien Deern, wo schasst du denn hin?«

»Moin, ich darf heute mal bei euch mitschippern und freue mich total«, strahlte ich den Wachmann am Tor an, dem die Jahre der Seefahrt tiefe Furchen ins Gesicht gegraben hatten.

»Denn halt ma die Jungs nicht vun de Arbeit ab. Hesst Kuchen mitbracht?«, fragte er mit Kennerblick auf die mit einem Küchentuch abgedeckte Kuchenform in meiner Hand.

Ich nickte lachend und versprach ihm ein Stück, falls nach der Tour noch etwas übrig sein sollte.

Kurze Zeit später stand ich vor dem beeindruckend bullig wirkenden Schlepper BUGSIER9.

Vorn am Bug war er mit einer meterhohen dicken, harten Gummikante gepolstert, mit der er andere Schiffe seitlich an eine Kaimauer drücken konnte, der hintere Teil war recht flach, und ich sah jede

Menge aufgerolltes Tauwerk und massive Schleppvorrichtungen. Die BUGSIER9 war auch als Hochseeschlepper einsetzbar und häufig in der rauen Nordsee unterwegs.

Die Schlepperbesatzung bestand an diesem Tag aus vier Personen: Kapitän, Maschinist und Decksmann, dazu war noch ein Azubi an Bord. Der Decksmann ist ein vielfältig einsetzbarer Matrose, der Mann für alles. Die dreiköpfige Stammbesatzung lebt und arbeitet jeweils im Schichtbetrieb für zwei Wochen in Rufbereitschaft auf dem Schlepper und hat anschließend zwei Wochen frei.

Ich wurde am Ponton sehr nett begrüßt und bekam unmittelbar nach dem ersten Blick auf meinen Kuchen die Erlaubnis, an Bord zu kommen.

»Na, willst du uns bestechen?«, grinste Oleg, der Decksmann.

»Ach was, nur sichergehen, dass ich vielleicht noch mal wiederkommen darf.«

»Dafür musst du doch nicht extra Kuchen backen. Aber wir freuen uns natürlich über eine solche Abwechslung«, lachte der Kapitän, der sich als Florian vorstellte und mir von seiner Brücke aus zuwinkte.

Es folgte eine kurze Einweisung und Rundtour über alle Decks und in die beeindruckende Maschine. Treppauf, treppab ging es über die steilen, schmalen Stufen, runter gemäß guter Seemannschaft aus Sicherheitsgründen immer rückwärts. Der Kuchen wurde erst mal in der Pantry, der erstaunlich geräumigen Bordküche mit komfortablem Esstisch, geparkt. Damit würden wir uns nach getaner Arbeit belohnen. Die Jungs wechseln sich die 14 Tage an Bord jeden Tag mit dem Kochen ab, einer muss immer für alle etwas auf die Teller bringen. Gutes Essen ist gut für die Stimmung. Nicht nur dieser Brauch erinnerte mich an meine frühere Studenten-WG. Hier in der Pantry befand sich auch die wichtigste Maschine an Bord, die Kaffeemaschine. Ich bekam von Oleg einen frisch aufgebrühten

Becher Kaffee in die Hand gedrückt und stellte schnell fest, dass es gar nicht so einfach ist, mit einem vollen Becher balancierend die steilen Leitern in dem Schlepper zu erklimmen. Wir kraxelten hoch zum Steuerhaus, dann ging es auch schon los.

»Heute binden wir die MARCO POLO an. Da hast du richtig Glück, das ist eins von den ganz Großen«, begrüßte mich Florian mit festem Händedruck auf der Brücke. Er entsprach so gar nicht dem Bild eines typischen knurrigen Seebären. Stattdessen stand mir ein freundlich lachender schlanker Mann Anfang dreißig gegenüber, der mit seinem grauen Hoodie und der Jeans auch gut einer meiner früheren IT-Kollegen hätte sein können.

Wir sollten die CMA CGM MARCO POLO, ein 396 Meter langes und damit ultragroßes Containerschiff, das auf der Asienroute im Liniendienst unterwegs ist, in Hamburg in Empfang nehmen und sicher zum Liegeplatz am Burchardkai begleiten. Ein Schiff dieser Größe wird auch Megaboxer genannt, da es Platz für enorm viele Boxen, umgangssprachlich für Container, hat. Die MARCO POLO fährt nach festem Fahrplan zwischen Asien und Europa hin und her und legt auf der Route in verschiedenen Häfen an. Bei jedem Stopp werden ein paar Tausend Container vom Schiff geholt und einige Tausend wieder dazugestellt. So ein Umlauf auf der Asienroute dauert im Schnitt siebzig bis achtzig Tage, dann ist das Schiff wieder am Ausgangspunkt und die Ladung komplett ausgetauscht.

In dem rundum verglasten Steuerhaus packte ich meinen Rucksack und die Jacke auf eine Bank hinter dem Kapitän und staunte erst mal. Der imposante Chefsessel machte seinem Namen alle Ehre. Er war auf einer Schiene montiert, auf der Florian zwischen dem gewaltigen Rundumpult mit zahlreichen Knöpfen, Schaltern und Lichtern vor- und zurückgleiten konnte. Auch das Dach war gläsern, man hatte von hier oben einen perfekten Rundumblick. Gesteuert wurde der Schlepper mit zwei Joysticks, quasi mit Fingerspitzengefühl.

Ein leichtes Brummen war zu spüren, und schon glitten wir schräg seitlich vom Liegeplatz am Ponton auf die Elbe. Der Kaffee schaukelte im Becher kurz bedrohlich an den Seiten hoch. Dann fuhren wir gemächlich westwärts »unserem« Frachter entgegen. Vorbei am Museumshafen Oevelgönne, dem Anleger Teufelsbrück, dem mondänen Blankenese und dem auf der gegenüberliegenden Elbseite befindlichen Airbus-Werk. Kurz hinter der Schiffsbegrüßungsanlage am Schulauer Fährhaus in Wedel, westlich von Hamburg, sahen wir sie dann. Die MARCO POLO schob sich in der Mittagssonne wie ein riesiger Wal träge in unsere Richtung.

Willkommen in Hamburg, Megaboxer

Das sogenannte Willkomm-Höft am Fährhaus ist unter Seefahrern weithin bekannt, die Anlage weltweit einmalig. Hier wird seit 1952 kurz vor der Hamburger Landesgrenze jedes größere (mit einer Bruttoraumzahl von über tausend) ein- oder ausgehende Schiff mit der jeweiligen Nationalhymne des Landes, unter dessen Flagge es fährt, und einem freundlichen Gruß in der jeweiligen Landessprache in Empfang genommen oder verabschiedet. Dazu werden sowohl an Land als auch an Bord zum Gruß die Flaggen gedippt, also kurz heruntergelassen und wieder hochgezogen. Beim Verabschieden von Schiffen klingt final weithin *Muss i denn* aus den Lautsprechern über die Elbe. Fünf eigens angestellte Begrüßungskapitäne wechseln sich auf der kleinen »Schiffsbrücke« in dem Ausflugslokal ab, um die richtigen Hymnen und Begrüßungen einzuspielen und die Gäste bei Kaffee und Kuchen mit Informationen über die Schiffe zu versorgen. Täglich erklingen die Melodien im Schnitt fünfzigmal.

Die MARCO POLO war für die »Ship-Spotter«, die vom Ufer in unsere Richtung schauten, an diesem Tag eine der Hauptattraktionen. Ein riesiger Koloss, der in den vergangenen Wochen mit verschiedenen Zwischenstopps die Route von Asien an Indien vorbei, durch den Suezkanal und das Mittelmeer, über den Atlantik und die Nordsee absolviert hatte.

Eine Fanfare schallte über die Elbe, zur Hamburg-Hymne klang ein freundliches »Welcome to Hamburg« über das Wasser, dann tönte auch schon die englische Nationalhymne aus den auf die Elbe gerichteten Lautsprechern. Die MARCO POLO war unter britischer Flagge mit Heimathafen London unterwegs. Mit der BUGSIER9 setzten wir uns gut hundert Meter hinter den Megafrachter und begleiteten ihn in Richtung Hamburger Hafen.

»Was bringt denn das, dass wir nur so hinterherfahren?«, fragte ich Florian.

»Falls es Maschinenprobleme gibt oder der Dampfer aus dem Ruder läuft, müssen wir schnell eingreifen. Diese Begleitfahrten sind aus Sicherheitsgründen bei den ganz großen Pötten ab Wedel vorgeschrieben«, erklärte mir der Kapitän.

Er berichtete mir noch von der Windanfälligkeit, woraufhin ich wissend nickte. Ein büschen was hatte ich ja schon miterlebt. Aber hier so in der ersten Reihe war das noch mal ganz was anderes. Ich war vollauf begeistert. Allein die Perspektive war überwältigend.

Als an Backbord, also in Fahrtrichtung links, die fünf Hügel des Hamburger Stadtteils Blankenese mit seinem idyllischen Treppenviertel in Sicht kamen und wir den Leuchtturm am Strand passierten, bekamen wir über Funk vom Lotsen auf der Kommandobrücke der MARCO POLO den Auftrag, die hintere Schleppleine zu nehmen, zwei weitere Schlepper setzten sich mit je einem dicken Tau vorn vor den Bug des Frachters. Es ging dabei erst mal nicht darum, das Schiff zu ziehen, sondern es sicher auf Kurs zu halten und ihm bei den langsamen Manövern im engen Hafengebiet behilflich zu sein.

»Nu geht das los, Maike, da kriegst du was zu gucken«, freute sich Florian.

»Bis jetzt war das ja wie 'ne exklusive Kaffeefahrt, nu bin ich echt gespannt.«

Ich sah den Decksmann und den Azubi vorn an den Winden hantieren, während wir uns dem imposanten Heck des Frachters näherten. Florian saß an seinem beeindruckenden Steuerpult und hatte in jeder Hand einen Joystick, mit dem er scheinbar spielerisch den Schlepper locker aus dem Handgelenk routiniert manövrierte. Auf einmal kam mir unser Schlepper im Vergleich doch sehr klein vor, als das dunkelblau aufragende Heck vor unserem Bug immer riesiger wurde.

»Schön hier drinnen bei mir bleiben jetzt, bitte. Da draußen kann das gleich gefährlich werden. Wenn die da mit den Trossen hantieren, wirken gewaltige Kräfte.«

Ich tat wie mir geheißen und war ganz froh, im Steuerhaus zu sein. Auf jeden Fall hatte ich eine gute Sicht auf das Geschehen.

Die Trossen, in diesem Fall dicke Stahldrähte, sollten nun gleich eine Verbindung zwischen unserem Schlepper und dem Frachter herstellen. Genau genommen war es ein einziger dicker geschlagener, also in sich gedrehter Draht, an dem wir später das Schiff ziehen würden. Ein unfassbar stabiles Stück Stahlseil. Manche Trossen bestanden aus Tauwerk, einige hatten einen Stahlkern, andere, wie in diesem Fall, waren komplett aus Stahl.

Wir fuhren jetzt ganz an das Heck heran, das Schraubenwasser des Megafrachters brodelte unmittelbar vor unserem Bug. Gut zehn Meter über uns sah ich einige Seeleute von der MARCO POLO mit Leinen hantieren.

»Was meinst du, wie viele Leute sind da auf diesem Riesenfrachter an Bord?«, fragte mich der Kapitän.

»Doch nur so um die 25, oder?«, vermutete ich. Ich hatte in den vergangenen Jahren schon gelernt, dass die Crews auf den immer größer werdenden Schiffen immer kleiner wurden.

»Jo, meist sind es sogar noch ein paar weniger«, antwortete er mit einem Nicken und hörte wie nebenbei auf die Kommandos des Lotsen, die durch einige Knacklaute und dunkles Rauschen untermalt immer wieder durch das Funkgerät in die Steuerkabine des Schleppers tönten.

Inzwischen war eine kleine dünne Leine von oben herabgelassen worden, an die die Decksmänner unten vor uns eine armdicke Trosse einhakten, die dann über eine Winde zum Containerfrachter hochgezogen wurde. Als die Leinenverbindung stand, ließen wir uns wieder etwas zurückfallen. Azubi Finn brachte uns frischen Kaffee auf die Brücke.

»Das ist ja ein super Service hier«, bemerkte ich.

»Jo, ich kann nicht klagen«, brummte der Käpt'n aus seinem Sessel, den Blick konzentriert nach vorn gerichtet.

Die Trosse war nun straff gespannt, und wir drosselten das Tempo des Frachters ein wenig, damit er in der langsamen Fahrt nicht durch die Elbströmung vom Kurs abkam. Bald darauf erreichten wir die Einfahrt zum Parkhafen. Hier auf Höhe des beliebten Strandes von Oevelgönne mit seinen malerischen Kapitänshäusern und den Beachclubs sollte der Megafrachter gedreht und dann rückwärts in den Waltershofer Hafen gezogen werden.

Die Kommandos und Anweisungen über Funk nahmen deutlich zu.

Die MARCO POLO war gestoppt worden. Wir zogen am Heck in Richtung des Parkhafens, während die anderen beiden Schlepper am Bug in Richtung Blankenese zerrten und das Schiff so fast auf der Stelle um die eigene Achse wendeten. Die Schornsteine qualmten um die Wette, die Trossen knarrten, die träge Masse setzte sich in Bewegung. Als der Lotse mit der Position zufrieden war, ging es rückwärts in den Waltershofer Hafen in Richtung des zugewiesenen Liegeplatzes. An einem einzigen Stahltau zogen wir das fast vierhundert Meter lange Schiff hinter uns her. Die Maschine des Frachters lief dabei die ganze Zeit langsam weiter und unterstützte das Manöver. Als wir dem freien Platz an der nördlichen Kante des Waltershofer Hafens näher kamen, wechselte einer der beiden anderen Schlepper vom Bug an die Seite des Frachters und drückte ihn mit aller Kraft Richtung Kaimauer. Ein paar Meter waren es noch. Der Schlepper drückte genau an einer der mit einem großen Pfeil markierten Stellen gegen die Bordwand des Containerriesen. Hier war die Bordwand verstärkt, so würden dort durch die Kraft des

Schleppers keine Dellen entstehen. Im Mittel war die Bordwand nur wenige Zentimeter dick.

Wir konnten nicht weiterziehen, da ein anderes Schiff unmittelbar hinter dem geplanten Liegeplatz lag. Der mittige Schlepper gab alles und drückte was er konnte, an seinem Heck brodelte das Wasser. Möwen sammelten sich wie auf ein Kommando und zogen ihre Kreise über dem Hafenbecken, für sie begann nun ein Festmahl, da die rotierenden Propeller des Schleppers das Wasser und die darin schwimmenden Fische durchwirbelten wie Mixer.

Von meinem Beobachtungsposten im Steuerhaus sah ich an der Kaikante drei Festmacher stehen, die die Leinen der MARCO POLO annehmen würden. Dazu wurden von den Matrosen auf dem Schiff zunächst dünne Leinen an Land geworfen, an denen die dicken Trossen befestigt waren. Man konnte die schweren Trossen von Hand kaum bewegen, geschweige denn diese werfen. Insgesamt vier Festmacherleinen mussten allein am Heck auf die Poller an der Kaikante gebracht werden.

Als die erste Leine achtern fest war, knackte es wieder aus dem Funkgerät, und es kam das Kommando des Lotsen, dass unser Job erledigt wäre und wir unsere Verbindung quasi kappen konnten. Die Seeleute warfen die Trosse los, und kurz danach ging es für uns auf den Heimweg. Aus den Augenwinkeln nahm ich bei unserer Abfahrt noch wahr, wie die Containerbrücken über dem Frachter sich bereits herabsenkten. In der nächsten Viertelstunde würden schon die ersten Container gelöscht, also von Bord genommen, werden. Zeit ist Geld im Hafen, die Abläufe sind streng getaktet.

Die großen Frachter machen im Liniendienst nur etwa ein bis zwei Tage in jedem Hafen fest. Da immer nur ein Teil der Ladung umgeschlagen wird, muss man vorab genau überlegen, welche Box welchen Stellplatz auf dem Schiff bekommt. Es gibt einen komplexen Stauplan, damit man nicht in Hamburg fünf Container auf die

Box stellt, die in Rotterdam oder in Lissabon gelöscht werden soll. Die größten Frachter auf der Asienroute sind heutzutage vierhundert Meter lang und knapp über sechzig Meter breit. Sie können inzwischen gut 24.000 TEU an Bord nehmen, umgerechnet entspricht das gut 12.000 voll beladenen Lkw auf unseren Straßen. Die Maßeinheit TEU ist die Abkürzung für Twenty-foot Equivalent Unit, also eine Zwanzig-Fuß-Einheit, die einem kleinen Container von ungefähr sechs Metern Länge entspricht. Ein Lkw auf deutschen Straßen darf immer maximal zwei TEU transportieren, also entweder zwei kleine oder einen großen Vierzig-Fuß-Container. Seit meiner Anfangszeit im Hafen im Jahr 2007 sind die größten Frachter nur ungefähr fünfzig Meter länger geworden. Ihre Transportkapazität hat sich gleichzeitig aber deutlich mehr als verdoppelt. Zum einen, da die Schiffe natürlich auch breiter geworden sind, hauptsächlich aber, weil sich das Design der Frachter ganz wesentlich geändert hat. Früher war es so, dass der Kapitän vom Brückenaufbau relativ weit hinten auf dem Schiff den Überblick behielt. Er konnte genau sehen, wie sein Schiff im Wasser lag und hatte alles im Blick. Bei den immer größer werdenden Containerriesen wurde die Lage der Brücke aber irgendwann zum Problem.

»Stell dir mal vor, Maike, wenn der Käpt'n da hinten von der Brücke aus nach vorn über die aufgetürmten Containerberge gucken soll. Der hat einen gigantischen toten Winkel vor dem Bug. Der sieht doch gar nicht, was auf den fünfhundert Metern vor ihm eigentlich los ist«, hatte mir ein Barkassenkapitän auf einer meiner ersten Fahrten erklärt. Er schimpfte immer, wenn wieder mal ein Sportboot auf der Elbe meinte, so eben noch den Fahrweg eines Frachters queren zu müssen. Für die Crew auf der Brücke des Frachters verschwindet so ein kleines Sportboot von der Bildfläche.

»Die merken doch gar nicht, ob sie den Joghurtbecher gerade überpflügen. Die hoffen immer, dass der auf der anderen Seite irgendwann wieder auftaucht. Über Funk gibt's dann meist noch ein Donnerwetter dazu.«

Das konnte ich nachvollziehen. Zumal ich gelernt hatte, dass die Frachter mitunter ganz schön Fahrt draufhaben und man sich bei Entfernungen und Geschwindigkeiten auf dem Wasser häufig verschätzt. Fünfhundert Meter toter Winkel sind demnach gerade noch akzeptabel, mehr jedoch nicht.

Seit etwa 2010 hat sich das Design der großen Frachter geändert. Die Brücke und die Maschine sind nun voneinander getrennt, der Kapitän ist mit der Brücke und den Aufbauten ins vordere Drittel des Schiffes gerückt, sodass die Container dahinter noch höher gestapelt werden können. Die Maschine und der Schornstein bleiben aus Effizienzgründen hinten.

Unser Job war für heute erledigt, die Rückfahrt zur Schlepperbrücke in Neumühlen verging wie im Flug. Als wir fest waren und soweit »klar Schiff« herrschte, trafen wir uns alle in der Pantry.

»Jetzt gibt's endlich lecker Kuchen, darauf freue ich mich schon die ganze Zeit«, jubelte Lars, der Maschinist.

»Ich hab so einen Kohldampf, und ich liebe Apfelkuchen«, freute sich Finn.

»Schlagsahne habe ich auch dabei«, erklärte ich und packte meine Gastgeschenke auf den ausladenden Tisch.

»Na, da werden wir ja heute verwöhnt. Da muss ich morgen früh meine Laufstrecke verlängern, damit das hier nicht aus dem Ruder läuft.« Decksmann Oleg fasste sich grinsend an den Bauch.

Wir schnackten noch eine ganze Weile, tranken Kaffee, und ich war dankbar für all die neuen Eindrücke, die ich gewonnen hatte. Das gab wieder viel Material für meine Tourmoderationen. Erfahrungen aus erster Hand sind am besten zu vermitteln. Vom Kuchen blieben am Ende nur Krümel übrig.

Ich würde den Sicherheitsmann am Tor leider enttäuschen müssen.

Feine Gesellschaft

Im September 2011 erschien im *Hamburger Abendblatt* ein Artikel mit der Titelzeile »Frau Brunk erklärt den Hafen«. Ganzseitig in einer Wochenendausgabe mit großem Porträtfoto. Mehr ging nicht, schöner hätte ich mir das nicht wünschen können, es war ein absoluter PR-Glücksfall. Es gab damals eine Reportagereihe über Menschen, die im Hafen arbeiten. Der zuständige Redakteur hatte von mir gehört und wollte mich in die illustre Riege aus Containerbrückenfahrern, Marktschreiern vom Fischmarkt und Hafenlogistikern aufnehmen. Ich freute mich riesig und fühlte mich geehrt. Der Redakteur und ein Fotograf hatten daraufhin eine meiner Touren begleitet, Kundenstimmen eingefangen und den Fokus im Artikel auch auf die Gründergeschichte mit der Schnapsidee gelegt.

Von der Wirkung dieses Berichtes war ich überwältigt. Ich bekam zahlreiche neue Anfragen für individuelle Fahrten, und die kommenden öffentlichen Touren waren im Handumdrehen ausverkauft. Ich plante Zusatztermine, bekam aus verschiedensten Richtungen Glückwünsche und Einladungen zu Veranstaltungen und in Netzwerke. Noch Jahre später wurde ich auf den Bericht angesprochen. Damit hatte ich nicht gerechnet.

Den Artikel hatte man auch im renommierten Übersee-Club am Neuen Jungfernstieg gelesen. Der Klub wurde nach dem Ersten Weltkrieg von einem Hamburger Bankier zum Wiederaufbau der internationalen Wirtschaftsbeziehungen gegründet. Zu den Mitgliedern gehören bis heute namhafte Kaufleute, Industrielle und leitende Köpfe der Verwaltung. Von außen wirkt der Klub nach englischem Vorbild sehr elitär, das Klubhaus befindet sich in einem schmucken weißen Bürgerpalais mit goldenen Balkonen direkt an der Binnenalster, im sogenannten Amsinck-Haus von 1833.

An einem kalten Januartag 2012 klingelte mein Telefon, und ich wurde mit Verweis auf den *Abendblatt*-Artikel vom Geschäftsführer des Klubs zu einem Kennenlerngespräch an die Binnenalster eingeladen. Wie aufregend, normalerweise verkehrte dort eher die feinere Hamburger Gesellschaft. Ich hatte mir schon bei vielen Stadtrundfahrtmoderationen vorgestellt, wie es dort im Klub wohl zugehen mochte. Der Neue Jungfernstieg, an dem das Gebäude lag, gehört zur Standardfahrtroute bei Stadtrundfahrten. Immer wenn ich in der dunkleren Jahreszeit mit dem Doppeldeckerbus dort vorbeigefahren war, hatte ich mir während der Moderation aus der oberen Etage beim Versuch, in die Fenster zu schauen, den Hals verrenkt und hatte das prachtvolle Interieur mit den funkelnden Kronleuchtern bewundert. Nun sollte ich also selbst einen Fuß in diesen hanseatischen Prachtbau setzen.

Ich beschloss, die Business-Maike aus meiner IT-Vertriebszeit für diesen Termin wieder aufleben zu lassen und sah meiner Meinung nach formvollendet hamburgisch aus. Ich trug einen dunkelblauen schmalen Anzug mit schlichter weißer Bluse, dunkelblaue Pumps und hatte mir die Haare locker hochgesteckt. Die Perlenkette meiner Ex-Schwiegermutter verkniff ich mir, stattdessen hatte ich mir ein dunkelblaues Halstuch mit kleinen weißen Ankern um den Hals geknotet. Seit einigen Wochen trug ich draußen fast nur noch die hafenkompatible dicke Winterjacke mit meinem eigenen Werbeaufdruck, für diesen Anlass erschien sie mir aber unangemessen. Stattdessen hatte ich meinen guten Wollmantel aus der Abstellkammer gekramt und fuhr mit dem Auto in die Stadt. Ich fand einen Parkplatz hinter der Oper und lief zur Binnenalster. Als ich am mondänen Hotel Vier Jahreszeiten vorbeiging und der livrierte Portier mir zum Gruß lächelnd zunickte, fühlte ich mich richtig hanseatisch und drückte den Rücken beim Gehen etwas kräftiger durch als sonst. Meine Oma wäre stolz auf mich gewesen.

Aufgeregt stand ich vor dem imposanten schneeweißen Gebäude mit verschnörkelten goldenen Geländern vor den Fenstern. An der Alsterseite sah ich einen Eingang und klingelte. Es dauerte eine Weile, dann meldete sich eine Stimme aus der Gegensprechanlage.

»Hallo?«

»Guten Tag, mein Name ist Maike Brunk, ich habe einen Termin mit dem Geschäftsführer.«

»Oh, da müssten Sie bitte zum Haupteingang gehen. Hier ist nur der Lieferantenzugang.«

Öhöm, wie peinlich. Ich wollte im Boden versinken. Das Schild mit der Aufschrift »Anlieferung« neben der Tür hatte ich in meiner Aufregung gar nicht so wahrgenommen. Es stellte sich heraus, dass der Haupteingang an der Seite des Gebäudes lag.

Dort empfing mich dann auch ein gut gekleideter Portier. Dieser nahm mir formvollendet den Mantel ab und führte mich in die feudale Halle des früheren Stadtpalais, wo mich der groß gewachsene Geschäftsführer in Empfang nahm.

»Frau Brunk, herzlich willkommen im Übersee-Club. Es freut mich, dass Sie meiner Einladung gefolgt sind.«

»Vielen Dank, Herr von Cramm, ich freue mich sehr!«

»Sie sind ja ordentlich groß, wir können uns direkt in die Augen sehen«, bemerkte er. »Das hat man selten.«

»Ja, das ist praktisch, oder?«, lachte ich.

Zunächst bekam ich eine kleine Führung durch das Erdgeschoss. Im lichtdurchfluteten Parterre dominierten schwere Ledersessel, und mehrere Couchecken luden zu Gesprächsrunden ein. Im Hintergrund konnte ich einen dunklen Barbereich erkennen. Mit den großen Ölgemälden aus dem 19. Jahrhundert, den grauen Marmorsäulen und dem weißen Stuck wirkten die Räume sehr gediegen und waren mit dunklem Mobiliar geschmackvoll ausgestattet. Durch die großen Fenster mit den schweren hellgrauen Vorhängen konnte man auf die Binnenalster sehen. Ich fühlte mich in ein anderes Jahrhundert versetzt, als ich da mitten in der ehemaligen Empfangshalle einer betuchten Kaufmannsfamilie stand, deren Geist fast noch zu spüren war. Eine große Freitreppe führte nach oben, und die vielen weiteren Türen ließen die Großzügigkeit der sich dahinter befindlichen Räumlichkeiten vermuten.

»Das ist ja noch prachtvoller, als ich es mir vorgestellt hatte«, bemerkte ich.

»Ja, wir haben großes Glück mit diesem schönen Haus«, bestätigte er, und wir nahmen in einer der gemütlichen Sitzecken Platz.

Bei einem Cappuccino erzählte ich von meinem Werdegang. Burghard von Cramm, der früher Niederlassungsleiter eines großen Autohauses war, interessierte sich für meinen Berufswechsel in den Hafen.

»Haben Sie Lust, unseren Mitgliedern Ihre Geschichte zu erzählen? So lebendig, wie Sie sie mir gerade berichtet haben? Ich glaube, da fänden sich interessierte Zuhörer.«

»Natürlich, sehr gern, es wäre mir eine Freude«, strahlte ich ihn an.

Wir stimmten einen Termin für Ende Mai ab, und er lud mich ein, eine der nächsten Veranstaltungen zu besuchen, um mir ein Bild von meinem zukünftigen Publikum und dem Klubleben zu machen.

In diesem Haus ging es sehr gediegen zu, es herrschte für Herren eine Krawattenpflicht, für Notfälle hielt der Portier an der Garderobe eine Auswahl bereit, Jeans waren als Beinkleid nicht erwünscht. Zu den Rednern, die vom Übersee-Club eingeladen wurden, um vor den Mitgliedern zu sprechen, gehörten Nobelpreisträger, Staatspräsidenten und Wirtschaftsbosse, Minister, Verfassungsrichter und sogar der spätere Papst, als er noch Kardinal war. Und nun also ich.

Ratzinger, Arafat, Brunk. Das klang doch nicht schlecht. Natürlich würde der Rahmen bei meinem Auftritt deutlich kleiner ausfallen.

Aber ich wurde in der offiziellen Terminübersicht genannt und bekam einen Redeslot zu einem Feierabendumtrunk Ende Mai. Mein auf etwa zwanzig Minuten angelegtes Referat wurde mit dem Titel »Frischer Wind im Hamburger Hafen« angekündigt.

Zur Einstimmung nahm ich im Frühjahr an einem spannenden Vortragsabend über die Seenotretter teil und fand bei diesem Gesprächsthema schnell Anschluss beim Small Talk. Meine in früheren Jahren gesammelten Erfahrungen im IT-Vertrieb kamen mir nun zugute. Ich musste damals vor Geschäftsführern und Vorständen mittelständischer und großer Unternehmen Präsentationen abhalten und hatte gelernt, dass man am Ende doch nur mit Menschen zu tun hatte. Ich habe keine Angst vor unterschiedlichen Hierarchieebenen und fühle mich auf jedem Parkett wohl.

Bei dieser Veranstaltung lernte ich auch die prunkvoll ausgestatteten, inzwischen als Restaurantzimmer und Salons für große und kleine Gesellschaften genutzten Räume im Obergeschoss kennen. Hier wird in schönstem Rahmen gespeist. Jeder Raum hat ein ganz eigenes Flair, Ornamente und Stuck an den Wänden und Decken, Schnitzereien über den Türrahmen, dazu prächtige Ölgemälde und üppige Kronleuchter.

Ende Mai stand mein eigener Klubabend an. Ich war überrascht, wie viel Interesse mein Auftritt weckte und befand mich an diesem Abend auf der Freitreppe stehend und über meine Selbstständigkeit referierend schnell in meinem Element. Ich hatte mir ein paar Notizen auf Karteikarten geschrieben, redete dann aber, wie es mir gerade in den Sinn kam. Vor allem die Geschichte mit der Schnapsidee nach der legendären Firmenweihnachtsfeier begeisterte meine Zuhörer.

»Sie können sich sicherlich vorstellen, dass ich nach dem zweiten selbst gebrannten Schnaps von Fiete etwas redselig wurde«, berichtete ich. Zustimmendes Nicken.

Ich sah in aufmerksame Gesichter, und als ich zum Ende gekommen war, hatte ich das Gefühl, dass die Zuhörer noch mehr erfahren wollten. Sie stellten zahlreiche Fragen.

Ein stattlicher Herr mittleren Alters meldete sich: »Das ist ja eine dolle Geschichte. Glückwunsch zu Ihrem Mut. Woher wissen Sie denn so viel über den Hafen?«

»Vielen Dank, ich war schon immer sehr begeistert von Schiffen und der Seefahrt. Ich habe als Schülerin mal ein Praktikum in einer Hafenagentur in Schottland gemacht und durfte damals auf einem Frachter mitfahren«, antwortete ich. »Damit fing es eigentlich an, auch wenn ich zwischendurch ordentlich vom Kurs abgekommen bin.«

Eine Dame in der ersten Reihe kommentierte: »Das ist ja wirklich ungewöhnlich. Aber ich kann Sie mir auch gut auf einem Schiff vorstellen, und man hört Ihnen gern zu.« Dann fragte sie mit gerunzelter Stirn: »Aber da unten am Hafen, das ist doch eine reine Männerwelt, oder?«

»Es gibt schon einige Frauen, aber noch nicht so viele, das ist richtig«, stimmte ich ihr zu. »Aber aus der IT-Welt kenne ich das auch nicht anders.«

Heiterkeit bei meiner Zuhörerschaft.

Auch nach dem offiziellen Schluss der Veranstaltung knüpfte ich noch interessante Kontakte. Mir wurden Visitenkarten zugesteckt und erste Anfragen für individuelle Touren gestellt. Ich fühlte mich rundum wohl in dieser Gesellschaft, auch wenn ich froh war, den dunkelblauen Anzug abends wieder in den Schrank hängen zu können. Ich freute mich, diese steife Kostümierung für meinen täglichen Arbeitsalltag hinter mir gelassen zu haben. Für einzelne Anlässe und einen guten Eindruck beim Netzwerken hole ich die Kostüme aber manchmal noch aus dem Schrank, ohne mich dabei verkleidet zu fühlen.

Kulinarisches

Im folgenden Winter fand ich mich in einem anderen renommierten Haus in bester Lage wieder, dem Anglo-German Club an der Außenalster. Früher war der Klub ein reiner Gentlemen's Club, dessen einziges weibliches Mitglied lange Zeit die Queen war. Sie schaute allerdings eher selten vorbei. Auch dieser Klub war gegründet worden, um Wirtschaftsbeziehungen zu verbessern und vor allem das britisch-deutsche Verhältnis zu festigen.

Dem Küchenchef dieses Klubs und einem unerschrockenen Gast aus Indien ist es zu verdanken, dass ich als Nordfriesin heute das norddeutsche Wintertraditionsgericht Grünkohl esse, das ich bis dahin stets verweigert hatte. Und das kam so:

Seit einigen Jahren war ich Mitglied im Skål-Tourismus-Wirtschaftsclub, der weltweit vernetzt ist und dessen Mitglieder sich regional monatlich treffen. Der Skål-Club war 1932 unter dem Motto »Doing business among friends« in Paris gegründet worden. Anlass war eine neue Flugverbindung von Paris nach Stockholm, den Namen wählte man, da er Völker verbindend als Gruß verstanden wird. Anfang 2013 traf sich das internationale Präsidium zu einer mehrtägigen Sitzung in Hamburg, Präsident war damals ein Geschäftsmann aus Delhi. Es kamen Klubmitglieder aus allen Teilen der Welt zusammen, und natürlich sollten sie auch Hamburg kennenlernen. Ich übernahm die Führungen durch die Stadt und den Hafen und wurde anschließend zum Abendessen eingeladen, das im Anglo-German Club stattfand. Als ich hörte, dass es Grünkohl geben sollte, war meine anfängliche Begeisterung etwas getrübt. Diesem traditionellen Gericht aus klein geschnittenem dunkelgrünem Kohl, karamellisierten Kartoffeln, Kasseler, Speck und Mettenden konnte ich nie etwas abgewinnen. Wenn es das bei uns zu Hause gab, kochte meine Mutter für mich und meine Brüder eine Alternative. Zugegeben, ich hatte nie zuvor in meinem Leben Grünkohl probiert. Aber schon die Optik und der Geruch hatten mich von Beginn an abgeschreckt. Ganz im Gegensatz übrigens zu Labskaus, das ich seit meiner Kindheit sehr gern esse und an dessen Konsistenz aus meiner Sicht nichts auszusetzen ist. Bei diesem traditionellen norddeutschen Gericht wird gepökeltes Rindfleisch mit Roter Bete durch den Fleischwolf gedreht und anschließend mit gestampften Kartoffeln vermengt. Den entstehenden rötlichen Brei dekoriert man mit Gewürzgurken und Matjes und versteckt ihn unter einem Spiegelei. Geschmäcker sind eben verschieden.

Ich verließ mich darauf, dass man für die internationalen Gäste an diesem Abend eine Alternative bereithielt, auf die auch ich dann zurückgreifen könnte. Damit hätten die Weitgereisten in mir eine Komplizin in der Verweigerung des dunkelgrünen »Matschkohls«, wie ich ihn insgeheim titulierte.

Wir hatten an einer festlich gedeckten Tafel mit Blick auf die Außenalster Platz genommen, als die Kellner die Essenswünsche abfragten. Ich saß neben dem indischen Ehrengast, dem ich den Tag über Hamburg präsentiert hatte.

»Would you like to try our traditional Grünkohl meal or would you prefer something else?«, fragte der Kellner meinen Sitznachbarn.

Zu meinem Entsetzen antwortete dieser: »Oh yes, that sounds great, I would love to try it.«

Damit hatte ich nicht gerechnet. Auch der mir gegenüber platzierte Gast aus Macau und der Herr aus Südamerika zu meiner Rechten konnten es offenbar kaum erwarten, das kulinarische Experiment zu wagen. Mir blieb nichts anderes übrig, als dem Grünkohlangebot ebenfalls zuzustimmen.

Der Matschkohl kam auf erlesenem Tafelgeschirr daher, und ich atmete tief durch, bevor ich zu Messer und Gabel griff. Also, im Sinne der internationalen Völkerverständigung – Nase zu und durch! Etwas zögerlich wagte ich den ersten Bissen. Ich prüfte Konsistenz und Geschmack skeptisch und intensiv.

Da schau an – es schmeckte gar nicht schlecht. Es schmeckte sogar ganz ausgezeichnet, da war ich mir mit meinen zufrieden kauenden Tischnachbarn einig. Die Kombination aus deftigem Kohl, salzigen Würstchen und karamellisierten Kartoffeln war ein Genuss. Später verriet ich meinem indischen Tischherrn im Vertrauen, dass ich vorab eher skeptisch gewesen sei und nun froh war, dass er mir einen indirekten Schubs gegeben hatte, mich auf unser Traditionsgericht einzulassen. Er lachte und sagte, dass es ihm ebenfalls sehr geschmeckt habe. An diese Anekdote denke ich immer gern zurück, wenn ich heute voller Vorfreude zur winterlichen Familienzusammenkunft bei »Grünkohl satt« im heimatlichen Dorfkrug aufbreche.

Drama, Baby

Besonders in den Anfangsjahren meiner Selbstständigkeit gab es Presseberichte über meinen Jobwechsel in nahezu allen Frauen- und Klatschmagazinen. Ein persönliches Highlight für mich als heimlicher Klatschpresse-Junkie war der Artikel in der *Closer* im Jahr 2013. Die größte Story war in dieser Heftausgabe Sylvie Meis gewidmet, die einen fünfseitigen Artikel bekam. Ich brachte es auf stolze drei Seiten und war hin und weg.

Ich fand Erwähnung im *SPIEGEL*, im *stern*, im *FOCUS*, bekam eine ganze Seite in der *Süddeutschen Zeitung*, eine halbe in der *WELT AM SONNTAG* und kam aus dem Staunen mitunter kaum heraus. Wann immer jemand eine Presseanfrage an mich stellte, sagte ich zu. Ich lernte schnell, dass es in einigen Magazinen nicht unbedingt um die exakt korrekte Darstellung von Fakten ging, sondern dass man auch mal Fünfe gerade sein lassen musste oder für eine Geschichte einige Rahmenbedingungen leicht hingebogen wurden.

Eine Geschichte hat mir jedoch emotional sehr zugesetzt. Ich musste sie als Lehrstück unter dem Merksatz »Jede Presse ist gute Presse« abhaken. Es kam die Anfrage einer jungen Redakteurin einer großen überregionalen Tageszeitung. Nach meinem Verständnis sollte es eine weitere Reportage über meinen Berufswechsel werden. Es stellte sich aber heraus, dass es eine Schicksalsreportage nach dem Motto »Auferstanden aus den Ruinen« wurde.

Einen ganzen Tag hatte ich mit der sehr sympathischen Redakteurin und dem begleitenden Fotografen verbracht. Selbstverständlich unterhielten wir uns auch zwischen den offiziellen Interviewfragen. Ich bin ein redseliger Mensch, außerdem gutgläubig und vermutete, dass der Artikel in dieser seriösen Zeitung mir auch wohlgesonnen wäre.

Am Tag des Erscheinens war ich zum Businesslunch des Skål-Tourismus-Wirtschaftsclubs verabredet. Gut achtzig Hamburger Führungskräfte aus unterschiedlichsten touristischen Gewerken kommen einmal monatlich zu einem freundschaftlichen Austausch zusammen. Ich gehörte bereits seit fünf Jahren zu diesem Klub und freute mich auf nette Gesellschaft und ein leckeres Essen. Auf dem Weg zum Restaurant hielt ich kurz an einer Tankstelle, um die Zeitung mit meinem Artikel zu kaufen. Es ist immer aufregend, wenn ein neuer Bericht erscheint. Noch im Auto blätterte ich die Zeitung kurz durch und freute mich, wie umfangreich der Artikel war. Beim Überfliegen der Überschrift und dem Anblick meines Fotos stockte ich jedoch. Es war ein eher trauriges Bild ausgewählt worden, und bei der Überschrift musste ich schlucken.

»Mann weg, Job weg, und Kinder kann sie auch nicht bekommen. Geschichte von einer, die sich nicht unterkriegen lässt« stand da sinngemäß schwarz auf weiß. Daneben ein großes Foto von mir, wie ich niedergeschlagen im Nieselregen von einem Schiff auf den grauen Hafen schaue.

Nun, ich war spät dran und verdrängte den Artikel. Den könnte ich auch später lesen, erst mal schnell zum Lunch. Als ich den Raum betrat, hatte ich das Gefühl, dass alle Augen auf mich gerichtet waren. Waren heute alle schon am Kiosk gewesen? Eine Kollegin wedelte mir mit der Zeitung in der Hand entgegen, kam auf mich zu und fragte mit entsetztem Blick: »Maike, hast du das schon gelesen?«

Sie hielt mir die Zeitung hin, und wieder sprang mich die Überschrift, die mich im Auto schon entsetzt hatte, an. Ich ahnte, dass die Überschrift und das Foto nur der Anfang waren und setzte mich erst mal. Mehrere Teilnehmer kamen auf mich zu, und ich hatte das Gefühl, sie kondolierten mir regelrecht zu dem Artikel. Ich ergriff die Zeitung und verschwand Richtung Toilette. Zehn Minuten später wusste ich, warum mich alle so betreten ansahen.

Der Artikel reihte meine persönlichen Krisen und Misserfolge aneinander. Die Krönung aber war, dass die Redakteurin vertrauliche Informationen über meinen gerade erst ein paar Tage zuvor überstandenen Krankenhausaufenthalt in den Artikel eingebaut hatte. Es reichte offenbar nicht, dass ich ihr in einem Nebensatz verraten hatte, dass ich leider keine Kinder bekommen kann. Die Tatsache, dass man mir gerade die Gebärmutter entfernt hatte, sollte die Dramatik in dem Artikel offenbar noch untermauern. Ich war absolut schockiert. Und beschämt. Ich wollte im Boden versinken. Was hatte eine derart private Information in der Zeitung zu suchen? Vor allem in einem Artikel über meinen beruflichen Werdegang. Es war ein Albtraum. Bis vor einem Jahr hatte ich noch an die Erfüllung meines Traumes einer eigenen Familie geglaubt. Und nun konnte ganz Deutschland lesen, dass es dazu nicht kommen würde, ohne dass ich selbst mich abschließend mit dem Thema auseinandergesetzt hatte. Es wurden sehr private Details ohne meine Zustimmung verwendet.

Am Ende blieb mir nur die Offensive. Ich sammelte mich, klopfte mir mit den flachen Händen auf die Wangen, um das aus meinem Gesicht gewichene Blut zur Rückkehr zu bewegen und machte mich groß. Dann ging ich erhobenen Hauptes wieder in den Speisesaal und lächelte die Scham soweit es ging weg. Ich versuchte, souverän und offen mit der Situation umzugehen, schließlich war der Artikel ja nun einmal gedruckt. Schwarz auf weiß stand meine intimste Geschichte zu lesen.

In den folgenden Tagen brachte mir der Artikel zahlreiche Anrufe von Bekannten und Verwandten, die ungläubig fragten: »Mensch, Maike, ging es dir wirklich sooo schlecht?« Insgesamt war das Echo sehr positiv, ich bekam Anfragen von großen Firmen und von Menschen, die von meiner Geschichte berührt und beeindruckt waren. Frühere Kontakte meldeten sich aus der Versenkung. Einige bekundeten ihr Beileid, einige äußerten ihr Entsetzen. Aber es gab auch viele schöne Nachrichten.

Ich hatte natürlich noch am Erscheinungstag in der Redaktion angerufen und mich über die Indiskretion beschwert. Die Antwort war: »Wir bekommen so viele Leserbriefe wie lange nicht. Ihre Geschichte berührt die Menschen, Sie sind ein Vorbild!«

So hatte ich das nicht gesehen. In den kommenden Tagen erreichte mich unter anderem die Anfrage einer SWR-Redakteurin, die mich zu einem Interview und einer Podiumsdiskussion nach Heilbronn einlud. Unglaublich, welche Kreise ein Zeitungsartikel ziehen kann und was sich daraus für neue Chancen ergeben. So beschloss ich, weiter offensiv mit dem Thema umzugehen. Man sollte nichts erzählen, was man nicht in der Zeitung lesen will, das hatte ich nun gelernt. Am Ende kann ich nur sagen, dass es stimmt. Jede Presse ist gute Presse. Es hatte sich bewahrheitet. Im Nachhinein hat auch dieser Artikel mir neue positive Erfahrungen und neue Chancen und damit nur Gutes gebracht. Und dazu zahlreiche Mitleids- und Beistandsbuchungen, wie auch immer man es sehen mag.

Tunnelblick

Ich bin selbst begeisterte Zeitungsleserin. Ich mag das Geraschel der großen Seiten, auch bei uns zu Hause gehörten eine Tages- und eine Wochenzeitung immer dazu.

An einem Morgen im Frühsommer 2013 entdeckte ich im Regionalteil des *Hamburger Abendblatts* einen Aufruf. Die U-Bahn-Linie 4 in der HafenCity sollte von der HafenCity Universität zu den Elbbrücken verlängert werden. Die HafenCity wuchs über die Jahre von West nach Ost und von Nord nach Süd, am Ende sollte sie bis zu den Elbbrücken reichen. Bevor man die Flächen mit Wohnungen und Bürohäusern bebaute, nutzte man die Gelegenheit, vorab die Infrastruktur fertigzustellen.

Gesucht wurde eine Baupatin, die als Vertretung der Bürgerinnen und Bürger der Stadt Hamburg die Bauarbeiten begleiten und beobachten sowie bei der Einweihung der neuen Linie dabei sein sollte. Ich überlegte nicht lange, diese Aufgabe wollte ich gern übernehmen. Große Baustellen hatten mich immer schon fasziniert, und ich grübelte ständig, wie solche Projekte wohl koordiniert wurden. Es war mir ein Rätsel, wie es gelang, all die kleinen Stellschrauben bei Großprojekten im Blick zu behalten und wer da eigentlich die Übersicht hatte. Außerdem war die Baupatenschaft natürlich eine weitere Möglichkeit, interessante Menschen in unserer Stadt kennenzulernen und Kontakte zu knüpfen.

In der Bewerbung sollte herausgestellt werden, warum man sich für besonders geeignet hielt. Da ich ganz in der Nähe der Elbbrücken wohnte, war ich selbst zukünftige Nutzerin der Haltestelle, fuhr regelmäßig mit der Barkasse an der Baustelle vorbei und vermittelte Hamburgern Informationen aus der Stadt und über die HafenCity. Nicht zuletzt gab ich an, dass ich durch meine Touren in eher unbekannte Hamburger Stadtteile wie Wilhelmsburg und den Hamburger Osten genau wie die Bahnlinien auch Menschen miteinander in Verbindung brachte. Das klang doch gut und musste die Jury einfach überzeugen. Ich schickte die Bewerbung los und wartete. Die Entscheidung würde recht schnell getroffen werden, bereits Ende der kommenden Woche sollte der Baupate oder die Baupatin beim ersten Spatenstich für die Verlängerung der Linie in der HafenCity dabei sein.

Drei Tage nach dem Einsendeschluss klingelte mein Telefon. Am anderen Ende war eine Dame aus der Presseabteilung der Hochbahn.

»Hallo, Frau Brunk, vielen Dank für Ihre Bewerbung. Sie möchten gern unsere Baupatin werden?«

»Moin, ja, die Aufgabe würde ich zu gern übernehmen. Ich wollte schon immer mal wissen, wie so eine große Baustelle funktioniert.«

»Das freut uns sehr, denn nun haben Sie bald Gelegenheit dazu. Ihre Bewerbung hat uns sehr gut gefallen, und wir würden uns freuen, wenn Sie das Amt übernehmen.«

Ich war gerade zu Besuch bei meinem Großvater und fiel zuerst aus allen Wolken und dann in Opas geräumigen Ohrensessel. Wie toll! In wenigen Tagen würde ich mit Olaf Scholz, unserem damaligen ersten Bürgermeister, und wichtigen Vertretern der beteiligten Unternehmen und der HafenCity den Spaten schwingen. Was musste man als Baupatin wohl sonst noch so machen? Ich war sofort total aufgedreht.

Wenige Tage später erhielt ich genauere Informationen zum geplanten Ablauf, darunter Empfehlungen zur Kleidung inklusive des Hinweises, am besten flache Schuhe zu tragen. Ob das mit der Körpergröße des auf den späteren Pressebildern neben mir schippenden Bürgermeisters zusammenhing, überlegte ich amüsiert. Vermutlich hatte es aber eher mit dem sandigen Boden zu tun, in dem Absatzschuhe keine gute Idee waren.

Der erste Spatenstich war recht unspektakulär, aufregend wurde es nur kurz, als ich das Mikrofon vor der Presse in die Hand gedrückt bekam und mich als Baupatin vorstellen sollte. Sehr interessant wurde es in den Folgejahren, als ich immer wieder auf die Baustelle eingeladen wurde und vom Bauleiter persönlich Führungen über alle Baustellenabschnitte bekam. Ich lernte, was das Schlitzwandverfahren ist, stolperte bei exklusiven Besichtigungen durch dunkle Tunnel und kletterte ein Jahr vor der offiziellen Eröffnung unter fachkundiger Begleitung wagemutig auf das wacklige Baugerüst in der neuen Haltestelle an den Elbbrücken. Ich fand das alles wahnsinnig spannend. Zum Thema Bau und Abwicklung von Baustellen hatte ich vorher überhaupt keinen Zugang. Kurzweilig war es auch, wenn Termine mit den Bauarbeitern anstanden. An einem Tag verteilte ich Schnitzelbrötchen an die gut achtzig zu dem Zeitpunkt auf der Baustelle tätigen Arbeiter, an einem heißen Sommertag gab es Stieleis, ein andermal Kuchen für alle.

Am Nikolaustag 2018 war es dann so weit, die Verlängerung der Bahnlinie und auch die neue Haltestelle an den Elbbrücken waren fertig. Im geplanten Zeit- und auch im veranschlagten Kostenrahmen. Für solch eine Baustelle übernimmt man doch gern die Patenschaft. Die Eröffnung war spektakulär. Die geladene Festgesellschaft traf sich an der U-Bahn-Station HafenCity Universität und es ging mit einem Sonderzug zur neuen Haltestelle Elbbrücken. Das Haltestellengebäude ist beeindruckend: ein gläsern-stählernes Halbrund, zu den Enden hin offen, das sich architektonisch wunderbar an die runden Bögen der historischen Freihafenelbbrücke von 1926 anfügt.

Nachdem wir alle dort ausgestiegen waren, begann über unseren Köpfen eine imposante Lasershow. Die Glasverkleidung hinter den dicken dunklen Metallstreben reflektierte die bunten Lichter, und von überall hörte man beeindruckte »Ohs« und »Ahs«. Die optischen Reize waren sagenhaft. Dazu wurde klassische Musik gespielt. Anschließend ging es mit den gut zweihundert geladenen Gästen ins benachbarte Festzelt, wo bei Speis und Trank noch einige Reden folgten.

Die Feier war beeindruckend. Ich unterhielt mich angeregt mit dem Architekten der Station, der mir gegenübersaß und hatte die Moderatorin der Veranstaltung links neben mir am Tisch. Ich durfte eine kurze Rede halten, bekam Blumen und ein Geschenk, und der in diesem Jahr neu gewählte Bürgermeister Peter Tschentscher dankte mir für mein Amt. Der Spaten des fünf Jahre zuvor erfolgten Baubeginns ziert übrigens heute noch mein Büro. An der Rückseite haftet neben meinem Namensschild noch der Originalsand der Baustelle.

Rasante Rundfahrt

Im Laufe der Jahre habe ich so manche skurrile Stadt- und Hafentour moderiert, mal mit nur einem exklusiven Gast, mal mit fünfhundert Hamburgern auf einem Schiff, ein andermal mit arabischen Scheichs, dann wiederum mit Flensburger Bauarbeitern. Jede Tour hat ihren ganz eigenen Reiz und ihre eigenen Herausforderungen. Keine Tour ist wie eine andere, das schätze ich so sehr an meiner Tätigkeit.

Eine meiner interessantesten Stadtrundfahrten moderierte ich in einem Gefährt, das auf den ersten Blick nur bedingt geeignet dafür erscheint. Von einem Stammkunden bekam ich den Auftrag, einen Schweizer Geschäftspartner und seine Gattin auf einer individuellen Tour durch Hamburg zu begleiten. Die Tour sollte im kundeneigenen Maserati, vom Privatchauffeur des Paares gesteuert, absolviert werden.

Die Herrschaften logierten im noblen Hotel Atlantic an der Außenalster, einem der bekanntesten Luxushotels der Stadt. Udo Lindenberg residiert seit den Neunzigerjahren dort, und Pierce Brosnan kletterte einst waghalsig als James Bond in *Der Morgen stirbt nie* auf dem Dach herum. Ursprünglich war das Hotel 1909 für betuchte Auswanderer eröffnet worden, die hier auf die Abfahrt ihres Schiffes über den Atlantik warteten. Das Pendant dazu für die Normalsterblichen waren damals die Auswandererhallen auf der Veddel, heute bekannt durch das Auswanderermuseum BallinStadt an historischer Stätte.

Ich fuhr mit dem Bus zum Hauptbahnhof und spazierte die Straße zum Hotel entlang, als mir ein am rechten Straßenrand geparktes schmuckes Gefährt ins Auge fiel. Hier fuhren aufgrund der Klientel des Hotels des Öfteren schicke Sportwagen vor, jedoch wurden diese in der Regel in der Hotelgarage geparkt. Ich erblickte das Schweizer Nummernschild und hielt zielstrebig auf das Fahrzeug zu, da stieg der Chauffeur auch schon aus. Unsere Tour sollte erst in einer Viertelstunde starten, so konnte ich das schnittige Fahrzeug – es handelte sich um ein schwarzes Quattroporte-Modell – noch gebührend bewundern und die geplante Fahrtroute grob abstimmen. Das war schon eine Besonderheit: Es macht einen gewaltigen Unterschied, ob man in einem Doppeldeckerbus von oben auf die Stadt blickt oder in einem solch eleganten Gefährt mit dem Hintern gefühlt nur Zentimeter über dem Asphalt schwebt. Der ungewohnte Blickwinkel musste bedacht werden. Es war wohl sinnvoll, an ganz anderen Stellen Zwischenstopps einzubauen, als ich es auf einer normalen Stadtrundfahrt getan hätte.

Das Ehepaar aus Zürich begrüßte mich sehr freundlich mit einem charmanten: »Moin, moin, Sie müssen die Maike sein.«

»Moin, ja, das bin ich. Herzlich willkommen in Hamburg.«

Der schon leicht ergraute, gepflegte Herr in seinem hellgrauen Sommeranzug und dem blauen Hemd nahm vorn neben dem Chauffeur Platz, die elegante zierliche Dame im grünen seidigen Sommerkleid mit Hut und großer Sonnenbrille setzte sich hinter ihn. Ich stieg hinten auf der Fahrerseite ein, und prompt wurde mir die nächste Herausforderung bewusst. Der Maserati hatte vier Türen, ich saß unfassbar bequem und es duftete intensiv nach neuem Leder, allerdings hatte das Fahrzeug nicht gerade Panoramascheiben im Fond. Zusätzlich war der Blick nach vorn durch die massigen Vordersitze sehr eingeschränkt. Zum Glück kannte ich die Stadt inzwischen bestens und hatte schon zahlreiche auswärtige Fahrer während der Moderation nahezu blind durch die Stadt gelotst. Für die Gattin tat es mir jedoch leid um die eingeschränkte Aussicht.

Los ging's gleich in Richtung Speicherstadt. Ich war überrascht, wie gut die Federung des rassigen Flitzers das Kopfsteinpflaster dämpfte. Wir passierten alle stadt- und wasserseitigen Sehenswürdigkeiten und hielten zwischendurch für kurze Ausstiege an, unter anderem auch am Dockland-Bürogebäude in Hamburg-Altona. Das Dockland ist ein sehenswertes futuristisch anmutendes Bürogebäude in Form eines Parallelogramms. Wenn man es im richtigen Blickwinkel vom Wasser aus betrachtet, erkennt man ein siebenstöckiges stromlinienförmiges Speedboat, das die Elbe entlangdüst. Man kann diesem Gebäude aufs Dach steigen und den Weitblick bis über den Köhlbrand und große Teile des Hafens genießen. Unmittelbar davor befindet sich ein Fähranleger des öffentlichen Nahverkehrs, daneben das Altonaer Kreuzfahrtterminal.

Ein AIDA-Kreuzfahrtschiff hatte festgemacht, es war ein ordentliches Gewusel an Passagieren, Bussen und Fahrzeugen aller Art auf dem Terminalgelände. Wir hielten mit etwas Abstand an und stiegen aus. Ich erklärte, dass Hamburg in den vergangenen Jahren einen regelrechten Boom im Kreuzfahrtsegment erlebte und der Hafen ein typischer »Turnaround-Hafen« sei. Das bedeutet, dass die meisten Kreuzfahrtgäste ihre Reise hier beginnen und/oder beenden. Logistisch ist es für einen Hafen und auch das Umfeld eine große Herausforderung, wenn Tausende Passagiere an- und abreisen. Die Abfertigung, das Gepäckhandling, aber auch die Tätigkeit der Schiffsausrüster, die die Schiffe mit Lebensmitteln und Betriebsstoffen versorgen, sind ein gewaltiger Apparat.

Kamen Ende der Neunziger nur etwa zwanzig Kreuzfahrtschiffe pro Jahr nach Hamburg, waren es zuletzt jährlich gut zweihundert. Die Schiffe haben immer gewaltigere Ausmaße angenommen, 2019 hatten wir mehrere Anläufe von Schiffen mit über fünftausend Passagieren.

Als ich mit dem Ehepaar am Dockland zur Kaimauer spazierte, kam dort gerade eine Hafenfähre von den Landungsbrücken an. Zahlreiche Passagiere stiegen aus und zogen große Rollkoffer hinter sich her. Seit das Kreuzfahrtterminal in Altona vor einigen Jahren eröffnet wurde, kann man häufig beobachten, dass Gäste selbst mit der Fähre zum Terminal anreisen.

Die Schweizerin an meiner Seite zog die Stirn in Falten und fragte mich ernst: »Gibt es hier in Hamburg denn keinen Gepäckservice?«

Ich musste lachen.

»Doch, selbstverständlich gibt es den, aber das ist natürlich auch eine Kostenfrage.«

Bei Fahrgästen des Luxuskreuzfahrtschiffes MS EUROPA kommt es sicherlich nicht so häufig vor, dass Gäste mit öffentlichen Verkehrsmitteln zum Schiff anreisen. Inzwischen sind Kreuzfahrten aber für größere Bevölkerungsschichten erschwinglich, auf gewisse luxuriöse Dienstleistungen wird dabei aus Kostengründen natürlich verzichtet.

Als wir unsere Fahrt zu den Landungsbrücken fortsetzten und ich dort mit den Gästen aus dem Maserati stieg, weckte der Sportwagen die Aufmerksamkeit der anwesenden Rundfahrtkollegen. Einer, der mich seit Jahren im Scherz mit »Elbinsel-Prinzessin« tituliert, rief mir im Vorbeigehen zu: »Na, Prinzessin, da hast du ja endlich mal ein anständiges Gefährt!«

Ich lachte und winkte ihm zu. Inzwischen hatten die Kollegen bemerkt, dass ich nicht so leicht wieder aus dem Hafen verschwinden würde, und die meisten hatten mich akzeptiert und freundlich aufgenommen. Am Ende schade ich ihnen ja nicht, sondern bringe den Reedereien zusätzliches Geschäft.

Wir cruisten drei Stunden lang durch die Stadt und den Hafen, fielen mit unserem fahrbaren Untersatz auf der mondänen Elbchaussee gar nicht weiter auf, umrundeten die Außenalster und beendeten die Tour schließlich in der HafenCity.

»Hamburg ist schon eine sehr wohlhabende Stadt, nicht wahr?«, fragte die Schweizerin mich beim Aussteigen.

»Ja, da haben Sie recht. Tatsächlich sollen hier über vierzigtausend Millionäre leben«, bestätigte ich.

»Oh, das überrascht mich gar nicht. Ich finde Ihre Stadt wunderschön«, antwortete sie und fügte direkt an: »Dürfen wir Sie zum Abschluss unserer schönen Fahrt zum Essen einladen?«

Selbstverständlich nahm ich die Einladung in eines der besten Lokale der Stadt gern an und ließ mir im Plauderton aus dem Leben dieses Zürcher Pendants der erwähnten Vierzigtausend erzählen.

Anruf vom Auswärtigen Amt

Das Jahr 2017 begann unspektakulär, alles wie immer in Hamburg. Der farblose Januar wich dem müden Februar, und ich saß an meinem Schreibtisch und bereitete die Aussendung der neuen Prospekte für meine öffentlichen Touren vor. Mit einem großen Becher Ingwertee in der Hand schaute ich auf den tristen Marktplatz drei Stockwerke unter mir und beobachtete Menschen, die in dunklen Jacken zum Einkauf huschten. Meine treue Kundin Frau Meyerhoff hatte mir eine Postkarte geschrieben, auf der sie mir mitteilte, dass sie umgezogen sei. Ich korrigierte gerade ihre Adresse in der Datenbank am PC, als das Telefon klingelte.

»Hallo, Frau Brunk, hier spricht Seemann vom Auswärtigen Amt in Berlin, haben Sie gerade etwas Zeit? Sie sind mir empfohlen worden.«

Auswärtiges Amt? Empfohlen worden? Ich war ganz Ohr.

Nach dem längeren, sehr interessanten Gespräch brauchte ich erst mal ein paar Minuten, um zu realisieren, was gerade passiert war.

Ungläubig starrte ich auf das Telefon. Ich musste mich sammeln und die Fassung wiedergewinnen. Hatte da tatsächlich gerade eine Dame vom Außenministerium meine Nummer gewählt? So ganz ins Detail war meine Gesprächspartnerin nicht gegangen, hatte aber angedeutet, dass es um eine wichtige Tour mit hochrangigen internationalen Gästen gehen sollte. Meine Gefühle wechselten im Sekundentakt von »Wow, dass die mir das zutrauen« über »Wow, will ich das wirklich?« zu »Oh nein, das soll mal besser jemand anderes machen«.

Ein paar Tage später trafen wir uns zum Kennenlernen in Hamburg. In mir krochen Anspannung und Aufregung hoch. Ich war neugierig. Die Empfehlung war über ein Hamburger Luxushotel gekommen, dessen Gäste ich in der Vergangenheit mehrfach durch die Stadt und den Hafen geführt hatte. Offenbar war man mit mir zufrieden gewesen.

»Frau Brunk«, erklärte mir die adrette Frau Seemann aus Berlin, als wir uns gegenübersaßen, »wir möchten, dass Sie im Juli beim G-20-Gipfel in Hamburg die geplante Hafenrundfahrt für die First Ladies und Gentlemen moderieren. Können Sie sich das vorstellen?«

Ich war baff und wusste nicht sofort, was ich sagen sollte. Frau Seemann erklärte mir ruhig und routiniert, was da auf mich zukommen würde.

Schließlich sagte ich Ja. Das war eine Herausforderung, der ich mich stellen wollte.

In den nächsten Wochen folgten weitere Treffen, Telefonate und Absprachen mit Berlin, das detaillierte Drumherum blieb für mich vage. Als der Termin näher rückte und es konkreter wurde, als ich für die Security die möglichen Fahrtrouten skizzieren und meinen Moderationstext vorab schriftlich vorlegen sollte, begann ich es zu realisieren: Ich würde für die Dauer einer Hafenrundfahrt mittendrin sein. Mitten zwischen den Partnerinnen und Partnern der politischen Führer der bedeutendsten Wirtschaftsmächte. Bedeutete das Gefahr? Oder wäre ich an einem der bestmöglich geschützten Orte der Stadt?

Zunächst erzählte ich nur Marion, meiner engsten Freundin, und meiner Familie davon, auch wenn ich gern sofort mein ganzes Umfeld eingeweiht hätte. Auf der einen Seite platzte ich innerlich vor Stolz, auf der anderen war mir richtig mulmig. Ob meine Kommunikation nun überwacht wurde? Ob meine Herkunft und mein Umfeld überprüft wurden? Was hatten »sie« wohl über mein Vorleben herausgefunden?

Seit Jahren verschlang ich jeden Krimi, der mir in die Hände kam und schaute mit Vorliebe Thriller. Meine Fantasie hatte dadurch reichlich Futter: Welche Prozesse würden in Berlin gerade im Hintergrund ablaufen? Würden geheime Instanzen mein Leben durchleuchten und ich auf Tauglichkeit und ein reines Gewissen unter die Lupe genommen werden? Wurde mein Hauseingang beobachtet und die Nachbarn hinter meinem Rücken befragt, wurde mein Telefon abgehört, las jemand meine E-Mails mit? Wann war ich zuletzt in einem Singleportal angemeldet, wurden die Chats dort etwa irgendwo gespeichert? Was für einen Eindruck bekamen die Behörden von meinen Social-Media-Profilen? Die Urlaubsbilder hatte ich doch bei Facebook nur für direkte Kontakte freigegeben, oder? Meine Gedanken flitzten von einem Thema zum nächsten. Auf was hatte ich mich da bloß eingelassen. War ich für diesen Job geeignet oder kam irgendwann der Anruf: »Tut uns leid, Frau Brunk, aber Sie hatten da während Ihres Studiums Kontakte zur linken Szene, da müssen wir uns leider von Ihnen distanzieren.« Es war eine heitere Achterbahnfahrt der Emotionen.

Ich war aufgeregt, fühlte mich in meinem Job und meiner Kompetenz natürlich bestätigt und empfand Stolz, aber auch großen Respekt vor der Aufgabe. Wie begegnete man als Durchschnittsmensch diesen auf internationalem Parkett gewandten Herrschaften? Komischerweise machte ich mir mehr Gedanken darüber, wie ich neben den gut zwanzig top gestylten Ladys in High Heels und Designerkleidung aussehen würde, als darüber, was ich während der Tour erzählen und ob mir überhaupt jemand zuhören würde. Die weit gereisten Damen und Herren wussten natürlich souverän damit umzugehen, dass an diesem Tag die versammelte Weltpresse ihre Teleobjektive auf sie richten würde. Ich hingegen hoffte, irgendwo unerkannt im Hintergrund mit durchzuhuschen. Gar nicht so einfach bei meiner Körperlänge und meiner eher sportlichen Figur, wenn sich theoretisch gleich zwei Brigitte Macrons zierlich zerbrechlich hinter mir verstecken konnten.

Es stellte sich die drängende Frage, was ich denn nur zu diesem Event anziehen sollte. Klar war, dass ich so unauffällig wie möglich agieren sollte, die graue Maus wollte ich aber auch nicht sein. Kurz: Ich wollte nicht auffallen, aber auch nicht unsichtbar sein. Bis zum Juli war noch etwas Zeit, ich vertraute auf einen Laden nahe des Klostersterns im schicken Stadtteil Eppendorf, in dem ich schon einmal gut beraten worden war und in dem eine der Verkäuferinnen genau meine Statur und Größe hatte.

Beim Ein- und Aussteigen der First Ladies und Gentlemen würde ich mich im Innenbereich des Schiffes aufhalten und zusehen, dass ich auf keinem Foto sichtbar wäre. Mir wurde erklärt, dass es beim Aussteigen vom Schiff einen *press pool* geben würde, also eine Art kleine Tribüne mit ausgewählten Journalisten, die ihre Objektive auf die Herrschaften richteten, in der Hoffnung auf ein bezauberndes Lächeln, einen unvorteilhaften Windstoß oder einen Stolperer, je nach Auftraggeber beziehungsweise Käufer des Fotos.

Ich hielt den Kreis der Mitwisser weiter gering, auch weil ich spürte, dass die Stimmung in der Stadt gegenüber dem anstehenden Gipfel kritischer wurde. Die Demonstrationen und Auseinandersetzungen nahmen zu, von überall her reisten Gegner an und bauten ihre Camps auf. Die Atmosphäre war geladen. Als in der Innenstadt die Geschäfte dichtmachten und reihenweise Holzplatten vor ihre Schaufenster schraubten und Absperrungen aufbauten, wuchsen meine Bedenken.

Wenige Tage vor Beginn des Gipfels musste ich die Akkreditierung für die Mitwirkung am Rahmenprogramm abholen, damit ich am Tourtag dann auch durch die Kontrollen gelangen würde. Ich hatte das offizielle Schreiben meiner Auftraggeberin dabei und radelte zu den Messehallen. Ein Gewusel an Menschen, viel Polizei, mit Gittern und Wachleuten hermetisch abgeriegelte Zelte, in denen die Ausweise ausgegeben wurden. Ich ging auf den erstbesten Wachmann zu.

»Hallo, ich möchte hier meine Akkreditierung abholen.«

»Bitte hier links anstellen, Taschen da vorn abgeben, drinnen das Schreiben und den Personalausweis vorzeigen, dann folgt die Prüfung, und Sie bekommen Ihren Ausweis.« Er hatte diesen Satz vermutlich schon Hunderte Male abgespult.

Das Gewusel und das Stimmenwirrwarr um mich herum vermittelten einen Eindruck der logistischen Herausforderung, die mit einem Event dieser Größenordnung einherging. Im realen Leben hatte ich so etwas noch nie gesehen oder erlebt.

»Ich brauche eine Akkreditierung für den Fototermin in den Messehallen.«

»Ich soll beim Empfang mit dem Bürgermeister kellnern.«

»Ich liefere das Essen für die Veranstaltung am Samstag.«

»Ich bin Chauffeur, Schiffsführer, Busfahrer, Koch«, und so weiter. Alle mussten registriert und überprüft werden, kamen wir doch in den unterschiedlichen Funktionen den Gipfelteilnehmern und ihren Angehörigen sehr nah.

Am Sonntagabend vor der Tour war ich bei Marion. Wir hatten uns nach dem Rezept einer Feinschmeckerzeitschrift an eine Paella gewagt, ein Glas Wein getrunken und nebenbei gemütlich *Tatort* geschaut. Ich wollte später die gut acht Kilometer lange Strecke mit dem Fahrrad wieder zu meiner Wohnung an den Elbbrücken radeln. Ich bin gern abends, wenn die Stadt zur Ruhe kommt, mit meinem himmelblauen Hollandrad mit der großen dunkelblauen Ankerklingel unterwegs. Ich zähle mich zu den gemütlichen Radfahrern, immer wieder halte ich auf solchen Fahrten an und schaue gedankenverloren auf die Alster und die Elbe. Dann freue ich mich am Anblick des Lichtermeeres und darüber, in dieser schönen Stadt leben zu können.

Es war eine warme Sommernacht, es herrschte nicht viel Verkehr, eine angenehme Ruhe lag über der Fahrradstraße entlang der Außenalster, lediglich in der Ferne hörte ich den Rotor eines

Hubschraubers. Darüber machte ich mir jedoch wenig Gedanken, über einer Großstadt war das ein vertrautes Geräusch, und gerade in den vergangenen Tagen hatte die Hubschrauberfrequenz über der Stadt deutlich zugenommen. Man schaute kurz zum Himmel und widmete sich schnell wieder dem eigenen Leben und den eigenen Gedanken.

Als ich den Hauptbahnhof in Richtung Deichtorhallen passierte, realisierte ich, dass der Hubschrauber offenbar in meiner Ecke der Stadt unterwegs war und sich kaum von der Stelle bewegte. Inzwischen war es dreiundzwanzig Uhr. Der Radweg hinter dem Großmarkt lag still und einsam vor mir, keine Menschenseele war unterwegs. Und doch schien mich am Ende des Weges der am Himmel stehende Hubschrauber zu erwarten. Mir wurde mulmig. Tagsüber hatte ich in den Nachrichten vom Aufbau einiger Protestcamps gehört, darunter auch am Standort Elbpark Entenwerder. Das war fast vor meiner Haustür.

Je näher ich den Elbbrücken kam, umso mehr gewann ich Gewissheit. Der Hubschrauber stand mit grellem Scheinwerferkegel direkt über Entenwerder, die Rotoren dröhnten am Himmel und zerstörten die eben noch wunderbare Stille der Nacht. Mein Heimweg führte unmittelbar an der Halbinsel Entenwerder im Stadtteil Rothenburgsort vorbei, auf der sonst regelmäßig gechillte Beats bei Musikfestivals erklangen, kleine Wanderzirkusse ihre Zelte aufbauten oder an lauen Sommerabenden farbenfrohe Heißluftballons in die Luft stiegen. Vor der Unterquerung der Elbbrücken überlegte ich kurz, einen anderen Weg zu nehmen, blieb dann aber doch auf dem bekannten Kurs. Ich gelangte unbehelligt nach Hause. Über Hamburg braute sich in diesen Tagen etwas zusammen, das in dieser Ausprägung nicht vorhersehbar war. Zumindest nicht in meiner Welt. Es war surreal.

7. Juli 2017

Am Morgen des 7. Juli klingelte mein Wecker um Viertel nach fünf. Die Tour sollte erst am späten Vormittag starten, ich hatte jedoch Order bekommen, spätestens um acht am Schiff zu sein. Es waren verschiedene Störaktionen im öffentlichen Raum angekündigt, daher wollte ich so früh wie möglich am Anleger sein. Kurz hatte ich überlegt, mit dem Fahrrad zu fahren, diesen Gedanken aufgrund des Businesskleides und der aufwendig geföhnten Frisur dann aber doch wieder verworfen. Taxi? Ich war unsicher. Im Internet fand ich Informationen zu den Straßensperrungen und hoffte, zu einem der Parkhäuser in der HafenCity durchzukommen. Von den Elbbrücken eigentlich ein Katzensprung. Aber in diesen Tagen im Juli galten andere Regeln.

Ich machte mich also gegen sieben Uhr mit dem Auto auf den Weg und war tatsächlich in weniger als zehn Minuten am Parkhaus in der Speicherstadt. Ich parkte meinen silberfarbenen Kleinwagen auf dem erstbesten freien Parkplatz und blieb noch kurz im Auto sitzen. Das Parkhaus war fast komplett leer. Durchatmen. Der Blick auf die gegenüberliegenden roten Backsteinfassaden der Speicherstadt war vertraut und ließ die größten Sorgen vorübergehend vergessen.

»Na, Maike, auf was hast du dich da nur eingelassen? Wärst du mal nicht so eitel gewesen und hättest die Tour besser abgesagt«, hörte ich meinen inneren Schweinehund nörgeln.

Aber nun war ich hier, also los. Ich lief die letzten fünfhundert Meter zum Anleger an der Elbphilharmonie. Ich trug ein dunkelblaues knielanges Kleid mit feinen weißen Querstreifen und bequeme Turnschuhe. Die schickeren Absatzschuhe hatte ich in einem grauen Beutel dabei. Außerdem eine kleine Handtasche mit dem zum Nachschminken benötigten Kleinkram. Es würde ein heißer Tag werden. Und das lag nicht nur am Wetter.

Ich drückte die schwere Parkhaustür auf und trat in der warmen Morgensonne hinaus auf die Kibbelstegbrücke. Diese Brücke führt doppelstöckig von der Altstadt quer durch die Speicherstadt in die HafenCity, sie dient unter anderem als Flucht- und Rettungsweg bei Überschwemmungen durch Sturmfluten.

Ich passierte die Magellan-Terrassen und warf einen Blick auf den dahinter angrenzenden Sandtorhafen. Die historischen Schiffe düm-pelten wie immer an ihren Liegeplätzen und boten ein friedliches Bild. Als ich auf die Polizeisperre an der Zufahrtsstraße zur Elbphil-harmonie zuging, war drumherum alles menschenleer. Es schien, dass sogar die Vögel innehielten, es war kein Laut zu vernehmen. Es war ein Freitagmorgen, halb acht, und Hamburg glich einer Geister-stadt. Heute sollte der erste Tag des Gipfels sein. Frau Merkel und die anderen Oberhäupter der zwanzig mächtigsten Staaten unseres Planeten trafen sich in den Messehallen, während die Partnerinnen und Partner mit einem schön hergerichteten Schiff bei Speis und Trank von der Elbphilharmonie zum Anleger Dockland schippern würden. Dort ganz in der Nähe befindet sich das Fischereihafen-Restaurant, in dem zu Mittag gegessen werden sollte. Gastgeber des Partnerprogramms war Professor Joachim Sauer, der Ehemann von Angela Merkel.

Ich zückte meinen Zugangsausweis und wollte mich gerade an dem Polizisten vorbeischlängeln, als dieser mir den Weg versperrte.

»Hier kommen Sie nicht durch. Der Ausweis befugt Sie nicht für diese Sicherheitszone.«

»Wie bitte? Aber ich soll gleich die Schiffstour moderieren, da wäre es schon sinnvoll, dass ich zum Schiff kann.«

»Da kann ich nichts machen. Sie werden nicht an die Elbphilhar-monie vorgelassen.«

Das fing ja gut an.

»Das muss ein Fehler sein«, beharrte ich. »Könnten Sie das bitte klären?«

Ich hatte in den Tagen zuvor noch mit den Protokoll- und Sicherheitsbeamten gesprochen und war mir sicher, hier richtig zu sein. Der Mann am Kontrollpunkt telefonierte, blieb aber dabei. Ich durfte nicht hinein. In meinem Kopf schrillten Alarmglocken. Wie sollte ich denn nun zum Schiff kommen?

Ich kramte in der Handtasche nach meinem Handy und rief die Reederei an. Jürgen, unser Kapitän der heutigen Tour, meldete sich:

»Wir liegen noch bis Viertel vor acht am Anleger Sandtorhöft, dann sollen wir rüber zur Elphi, sieh mal zu, dass du schnell hierherkommst.«

»Alles klar, Jürgen, vielen Dank, ich versuche es.«

Was für ein Glück, dass ich ihn erreicht hatte. Ich atmete durch und machte mich auf den Weg. Mir blieben weniger als zehn Minuten.

Der Anleger Sandtorhöft liegt nur zweihundert Meter Luftlinie von der Elbphilharmonie entfernt. Um dort hinzugelangen, musste ich jedoch um die Sperrzone herumgehen. Vor mir lag ein Weg von gut einem Kilometer. Wie gut, dass ich die Turnschuhe anhatte. Innerlich fluchte ich, dass ich nun so hetzen musste und damit vermutlich verschwitzt am Schiff ankommen würde.

Die Stadt war immer noch sehr still. Es gab heute keinen Durchgangsverkehr in der HafenCity. Viele Hamburger hatten in diesen Tagen Urlaub genommen oder Homeoffice beantragt. Niemand wollte sich der ungewissen Situation in der Innenstadt aussetzen.

Ich lief zügigen Schrittes mutterseelenallein durch die HafenCity. An einem Kontrollpunkt auf der Hälfte des Weges stoppte mich ein Sicherheitsmann.

»Wo wollen Sie denn hin?«

»Ich muss schnell zum Schiffsanleger am Sandtorhöft, die legen gleich Richtung Elbphilharmonie ab, und ich soll nachher die Tour für die First Ladies moderieren. Am Kaiserkai bin ich nicht durchgekommen.«

Ich hielt ihm den Ausweis unter die Nase.

Er nickte mir kurz zu und ließ mich passieren. Ich war angespannt. Die Stimmung war wie in einem Film, kurz bevor die überdimensionalen Raumschiffe aus fernen Galaxien im Stadtzentrum landen oder die Welt von einer dunklen Wolke oder einer Riesenwelle verschluckt wird. Ein bisschen fühlte ich mich wie Will Smith. Nur war die Situation real, und ich befand mich mittendrin in diesem Szenario.

Um 17 Minuten vor acht erreichte ich den Anleger. Gerade noch rechtzeitig. Der Polizist an der Sperre winkte mich direkt durch. Leicht verwundert ging ich zum Schiff, wo mich Schiffsführer Jürgen fröhlich begrüßte.

»Na, Maike, du kommst gerade noch rechtzeitig, wir haben schon Bescheid gekriegt, dass wir ablegen sollen. Das wird ja was heute.«

Ich nickte ihm erleichtert zu und freute mich, dass ich nun am Zielort war. Das war schon mal geschafft. An Bord befand sich zu dem Zeitpunkt neben der Crew ein kleines Team aus BKA-Beamten, die unsere Tour an Bord absichern sollten. Die drei entsprachen exakt meiner thrillergeprägten Vorstellung von agilen, gut trainierten Sicherheitsleuten mit aufmerksamem, alles scannendem Blick. Die Schutzwesten und Waffen schüchterten mich jedoch auch ein und lenkten meine Gedanken wieder dahin, dass das, was nun folgen würde, keine normale Tour war.

Unser Schiff mit dem passenden Namen DIPLOMAT war eine strahlend weiße Luxusbarkasse jüngeren Datums, die normalerweise im Innenraum mit großen Tischen und gepolsterten Stühlen ausgestattet war. Am Heck gab es einen luftigen, offenen Außenbereich mit umlaufenden Sitzbänken und Stehtischen. Hier hatte man auch Zugang zum Ruderhaus, das im hinteren Bereich mittig auf dem Schiff thronte und dem Schiffsführer eine gute Rundumsicht ermöglichte. Kalli, der Seniorchef der Reederei, war als »Zweiter Mann« mit an Bord und strahlte hanseatische Gelassenheit aus. Er hatte im Hafen schon so viel erlebt, Staatsoberhäupter und Könige zählten zu seinen Fahrgästen. Aber das Drumherum heute war auch für ihn in dieser Dimension neu. Falls ihn das beunruhigte, ließ er sich nichts anmerken. Er begrüßte mich herzlich.

Ich stieg die wenigen Stufen an der Backbordseite, also in Fahrtrichtung links, in den Innenraum hinunter und staunte nicht schlecht: Für das heutige Event war das gesamte Mobiliar ausgetauscht worden. Anstatt der normalerweise aufgestellten Sechser- und Achtertische fand ich mich nun inmitten hellbrauner Loungeecken wieder. Dekorative champagnerfarbene Kissen waren locker darauf verteilt, dunkelbraune niedrige schlichte Holztischchen komplettierten die Ausstattung.

Im Innenbereich des Schiffes war es unruhig. Eine elegant wirkende Dame eilte hektisch von einer Sitzecke zur nächsten und schüttelte immer wieder die Kissen auf.

»Herrjemine«, murmelte sie, »so geht das doch nicht, ich brauche ein Bügeleisen! So können wir das unmöglich lassen, wie sieht das denn nur aus!«

Nun, ein Bügeleisen gehört leider nicht zur Standardausstattung einer Barkasse, auch nicht auf dieser sehr komfortablen Variante. Allerdings wiesen die Kissen tatsächlich einige unschöne Falten auf und sahen recht mitgenommen aus. Waren das kurze schwarze Haare, die da auf dem hellen Bezug hafteten? Die aufgebrachte Dame in dem gut sitzenden Kostüm, die offenbar für die Ausstattung des Schiffes und das Protokoll an Bord zuständig war, fluchte. Nun verstand ich: Die Barkasse war zuvor von Spürhunden durchsucht worden, und die Hunde hatten ganze Arbeit geleistet. Offenbar hatten ihnen die Loungemöbel gefallen: Pfotenabdrücke und Haare waren überall auf dem feinen Stoff in jeder Sitzecke verteilt. Während Jürgen das Schiff zum Anleger der Elbphilharmonie steuerte, half ich, so gut ich konnte. Alle Kissen wurden abgezogen, ausgeschüttelt und bestmöglich geglättet. Irgendjemand zauberte später zur Freude der Verantwortlichen sogar doch noch ein Bügeleisen herbei.

Um kurz vor acht legten wir am Anleger der Elbphilharmonie an. Das Warten begann, bis zum geplanten Tourstart um elf blieben noch drei Stunden. Der Blick auf die Elbe und die Stadt war befremdlich. Die Elbe war abgeriegelt, quer in den Strom gelegte Sperrnetze sollten vermeintliche Störer, U-Boote und Taucher am Durchkommen hindern, überall patrouillierten Boote der Wasserschutzpolizei und kleinere Schlauchboote mit bewaffneten, sehr martialisch aussehenden Sondereinsatzkommandos. Auf den umliegenden Dächern bewegten sich einzelne Gestalten, beim näheren Hinsehen erkannte man auch dort oben Waffen. Scharfschützen, klar, kannte man ja aus Filmen. Aber mich so in echt direkt in einem derartigen Szenario wiederzufinden, war dann doch eine ganz andere Nummer. Im Westen der Stadt sahen wir dunkle Rauchsäulen aufsteigen, die bedrohlich wirkten. Sie wurden immer größer. Genau in der Richtung, in die wir unsere Fahrgäste bringen sollten. Was war da nur los?

Die Stimmung an Bord war gedämpft. Es sah aus, als würde das Gewimmel der kleinen Sicherheitsboote auf dem Wasser zunehmen. Über die sozialen Netzwerke und Nachrichtenseiten erfuhren wir, dass an der Elbchaussee Autos angezündet worden waren und dort randaliert wurde. Unser Fahrtziel, der Anleger Dockland, befand sich in unmittelbarer Nähe. Die Security-Einsatzleitung an Bord teilte uns mit, dass wir, wenn wir später gegen zwölf Uhr die Gäste am Anleger abgesetzt hätten, nicht direkt zurückfahren würden. Wir würden als Not-Evakuierungsoption vor Ort bleiben, bis das Mittagessen ohne weitere Zwischenfälle absolviert wäre. Ich schluckte. Die Anspannung wuchs.

Zwischenzeitlich wurde das Catering von einem benachbarten Restaurant an Bord gebracht. Auf den kleinen dunklen Holztischen standen neben den schicken Blumentöpfchen mit Calla und weißen Lilien nun silbern glänzende Etageren voller Köstlichkeiten. Die Zeit zwischen dem vermutlich gerade eingenommenen Frühstück und dem anstehenden Mittagessen sollte für die Fahrgäste kulinarisch überbrückt werden. Es würde wohl kaum jemand etwas essen, aber das Angebot sah gut aus und zeugte von Gastfreundschaft.

First Ladies and Gentlemen

Die drei endlos scheinenden Stunden Wartezeit waren irgendwann um. Plötzlich kam Bewegung in die Sache, und es wurde hektisch. Unsere Fahrgäste näherten sich. Limousinen hielten oberhalb des Anlegers, und eine ganze Schar schick gekleideter Damen – und die wenigen Herren – kam zum Anleger.

Neben den Gattinnen und Gatten der Regierungsoberhäupter war auch ein ganzer Tross an sogenannten Flüsterdolmetscherinnen dabei. Ich würde die Tour in englischer Sprache moderieren, vor allem die südamerikanischen und asiatischen Teilnehmerinnen hatten jeweils noch eine Dame dabei, die ihnen mit Live-Übersetzungen zur Seite stand.

Als die Gäste nach und nach an Bord kamen und sich untereinander begrüßten, hatte es fast etwas von einem ganz normalen Kaffeeklatsch. Freundinnen, die sich länger nicht gesehen haben und sich zum Schnack treffen. Na ja, nicht ganz so, aber schon ähnlich. Herr Professor Sauer, Theresa Mays Gatte Philip und der Ehemann der norwegischen Ministerpräsidentin Erna Solberg waren die männlichen Gäste an Bord, außerdem hatten einige der Teilnehmenden ihre Kinder mitgebracht.

Während die ersten Getränke verteilt wurden und sich alle an Bord zurechtfanden, stand ich als stille Beobachterin am Rand neben der Garderobe. Im Vorwege hatte ich mir die Gästeliste angeschaut, in den Tageszeitungen waren Fotos abgedruckt gewesen, und nun versuchte ich den anwesenden Personen die richtigen Identitäten zuzuordnen. Einige waren einfach auszumachen, da sie regelmäßig in der Klatschpresse zu sehen waren, wie die Kanadierin Sophie Grégoire Trudeau, die Türkin Emine Erdoğan oder die Argentinierin Juliana Awada. Von anderen hatte ich noch nie gehört. Insgeheim hielt ich Ausschau nach Brigitte Macron und Melania Trump, Letztere kam jedoch nicht. Angeblich konnte sie aus Sicherheitsgründen das Gästehaus nicht verlassen. Böse Zungen munkelten später, dass der geplante Nachmittagsbesuch in einem Klimarechenzentrum Grund für die kurzfristige Absage am Rahmenprogramm sein könnte. Von den Sicherheitskräften an Bord war Erleichterung über das Nichterscheinen der amerikanischen First Lady zu vernehmen. Hätte dies doch auch die Anwesenheit des Secret Service auf unserer Barkasse bedeutet und damit ein noch höheres Sicherheitslevel.

Herr Sauer kam auf mich zu und gab mir die Hand.

»Bitte warten Sie mit dem Beginn der Moderation auf mein Zeichen. Ich möchte alle persönlich begrüßen, und uns fehlt noch ein Gast.«

Er war mir direkt sympathisch, wunderbar normal, und er erinnerte mich an meinen früheren Lateinlehrer.

Die Tour war für die Zeit von elf bis zwölf Uhr angesetzt. Ich sollte kurz die HafenCity und die Elbphilharmonie erläutern, dann würden wir an der Überseebrücke und den Landungsbrücken vorbei zum Fischmarkt schippern, einen Abstecher in den Vorhafen zum Tollerort-Containerterminal und zu Blohm+Voss machen und die Tour am Dockland beenden. Alles überschaubar. Ich würde die Teilnehmerinnen und Teilnehmer im Blick haben, und falls gerade eine intensive Unterhaltung lief, einfach kurz den passenden Zeitpunkt abwarten und dann und wann interessante Sehenswürdigkeiten erläutern.

Um Viertel nach elf legten wir schließlich ab. Brigitte Macron hatte sich etwas verspätet. Da die zierliche Gattin des französischen Präsidenten noch neu im politischen Umfeld war, stellte Professor Sauer sie zunächst allen in kleinen Runden vor. Wir schipperten in der Zwischenzeit von der Elbphilharmonie los und nahmen Kurs auf die Überseebrücke. In meinem Kopf machte sich kurz eine Stimme bemerkbar, die Herrn Sauer zur Eile antreiben wollte und zeitgleich den Schiffsführer am liebsten zum Umdrehen bewegt hätte, aber das war natürlich beides nicht möglich.

Ich verabschiedete mich also innerlich von dem Gedanken, den Gästen irgendetwas über die HafenCity oder die Elphi zu erzählen. Aus den Augen, aus dem Sinn. Es nützte ja nichts, ich musste die Moderation kurzerhand umstellen.

Nach einer Weile nickte Herr Sauer mir zu, und ich begann mit der offiziellen Begrüßung.

»Welcome to Hamburg, we are delighted to welcome you on our harbor cruise. We would like to give you an impression of our beautiful city. My name is Maike and I will be your tour guide today«, begann ich meinen Text. Die Damen und Herren nickten mir kurz freundlich zu, versanken dann aber schnell wieder in ihren individuellen Gesprächen. Ich suchte immer wieder den Blickkontakt zu einzelnen Gästen und referierte in kleinen Blöcken weiter, solange ich das Gefühl hatte, dass jemand zuhörte.

Es lief alles sehr gut, ich erklärte gerade das Tollerort-Containerterminal, vor uns lag ein beeindruckend großes Containerschiff am Kai, und ich setzte zu meiner Lieblings-Quietscheenten-Geschichte an, um die nüchterne Faktenmoderation etwas aufzulockern.

»Have you ever wondered what happens to the containers on deck when a big vessel gets into a really bad storm and starts rolling and ...«

Plötzlich Stille. Mitten im Satz gaben die Lautsprecher keinen Mucks mehr von sich.

Das konnte doch nicht wahr sein. Eigentlich kannte ich die Ecken des Schiffes mit drohenden Rückkopplungen unter den Lautsprechern und den Funklöchern ganz gut, ich hatte schließlich schon zahlreiche Events auf diesem Schiff moderiert, aber diesmal half nichts. Ich klickte immer wieder den Schalter an der Unterseite meines Funkmikrofons an und aus, die Lampen leuchteten grün, die Batterieanzeige stand auf drei von drei möglichen Balken, aber es kam kein Ton aus den Boxen. Ich probierte es immer wieder, sprach ins Mikrofon, aber die Boxen blieben stumm. Die Damen um mich herum nahmen meinen besorgten Gesichtsausdruck wahr und sahen mich mitleidig und fragend an.

»One moment please, we seem to have a little problem with the microphone here. Let me just check something with our captain.«

Die Kollegen vom Servicetresen, an dem ich so graziös wie möglich mit leicht panischem Gesicht vorbeihechtete, warfen mir aufmunternde Blicke zu. Ich konnte erkennen, dass sie gerade nicht mit mir tauschen wollten.

Als ich die Treppe zum Achterdeck hochging, sah ich einige Damen in luftigen Sommerkleidern in Small Talk vertieft. Sie genossen offenbar den Fahrtwind und wirkten entspannt. Mir ging es da ganz anders. Auf dem Weg zum Kapitän warf ich kurz einen Blick auf die Elbe. Schlagartig wurde mir wieder bewusst, in welch surrealer Situation wir uns hier gerade befanden. Wir waren das einzige Fahrgastschiff weit und breit, wurden von mehreren Booten der Wasserschutzpolizei und zwei Booten mit je sechs SEK-Beamten in voller Montur regelrecht umkreist. Über uns stand ein Hubschrauber in der Luft, die Elbe war für jegliche andere Schifffahrt gesperrt. Es war ein bizarrer Anblick.

Ich schüttelte den Kopf, blendete die merkwürdige Situation aus und konzentrierte mich auf das dringendste Problem. Warum funktionierte das Mikrofon nicht?

Gerade verließ die Frau des kanadischen Premierministers, Sophie Grégoire Trudeau, das Ruderhaus. Sie hatte ihren jüngsten Sohn dabei, der Dreijährige hatte offenbar große Freude am Steuerrad des Schiffes, das Jürgen ihm gerade ausführlich gezeigt hatte. Für Kinder ist ein Besuch beim Käpt'n eines Schiffes immer ein Highlight. Die beiden gingen zurück zu den anderen Damen, die es sich auf der Bank an Backbord gemütlich gemacht hatten.

»Jürgen, das Mikro hat den Geist aufgegeben, da kommt nichts mehr aus den Boxen, obwohl die Batterien voll sind und die Kontrolllampe grün leuchtet.«

Jürgen checkte alle Schalter, zuckte letztlich aber nur die Schultern.

»Tut mir leid, Maike, ich kann hier nichts machen. Frag mal Kalli.«

Der Seniorchef der Reederei wusste auf die Schnelle auch keine Abhilfe, so blieb mir nichts, als zu Professor Sauer zu gehen und mich für die technische Störung zu entschuldigen. Herr Sauer war gerade im Gespräch mit der Frau des chinesischen Staatspräsidenten und weiteren Damen, die ich nicht direkt zuordnen konnte, da mochte ich natürlich nicht stören. Doch alle wandten sich mir umgehend zu. Vermutlich hatten die doch eher kleinen Asiatinnen einen Schrecken bekommen, als ich direkt neben ihnen stehen blieb. Mit den Absatzschuhen brachte ich es immerhin auf gut 1,93 Meter. Ich schilderte kurz das Malheur, Herr Sauer blieb entspannt.

»Ach, das kann ja mal vorkommen – Sie können einfach von Gruppe zu Gruppe übers Schiff gehen und mal hier und mal da etwas Spannendes erzählen.«

»Alles klar, so machen wir das.«

Ich lächelte zuversichtlich in die Runde, innerlich machte sich Panik breit. Wie stellte er sich das denn vor? Präsidentengattinnen, die sich im Gespräch unter ihresgleichen befanden, kurz mal unterbrechen und sagen: »Excuse me, ladies, sorry to interrupt you, but have you noticed the beautiful docks of Blohm+Voss on our right and the famous Fischmarkt on our left?«

Mir war gar nicht wohl bei dem Gedanken.

Egal, Augen zu und durch. Ich begann also gleich bei der Gruppe, die ich nun ja sowieso schon unterbrochen hatte und wollte gerade die Quietscheenten-Geschichte zur Pointe bringen, als Kalli mir auf die Schulter tippte und mir das Mikrofon zurückbrachte. Ich hatte es im Ruderhaus gelassen, da noch vor fünf Minuten keine Hoffnung auf eine spontane Wiederauferstehung der Technik bestand.

Kalli blickte mich verschmitzt an: »Der Lütte war's, er hat den Zentralschalter für die Boxen ausgeknipst. Nun läuft alles wieder.«

An diesen einen Schalter auf Kniehöhe des Schiffsführers hatten Jürgen und ich vorher nicht gedacht. Da hatte mir also tatsächlich der Dreijährige von Justin Trudeau den Saft abgeschaltet und damit meine Moderation torpediert, während er das Ruderhaus und das Steuerrad gezeigt bekam. Ich musste grinsen. Und war sehr erleichtert. Ich entschuldigte mich bei der Gruppe, die ich gestört hatte und beschloss, mich über die Lautsprecheranlage zurückzumelden und nun dann doch für alle die Geschichte mit den Quietscheenten zum Besten zu geben. Und die geht so:

Jährlich gehen weltweit Tausende Container im Sturm über Bord. 1992 verlor ein Schiff auf dem Weg von China in die USA vor der Küste von Seattle an der amerikanischen Westküste in einem Sturm einige Container. Einer davon öffnete sich bei dem Aufprall aufs Meer, der Inhalt verteilte sich in den wogenden Wellen.

29.000 Quietscheenten und andere Gummitiere folgten den Meeresströmungen. Gut zehntausend Enten machten sich auf die Reise Richtung Norden. Doch wo ging die Reise hin, wo sind sie heute? In den letzten Jahrzehnten fanden sich exakt diese Exemplare an unseren nordeuropäischen Küsten, von Dänemark bis Frankreich, von England bis in die Niederlande, auch in Deutschland wurden einige Enten dieser Havarie vor Seattle angeschwemmt. Sie hatten eine wahrlich spannende Expedition hinter sich. Erst durch die Behringstraße, dann ins Eis, einfrieren, auftauen, wieder schwimmen, wieder einfrieren, wieder auftauen und so weiter, bis sie von den Strömungen vom Pazifik schließlich den Atlantik erreichten. Dann ging die Reise an New York vorbei erst mal Richtung Süden und letztlich mit dem

Golfstrom in unsere Breiten. Ein Wahnsinnstrip und ein Glücksfall für die Meeresströmungsforscher, die anhand der Quietscheenten nun die weltweiten Strömungen noch besser nachvollziehen konnten. Ich mochte diese Geschichte.

Sie gefiel offenbar auch unseren hochkarätigen Passagieren, einige stellten interessierte Nachfragen. Überall an Bord war gedämpftes Geplapper zu vernehmen. Ich war wieder in meinem Element.

Der Rest der Tour verging wie im Flug. Schon war der Anleger Dockland in Sicht, und ich informierte die Fahrgäste über den dort zu erwartenden *press pool*.

»On behalf of captain Jürgen and our entire crew we thank you for being our guests today ...«, beendete ich die Moderation und verabschiedete mich. Endlich konnte ich diesen typischen Flugbegleitersatz auch mal sagen, eine Zeit lang war Stewardess mal mein Traumberuf gewesen.

Das Erreichen des Anlegers bedeutete nun: in Deckung bleiben. Bloß nicht auf irgendwelchen Fotos in der Klatschpresse landen. Wer weiß, vielleicht wäre das mein kleines Fünf-Minuten-Ruhm-Zeitfenster gewesen, aber das Risiko, dabei eher unangenehm aufzufallen, erschien mir dann doch zu groß.

Die Herrschaften schickten sich an, das Schiff zu verlassen, ich positionierte mich wieder neben der Garderobe, die an diesem warmen Sommertag gar nicht genutzt worden war. Ich stellte mir gerade vor, dass ich zum Abschied einfach freundlich lächeln und nicken würde, als Frau Erdoğan direkt auf mich zusteuerte. Sie lächelte und streckte mir die Hand entgegen.

»Thank you very much for the wonderful tour, it was a pleasure meeting you.«

Die anderen Damen folgten ihrem Beispiel und schüttelten mir in den kommenden Momenten der Reihe nach die Hand. Ich war perplex. Damit hätte ich nun wirklich nicht gerechnet, aber vielleicht stand das ja einfach so im internationalen diplomatischen Knigge für Verabschiedungen in Deutschland.

Aus dem seitlichen Bullauge beobachtete ich anschließend, wie die Damen und Herren den Fotoparcours gewohnt lässig absolvierten, der kleine blonde Wirbelwind aus Kanada zog alle Blicke und Kameralinsen auf sich. Ich zog mich wieder in den Innenraum des Schiffes zurück, wer wusste schon, was die Fotografen alles einfingen.

Aufatmen

Auf dem Schiff kehrten sogleich Entspannung und Ruhe ein. Als alle sicher auf dem Weg zum Restaurant waren, kam ich auch aus der Deckung und schaute mir die Szenerie draußen genauer an. Die Fotografen, die eben noch hektisch versucht hatten, die besten Bilder einzufangen, packten gerade gemächlich ihr Equipment zusammen. Die Anspannung war auch hier einem lässigen Small Talk unter Kollegen gewichen. Die für den *press pool* aufgebaute dreistufige Tribüne leerte sich.

Die SEK-Beamten sicherten weiterhin die Wasserseite. Kurz darauf bekamen sie die Information, dass alle Gäste sicher das Restaurant erreicht hatten und machten am Anleger neben uns fest. Sie sahen wirklich Furcht einflößend aus mit ihren Kampfanzügen, Helmen und Waffen. Ich wollte am liebsten nur nach Hause. Leider gab es aufgrund der Situation in der Stadt aber keine Möglichkeit, unbehelligt und sicher vom Dockland im westlichen Hamburg-Altona zu den östlich gelegenen Elbbrücken zu gelangen. Die Situation in der Stadt und vor allem entlang der Hafenkante war nicht unter Kontrolle. Ich verwarf also den Gedanken, mich an Land zum Parkhaus in der Speicherstadt durchzuschlagen und stellte mich der Situation. Ich würde warten müssen. Nun hieß es also Daumen drücken, dass das Essen wie geplant ablaufen konnte und wir damit bald aus diesem ganzen Wahnsinn in unser normales Leben zurückkehren konnten.

Sobald sich herausstellte, dass wir nicht mit einer fluchtartigen Rückkehr der Gäste rechnen mussten, bekamen wir die Freigabe für das Büfett. Die auf den Etageren hübsch drapierten Kleinigkeiten waren köstlich, auch wenn mir aufgrund der angespannten Situation nicht der Sinn nach Eclairs und Co. stand.

Nach mehr als zwei Stunden Wartezeit bekamen wir endlich grünes Licht. Wir hatten es geschafft und durften zum Anleger an der Elbphilharmonie zurückkehren. Dort sollte das Catering wieder von Bord gehen. Mit jedem Meter, den wir uns aus der unmittelbaren Gefahrenzone im Hamburger Westen entfernten, atmete ich mehr durch. Ich sehnte mich nach meinem Zuhause, wollte diesem bedrohlichen Ort schnellstmöglich entfliehen. Zunächst wurden wir auf dem Rückweg auf Höhe der Überseebrücke noch von der Wasserschutzpolizei aufgehalten, die uns die Durchfahrt verweigern wollte. Nach einigem Hin und Her durften wir dann aber doch zur Elbphilharmonie schippern und dort anlegen.

Normalerweise nutze ich jede Chance, eine Schiffstour in die Länge zu ziehen. An jedem anderen Tag wäre ich wieder bis zum Anleger der Reederei mit zurückgeschippert. Heute aber beschloss ich, so schnell wie möglich auszusteigen. Mir war nicht wohl. Die Servicekräfte räumten noch das Geschirr und die Büfettreste zusammen, als ich mich von Jürgen und Kalli verabschiedete. Wir waren alle merklich froh und erleichtert, dass dieser Spuk zu Ende war. Was wäre das schön, wenn wir in den nächsten Tagen wieder ganz normale Rundfahrten machen konnten. Ich war zwischenzeitlich wieder in die bequemen Turnschuhe geschlüpft und verließ das Schiff. Ich ging den Anleger zur Elbphilharmonie hoch und passierte danach auf dem Weg zum Parkhaus noch zwei Sicherheitssperren. Von innen nach außen war es kein Problem, da durchzukommen. Ich hatte das Gefühl, die Sicherheitsbeamten guckten mich diesmal viel freundlicher an, da ich ja offenbar für den innersten Sicherheitskreis autorisiert sein musste, wenn ich hier frei herumlief.

Mein Schritt wurde zunehmend schneller. Als das Parkhaus in Sichtweite war, rannte ich fast. Ich wollte hier einfach nur weg und nach Hause. Als ich wieder im Auto saß und den kurzen Weg zu den Elbbrücken fuhr, liefen mir plötzlich Tränen über die Wangen. Ich bemerkte erst jetzt, unter wie viel Strom ich bisher gestanden hatte, gerade erst ließ die Anspannung wirklich nach. Ich telefonierte mit meiner Mutter und berichtete ihr schluchzend von meiner Tour. Auch sie war wahnsinnig erleichtert, dass ich alles gut überstanden hatte und sie mich nun wieder in Sicherheit wusste. Mir fielen ganze Felsbrocken vom Herzen. Ich war erleichtert, aufgewühlt, stolz und vor allem froh, dass es vollbracht war. Diese Tour würde ich nie vergessen.

Entdeckungstour

Ich reise gern und interessiere mich für fremde Länder und Kulturen. Aber ich bin auch sehr gern vor meiner eigenen Haustür unterwegs. Hamburg ist nicht nur von der Einwohnerzahl her eine sehr große Stadt, auch die Gesamtfläche von 755 Quadratkilometern ist beachtlich. Gut ein Zehntel davon ist Hafengebiet. Kein Einwohner kennt alles. Hamburg ist so vielfältig, es gibt im Stadtgebiet viele Parks und sehr viel Wasser, aber auch Sanddünen, Urwälder und kleine Gärten Eden. Manchmal liegen diese gleich um die Ecke oder sind so versteckt, dass Hamburger, die sich auf eine Entdeckungsreise einlassen, aus dem Staunen kaum herauskommen, weil sie sie an dieser Stelle nicht vermutet hätten.

Zu diesen Gebieten gehört der Lauf des Flusses Bille rund um die Billerhuder Insel. Ich habe es vor einigen Jahren auf einer Radtour durch mein neues Wohngebiet entdeckt. Ein wahres Paradies mitten in Hamburg. Dass Hamburg nicht nur an der Elbe, sondern insgesamt gleich an drei Flüssen liegt, haben viele Bewohner zwar schon einmal gehört, dennoch fehlen den meisten die Bilder dazu im Kopf. Neben der Elbe am bekanntesten ist die Alster, obwohl sie kaum als Fluss wahrgenommen wird. Man kennt sie als großes Freizeit- und Segelgewässer in der City. Beim Gedanken an die Alster hat man als Erstes vermutlich ein Wimmelbild mit schnittigen Segelbooten, weißen Schwänen, Paddelbooten, der sprudelnden Fontäne, prächtigen Villen am Ufer, Alsterdampfern und vielleicht dem Hotel Atlantic im Kopf. Man kann wunderbar um die Außenalster herumspazieren oder -joggen. Der dritte Fluss im Bunde ist die Bille, ein eher unscheinbares, verstecktes Gewässer, das aus Richtung Osten der Elbe zufließt. Diese habe ich seit einigen Jahren als vielfältiges Fahrtgebiet bei meinen Touren im Programm.

In Hamburg bin ich häufig umgezogen. Ich mochte das: alles einpacken, sortieren, was mich weiter begleiten durfte, wieder auspacken, neu sortieren, einräumen und nach spätestens zwei bis drei Jahren wieder einpacken. Dabei Ballast abwerfen und Liebgewonnenes weiter mitnehmen. Immer auf Entdeckungsreise.

»Was, Maike, du ziehst schon wieder um? Ich schreibe deine Adresse nur noch mit Bleistift in mein Adressbuch!« Marions Worte klingen mir noch immer im Ohr. Dennoch werden meine Freunde zum Glück nicht müde, mich bei den Umzügen tatkräftig zu unterstützen. Jedes Mal, wenn ich umziehe, erkunde ich mein Wohngebiet und meinen Stadtteil und schaue mich genau um. Am liebsten zu Fuß oder mit dem Fahrrad. Zuletzt hatte ich mir selbst die Herausforderung gestellt, sämtliche Straßen in meinem Stadtteil mit dem Fahrrad abzufahren und alle Fußwege und Pfade abzulaufen, um mir ein komplettes Bild zu machen und auch die verborgenen Winkel zu entdecken.

Seit 1996 hatte ich in Hamburg einige Jahre in verschiedenen Vorstädten im Hamburger Osten gelebt, also im sogenannten Speckgürtel, war aber dann auch innerhalb der Stadt gut herumgekommen: Berne, Winterhude, Bahrenfeld, Stellingen, Iserbrook und Groß Flottbek. In Rothenburgsort, einem Stadtteil im Zentrum nahe den Hamburger Elbbrücken, lebe ich ganz entgegen meiner bisherigen Gewohnheiten schon fast zehn Jahre. Wann immer ich auf einer Netzwerkveranstaltung oder auf einer meiner Touren davon berichte, dass ich von Groß Flottbek, einem der wohlhabendsten und konservativhanseatischsten aller Stadtteile nach Rothenburgsort gezogen bin, geht ein Raunen durchs Publikum, oder es zeigt sich zumindest ein Stirnrunzeln bei meinem Gegenüber.

»Oh mein Gott, was ist denn bloß passiert?«, scheinen die inneren Stimmen zu fragen, und manch einer hat diese Frage auch schon laut ausgesprochen. Mit dieser Reaktion rechne ich natürlich schon und spiele gern mit dem Moment.

»Ich habe mich ganz bewusst dafür entschieden und es keinen Tag bereut«, ist dann nicht die Antwort, die erwartet wird. Rothenburgsort ist mit vielen Vorurteilen behaftet, den meisten völlig unbekannt und hat doch so viel Potenzial. Und eine bewegte Geschichte, über die ich noch viel mehr erfahren wollte. Der Stadtteil liegt unmittelbar östlich der Norder-Elbbrücken und gehört zum Bezirk Hamburg-Mitte. Mit dem Auto sind es nur sechs Minuten zum Hauptbahnhof oder zur Elbphilharmonie. Rothenburgsort ist umgeben vom Autobahnzubringer im Westen, der Norderelbe im Süden, einer Bahntrasse im Norden und einem großen Industriegebiet im Osten.

Da mein Stadtteil gerade vom Wasser aus viel zu bieten hat, entwickelte ich vor einigen Jahren eine neue Barkassentour, auf der ich meinen Fahrgästen die spannenden Kontraste und unbekannten Abschnitte östlich der Elbbrücken präsentieren wollte. Ich war gespannt, wie die Mischung ankam und ob sie sich auf dieses untypische Fahrtgebiet einlassen würden.

Hier gleich die nächste Abfahrt

Es war ein sonniger Tag im Juni, ein leichter Wind wehte über die Elbe, und nur vereinzelt zeigten sich Schäfchenwolken am Himmel. Das Thermometer kletterte seit Tagen immer wieder Richtung 25 Grad, weit und breit war keine Regenwolke in Sicht.

Startpunkt meiner Fahrten ist meist der Anleger Kajen, unmittelbar zwischen der historischen Deichstraße und der Speicherstadt. Eine Fußgängerbrücke schwingt sich hier in elegantem Bogen über den Binnenhafen und verbindet die Hamburger Altstadt mit der Speicherstadt, dem ehemals größten zusammenhängenden Lagerhausareal der Welt. Direkt um die Ecke, im Nikolaifleet, liegt die Wiege des Hamburger Hafens. Hier hatte vor mehr als 830 Jahren alles begonnen, als Kaiser Barbarossa den Hamburgern angeblich das Recht erteilte, auf der Elbe Handel zu treiben. Im Jahr 1189 soll das gewesen sein. Die Rechtmäßigkeit der Urkunde ist umstritten, ganz sicher werden wir aber weiterhin unseren Hafen feiern.

Ich kam wie meist mit dem Fahrrad zum Schiffsanleger, ganz gemütlich mit meinem großen blauen Hollandrad an der Hafenkante entlang. Die Fahrt dauert gut zwanzig Minuten und führt von den Elbbrücken auf einem gut ausgebauten Radweg hinter dem Großmarkt die ganze HafenCity entlang. Ich beobachtete den Baufortschritt im Oberhafenquartier, kam an der Ericusspitze am SPIEGEL-Verlag vorbei, das letzte Stück führte dann genau auf der Grenze zwischen HafenCity und Speicherstadt hindurch. Eine touristische Rundfahrt vor der Rundfahrt sozusagen. Ich konnte direkt sehen, ob gerade ein Kreuzfahrer in der HafenCity festgemacht hatte und ging im Kopf schon einen Teil der anstehenden Tour durch.

Vom Fahrradparkplatz in der Speicherstadt ging der erste Blick wie immer zum Anleger rüber. War meine Barkasse bereit und warteten schon die ersten Gäste auf dem Ponton? Ich war immer sehr zeitig da, um mich auf die Tour einzustimmen und gegebenenfalls noch aktuelle Hafeninfos oder Details für andere Touren mit dem Reedereichef abzusprechen. In gut einer Dreiviertelstunde sollte Abfahrt sein. Der Liegeplatz der von mir gecharterten Barkasse war noch leer, dann würde sie wohl gerade noch auf Rundfahrt sein. Ich schloss mein Fahrrad an und stieg die Stufen zur Fußgängerbrücke über den Kanal hoch. Von dort oben hat man einen wunderbaren Blick auf den Baumwall. Wo sich heute die beiden Bögen der Niederbaumbrücke übers Wasser spannen, gab es früher einen großen Baumstamm, der zum Schutz des Hafens allabendlich vor die Einfahrt gezogen wurde. Heute ist eine U-Bahn-Station danach benannt. Rechts hinter dem Baumwall ragt der Turm der St. Michaeliskirche über den Hausdächern auf, von den Hamburgern liebevoll Michel genannt. Für uns Hamburger ist er das Wahrzeichen des Herzens. Die große goldene Turmuhr glänzte in der Nachmittagssonne. Schon über 350 Jahre thront die Kirche über dem Hafen. Für die Seeleute war der in Sicht kommende Michel früher das gewisse Zeichen, dass sie wieder zu Hause waren. Die vor einigen Jahren restaurierte kupferne Turmspitze setzt langsam wieder die typische grüne Patina an.

Oben auf der Brücke wurde ich mit einem verschmitzten Lächeln vom Fahrkartenverkäufer für die Hafenrundfahrten begrüßt.

»Hey, Maike, deine ersten Fahrgäste sind schon seit einer halben Stunde da.«

»Moin, Hein, danke, ja, ich sehe schon. Alle voller Vorfreude, sie können es kaum abwarten«, lachte ich. In dem Moment schipperte unter uns eine gut besetzte rot-weiße Barkasse in den Zollkanal. Als der Schiffsführer uns auf der Brücke sah, winkte er uns während seiner Moderation aus dem Ruderhaus fröhlich zu. Man kennt sich im Hafen.

Hein setzte zum nächsten Rundruf an: »Hiiiieeer gleich die nächste Abfaaahrt, weeer will noch mit?!«, während ich von der Brücke querab runter auf den Ponton ging. Erst ein paar feste Treppenstufen, dann folgt ein bewegliches Brückenteil, das sich je nach Wasserstand auf und ab neigt. Wir hatten gerade Niedrigwasser, der Abgang war also gerade recht steil. Es war wenig Wasser im Hafen, gegenüber in der Speicherstadt sah man Fundamente und Holzbalken unter den Gebäuden freiliegen. Der Tidenhub, also der Unterschied zwischen Hoch- und Niedrigwasser, beträgt in Hamburg im Schnitt 3,70 Meter, da geht es zweimal täglich ordentlich rauf und runter. Es herrscht immer eine Strömung, meist kann man gut sehen, in welche Richtung es gerade fließt. Das Wasser läuft fünf Stunden im Flutstrom auf, stockt dann kurz und läuft sieben Stunden wieder zurück Richtung Nordsee. Die ist über hundert Kilometer entfernt, hat aber großen Einfluss auf den Wasserstand und damit alle Aktivitäten im Hafen in Hamburg.

Unten auf dem Ponton schaute mich eine Fünfergruppe erwartungsvoll an. Mit einem freundlichen Nicken begrüßte ich sie, bog aber zunächst ins Büro der Reederei ab. In dem dunkelrotweißen Holzbau befand sich neben der Reedereiverwaltung auch der Aufenthaltsraum für die Schiffsbesatzungen.

»Moin, Jan, kann wieder losgehen. Mit wem fahre ich denn heute?«, begrüßte ich den Reedereichef, der mir aus seinem Büro zuwinkte.

»Moin, Maike, du bist mit Hermann unterwegs, der müsste gleich von der Hafenrundfahrt zurück sein.« Er schaute aus dem seitlichen Bürofenster und deutete auf die Barkasse, die in einiger Entfernung um die Ecke bog. »Ah, guck mal, da hinten kommt er gerade mit der HANSA unter der Brücke durch.«

»Oh, super, das freut mich. Wir haben ja heute perfektes Wetter für die Bille-Tour.«

In dem Moment guckte Ebbi ins Büro, der gute Geist und Mann für alles bei der Reederei. Er trug das typische rote T-Shirt mit dem Reedereilogo und bot mir einen Kaffee an.

»Na, Maike, guckst du heute wieder nach den kleinen Enten und Gänsen auf der Bille?« Ebbi ist ein ruhiger, hilfsbereiter Mittfünfziger und absoluter Naturfreund. Er hat mir schon mehrfach Ableger von selbst gezogenen Pflanzen aus seinem Kleingarten mitgebracht, und wir fachsimpeln gern über Flora und Fauna am Wasser. Wir schnackten kurz, ich genoss den Kaffee und beobachtete dabei aus dem Seitenfenster das Treiben auf dem Ponton.

Inzwischen waren weitere Personen eingetroffen, die aussahen, als wenn sie gleich mit mir schippern wollten. Sie warteten geduldig. Dazwischen immer wieder Hafenrundfahrtgäste, die auf ein benachbartes Schiff zu einer einstündigen Rundfahrt stiegen.

Hermann, der Schiffsführer, hatte die HANSA inzwischen vor den Ponton gesteuert, und Ebbi lief zum Liegeplatz, um beim Festmachen zu helfen. Der Motor dröhnte beim Manövrieren. Der Anleger liegt quer zum Kanal, die lange Barkasse musste rückwärts in eine enge Lücke zwischen einem anderen Schiff und einem Poller eingeparkt werden. Als die Barkasse mit dem Heck leicht gegen den Ponton ditschte, machte Ebbi einen großen Schritt auf das Schiff und griff nach der dicken roten Festmacherleine auf der Steuerbordseite. Während die Fahrgäste der gerade beendeten Hafenrundfahrt ungeduldig vor dem Ausgang auf dem Schiff standen und ihn interessiert beobachteten, tüdelte Ebbi den Tampen, also das dicke Tau, fachmännisch um den gelben Poller. Dann noch die Backbordleine, und Ebbi hob die rechte Faust nach oben. Das bedeutet »fest«. Es folgte ein kurzer Blickkontakt mit Schiffsführer Hermann, dann öffnete er die Ausstiegsklappen am Heck der Barkasse.

Als alle das Schiff verlassen hatten, ging ich an Bord. Hermann hatte mich schon entdeckt und mir fröhlich zugewunken. Er ist von der alten Garde, Schiffsführer mit Leib und Seele. Besonders gern schippert er in die Bille. Für die Tour konnte ich mir keinen besseren Kapitän wünschen.

Ich ging durch das leere Schiff und packte meinen Rucksack vorn an Steuerbord auf die Bank, dann holte ich mir das Mikrofon aus dem Ruderhaus. Ich mag es, den Fahrgästen in die Augen zu schauen, auf Zwischenfragen unmittelbar zu antworten und sie während der Moderation einzubeziehen. Ich bin gern Schnackerin. Ich will gar kein Schiff führen, das können andere deutlich besser. Mit Hermann bildete ich ein eingespieltes Team, wir hatten schon viele Touren gemeinsam absolviert.

Plötzlich stand eine ältere Dame aus der Fünfergruppe vom Ponton im Fahrgastraum.

»Können wir jetzt einsteigen?«, fragte sie energisch.

»Einen kleinen Moment bitte noch, ich komme gleich zu Ihnen.«

»Ich kann mich ja hier schon mal hinsetzen, dann bin ich aus dem Weg.«

Sie ließ sich ungefragt auf eine Sitzbank fallen, offenbar fest entschlossen, diese für den Rest ihrer Fünfertruppe freizuhalten.

»Es tut mir leid, würden Sie das Schiff bitte wieder verlassen, wir sind noch nicht fertig mit den Vorbereitungen. Und wenn ich noch etwas sagen darf: Bitte betreten Sie niemals ohne Aufforderung ein Schiff, es sei denn, es gehört Ihnen, oder Sie arbeiten drauf. Sie kennen das doch bestimmt aus dem ein oder anderen Film, wenn es heißt: ›Bitte um Erlaubnis, an Bord kommen zu dürfen.‹ Das ist gute Seemannschaft.«

»Ach so. Das wusste ich nicht.« Die Dame schaute mich schuldbewusst an, hob wie zur Verteidigung die Hände vor die Brust und schlich kleinlaut zurück auf den Ponton.

»Schon gut, ich komme gleich. Aber bitte haben Sie noch einen Moment Geduld, wir machen hier noch eben klar Schiff, und unsere Abfahrt ist erst in dreißig Minuten.«

Ich kann verstehen, dass Leute sich schon mal den vermeintlich besten Platz auf dem Schiff sichern wollen, aber ich mag auch den Moment des Ankommens auf dem leeren Schiff, wenn eben noch keine Gäste an Bord sind. Wenn ich mich selbst noch kurz sammeln kann.

Ich holte meine Prospekte aus dem Rucksack und drapierte sie in dem kleinen Aufsteller auf dem Motorkasten. Die Stuhlreihen mussten nach der vorhergehenden Tour noch wieder sortiert werden, es wurde kurz durchgefegt und das WC kontrolliert. Dann war das Schiff bereit für neue Fahrgäste, es konnte losgehen. Die Fahrgastgruppe auf dem Ponton wurde zusehends größer und ungeduldig. Ebbi füllte noch den Kühlschrank wieder auf, auf der Hafenrundfahrt waren offenbar ordentlich Cola und Bier getrunken worden. Das rote Faltdach war zur Hälfte aufgerollt, sodass es im Innenraum Schatten spendete, die Seitenfenster waren geöffnet, eine leichte Brise wehte durch die noch leeren Sitzreihen. Ich schnappte mir meine vorbereitete Liste mit den Buchungen für heute und ließ gut gelaunt die Fahrgäste einsteigen.

»Gibt es vorreservierte Plätze?«

»Wo sieht man denn am besten?«

»Kann man Ihren Kommentar überall gut hören?«

»Haben Sie auch eine Toilette an Bord?«

Die Fragen sind immer dieselben, und ich beantworte sie gern und geduldig. Für manch einen Gast ist das hier die erste Rundfahrt dieser Art.

Am Ende findet jeder einen schönen Platz. Ich mag es, wenn das Schiff nicht zu voll ist und alle zwischendurch die Position wechseln können. Erfahrungsgemäß suchen zu Beginn einer Tour alle den einen optimalen Sitzplatz. Sobald wir jedoch in die idyllischen Ecken kommen, strömen viele auf das achterliche Freideck, von dem aus man im

Stehen einen 360-Grad-Rundumblick genießen kann. Von hier aus kann man auch dem Schiffsführer, in diesem Fall Routinier Hermann, aus der Ferne vorn im Ruderhaus bei der Arbeit zusehen.

Ich habe mehrfach mit einem Funkmikrofon experimentiert und würde jede Tour vom offenen Deck hinten auf dem Schiff aus moderieren, wenn das technisch machbar wäre. Leider führt die Metallkonstruktion der Barkasse jedoch immer wieder zu Aussetzern mit dem Funkmikro. So muss ich verkabelt vorn nahe des Ruderhauses im Innenbereich des Schiffes bleiben.

Nach und nach kamen alle angemeldeten Gäste auf den Ponton zu unserem Anleger, meine Teilnehmerliste füllte sich mit Häkchen, nur eine Vierergruppe fehlte noch. Da gerade niemand etwas von mir wollte und die fehlenden Gäste nicht in Sicht waren, nutzte ich die kleine Pause, griff zum Telefon und wählte die Nummer der Tiefstackschleuse.

»Moin, Maike, kommst du heute wieder bei uns vorbei?«, begrüßte mich der Schleusenwärter. Meine Mobilnummer war inzwischen offensichtlich im Schleusenbürotelefon eingespeichert.

»Moin, Heiko, na klar, in die Bille kann man doch gar nicht oft genug schippern. Wir sind dann so gegen halb drei da. Passt das?«

»Klar, wenn du kommst doch immer.«

»Super, danke, bis gleich.«

Natürlich könnten wir auch einfach zur Schleuse schippern und den Wärter anfunken, wenn wir in Sichtweite sind. Da es aber auch mal sein kann, dass man dann lange warten muss, weil gerade eine andere Schleusung stattfindet, melde ich die Schleusen lieber vorher an.

Inzwischen hatte der Flutstrom eingesetzt, und das Wasser stieg wieder. Für die Schleusenpassage brauchten wir genug Wasser unter dem Kiel. Schon bei der Terminplanung für die Touren im vergangenen Herbst hatte ich die Abfahrtszeiten entsprechend mit Blick auf den Tidenkalender geplant.

Die letzten Fahrgäste schlenderten gerade auf den Ponton, also konnten wir in Kürze los.

Die kleine Gruppe bestand aus zwei Paaren, einem älteren und einem jüngeren, vermutlich miteinander verwandt. Der ältere Herr war schon etwas wacklig auf den Beinen und sah aus, als wäre er direkt einem Hans-Albers-Film entsprungen. Auf dem Kopf trug er einen klassischen dunkelblauen Elbsegler, diese typische Wollmütze mit kleinem Schirm und gedrehter, dekorativer Kordel. Die Kopfbedeckung und der Seenotretterpin am Revers seines hellen, luftigen Jacketts zeugten von seiner Verbundenheit zur Seefahrt. Die Frau an seiner Seite hatte ihn untergehakt. Sie war von kräftiger Statur und hatte offenbar die Hosen an. Resolut dirigierte sie die Vierergruppe mit zügigem Schritt zur Barkasse und trieb zur Eile an. Das jüngere Paar folgte schweigend mit gesenktem Kopf.

»Sind wir hier richtig bei der Bille-Tour? Bitte entschuldigen Sie die Verspätung, auf der Pinneberger Autobahn war Stau, dabei sind wir extra eine Stunde eher losgefahren.«

»Moin, herzlich willkommen, schön, dass Sie da sind!«, begrüßte ich die Nachzügler.

»Wir hatten Mühe, einen Parkplatz zu finden, hoffentlich werden wir nicht abgeschleppt.«

»Alles gut, Sie haben es geschafft, nun atmen Sie erst mal durch und suchen sich einen schönen Platz.«

»Da ist ja schon alles voll, wo sollen wir denn noch hin? Bekommen wir überhaupt einen Platz?«

»Kommen Sie doch erst mal an Bord, wir finden da sicher etwas für Sie.«

Die Sitzplätze im Außenbereich waren bei dem sonnigen Wetter natürlich sehr beliebt und alle besetzt, aber im Innenbereich war noch viel Freiraum. Ich dirigierte die Gruppe nach drinnen, die ganze Bank gegenüber meinem Moderationsplatz vorn an Steuerbord war noch frei.

»Boarding completed«, verkündete ich, als ich mich zwischen den Gästen hindurchbewegte. Ich schaute in viele lächelnde Gesichter. Das ist das Schönste an meinem Job. Die Menschen kommen freiwillig und freuen sich auf eine schöne Auszeit vom Alltag. Sorgen und Probleme können für ein paar Stunden zurückgelassen werden. Es ist ein dankbarer Job, den ich sehr liebe. Vor allem an sonnigen Tagen läuft alles fast wie von selbst.

Für die meisten Fahrten buche ich die rustikale Hafenbarkasse HANSA, die eigentlich aus den Sechzigerjahren stammt, aber seit einem Umbau 2015 zu den größten ihrer Art zählt. Die Fahrgäste sitzen mit Sitzpolstern auf umlaufenden Holzbänken. Im Mittelbereich des Schiffes stehen gepolsterte Stühle, vorn hinter dem Ruderhaus gibt es einen Kühlschrank mit Kaltgetränken zur Selbstbedienung, und selbstverständlich befindet sich ein reguläres WC an Bord. Die Zeit der Plumpsklothrone auf den alten Hafenbarkassen ist zum Glück Geschichte. Früher dienten diese Schiffe dem Transport der Hafenarbeiter zu den Docks und Werften, da war man diesbezüglich nicht besonders anspruchsvoll.

Hermann stand inzwischen im Ruderhaus am Steuer, Ebbi löste die Tampen und schmiss uns los. Der Bugstrahler arbeitete kraft- und vor allem geräuschvoll, als Hermann uns vom Liegeplatz in den Hafen steuerte. Der Bugstrahler ist eine Querschraube, die beim seitlichen Manövrieren des Schiffes hilft. Der Schiffsführer hat es dadurch leichter, allerdings ist das Ding recht laut. Ich hielt das Mikrofon schon in der Hand, erntete erwartungsvolle Blicke, wartete aber noch kurz mit meiner Anmoderation, bis wir die normale Fahrlautstärke erreicht hatten.

»Moin und herzlich willkommen an Bord der Barkasse HANSA zu unserer heutigen Bille-Tour. Ich freue mich, Ihnen heute neue Ecken von Hamburg präsentieren zu können, die Sie an dieser Stelle vermutlich nicht erwarten. Wir machen einen Ausflug nach Rothenburgsort,

Hammerbrook und Hamm-Süd. Stadtteile, die man klassisch eher nicht als Ausflugsziele kennt. Lassen Sie sich überraschen.«

Während der Begrüßung ließ ich den Blick durch die Reihen schweifen. Auch heute waren wieder bekannte Gesichter mit an Bord, ich habe viele treue Stammkunden, das freute mich sehr. Die Pinneberger, die Platz gefunden hatten, nickten mir zu. Ich hatte inzwischen mitbekommen, dass das jüngere Paar Sohn und Schwiegertochter waren.

Übers Mikrofon skizzierte ich den Ablauf und erklärte die Örtlichkeiten, da erreichten wir auch schon die Norderelbe. Wenn man aus einem Nebenarm auf den Strom der Norder- oder Süderelbe einfährt, kann es kurz etwas kabbelig werden. Durch die Strömung schlagen einige kleine Wellen an den Rumpf, und die Gäste bekommen unverhofft ein Gefühl dafür, dass man sich tatsächlich auf einem Schiff befindet.

So erging es auch uns an diesem Sommertag, unsere Barkasse schaukelte leicht. Wir umrundeten die Elbphilharmonie. Sie bildet die westliche Spitze der HafenCity und ist zum neuen Wahrzeichen Hamburgs geworden. Seit der offiziellen Eröffnung im Januar 2017 lockt sie Besucher aus aller Welt in die Stadt, sowohl in die Konzerte als auch auf die Plaza. Zweieinhalb Minuten dauert die Fahrt mit der langen gebogenen Rolltreppe, deren oberes Ende man beim Betreten nicht sehen kann. Oben angekommen hat man aus 37 Metern Höhe einen wunderbaren Blick über die Stadt und den Hafen. Man kann um das ganze Gebäude herumspazieren und alle Hamburger Wahrzeichen sehen. Neben den Konzertsälen befindet sich noch ein großes Hotel im hinteren Gebäudebereich, außerdem im vorderen Teil über vierzig luxuriöse Wohnungen. Während der Bauarbeiten war ich dank meines Kollegen Marc, der offizielle Baustellenführungen moderiert hat, einmal exklusiv im dreistöckigen Penthouse vorn in der Spitze ganz oben. Man hat von dort einen atemberaubenden

Weitblick. Es wäre sicher spannend, da auch jetzt noch mal rein-beziehungsweise rauszuschauen.

»Was kostet denn eigentlich so 'n Appartement in dem Ding hier?«, rief ein Mann mittleren Alters aus den hinteren Reihen des Innenraums zu mir nach vorn.

»Och, so bis zu 35.000 Euro müssen Sie schon rechnen. Pro Quadratmeter. Dafür gibt es da auch Wohnungen, die mehr als vier-hundert Quadratmeter haben. Nun müssen Sie nur noch kurz rech-nen«, erwiderte ich mit einem Lächeln.

Die Pinneberger mir gegenüber schauten sich entsetzt an und winkten mit angespannten Mundwinkeln verächtlich ab.

»Immer diese schnieken Hamburger, das ist so typisch«, hörte ich die Schwiegertochter zu der älteren Dame sagen.

Die Musicaltheater an der Elbe ließen wir an Steuerbord liegen, also in Fahrtrichtung rechts hinter uns, und nahmen Kurs Richtung Elbbrücken. Nach achtern raus, also nach hinten, zeigte sich das typi-sche Hafenpanorama der Überseebrücke und der Landungsbrücken, in der Ferne ragten die Krane der Docks von Blohm+Voss und noch weiter hinten einige Containerbrücken empor.

Vor uns erstreckte sich auf der Backbordseite die wachsende Skyline der HafenCity. Man baute von West nach Ost und von Nord nach Süd, das heißt, je weiter wir zu den Elbbrücken kamen, umso unfertiger war alles noch. Es bleibt spannend, man kann von Monat zu Monat den Baufortschritt mitverfolgen. Wir passierten den Strandkai, das Überseequartier und die futuristischen gläser-nen neuen Stationen der U- und S-Bahn unmittelbar an den Elb-brücken.

Die Brücken stellen die Grenze für die Seeschifffahrt dar. Für die meisten Hamburger endet spätestens hier auch das touristisch in-teressante Stadtgebiet, doch aus meiner Sicht enterten wir nun äu-ßerst sehenswertes Terrain.

Hamburgs wilder Osten

In einigen Jahren wird an der östlichen Grenze der HafenCity der Elbtower für Aufsehen sorgen, wenn er mit seinen geplanten 245 Metern in den Himmel ragt. Da diese Dimension nicht nur für Hamburger unvorstellbar ist, biete ich meinen Fahrgästen gern eine Einordnung.

»Schauen Sie mal, da links, das 18-stöckige Hotel direkt an den Elbbrücken. Das stellen Sie sich noch etwas breiter vor und stapeln es dann dreimal übereinander. Dann haben Sie ungefähr eine Idee, was hier geplant ist.«

Ein Raunen ging durch die Barkasse, einige Blicke suchten in der Skyline der Stadt den Fernsehturm als Referenzgröße. Der ist 279 Meter hoch.

»Das ist ja verrückt, das wollen die nicht wirklich bauen, oder?«

»Dirk, stell dir das nur mal vor, so gigantisch.«

Die Gäste an Bord staunten. Vermutlich werden wir den Bau beim Vorbeischippern in den kommenden Jahren aus der ersten Reihe beobachten können.

Der ältere Mann mit dem Elbsegler auf dem Kopf stand auf und kam zu mir rüber.

»Hier vorn rechts habe ich früher mit Freunden immer Obst aus den Schuppen stibitzt. Und da hinter dem großen blauen Lagerhaus war mein Ausbildungsbetrieb. Ich hab nämlich mal Schlosser gelernt, bevor ich im Hafen angeheuert hab.«

Ich mag solche Geschichten. Immer wieder sind es vor allem ältere Herren, die ihre Erinnerungen rund um den Hafen mit mir teilen wollen. Solange es nur um ihre Geschichten geht, ist alles gut. Unangenehm wird es, wenn sie mir vorschreiben wollen, was ich unbedingt noch übers Mikro erzählen solle, oder wenn sie am liebsten gar selbst das Mikro in die Hand nähmen. Dann muss ich den einen oder anderen auch mal bremsen.

Wir ließen also die Elbbrücken hinter uns und erreichten für die meisten absolutes Neuland. Zur Linken erstreckte sich nun der Stadtteil Rothenburgsort, zur Rechten das Industriegebiet Peute. Während auf der rechten Seite einige Schlote qualmten, war der erste Eindruck von Rothenburgsort sehr grün. Vor uns links lag der Elbpark Entenwerder, ein Naherholungsgebiet unmittelbar an der Norderelbe. Früher standen hier Lagerschuppen, doch davon ist weit und breit nichts mehr zu sehen. Große Pappeln begrenzen die Insel an der Westseite, Spaziergänger waren mit ihren Hunden unterwegs, und wir sahen einige Gruppen zum Picknick an der Elbe sitzen.

Die große Wiese in der Mitte der Insel wird im Sommer häufig als Veranstaltungsfläche für Festivals genutzt, außerdem hat sich die elbseitige Wiese als Startplatz für Heißluftballontouren etabliert.

Apropos fliegender Ballon, ich musste den Fahrgästen an dieser Stelle von einer faszinierenden Entdeckung in einem unscheinbaren Hafenbuch berichten.

»Kennen Sie eigentlich Miss Elvira von der Peute?«, fragte ich in die Runde.

Kopfschütteln und fragende Blicke überall auf der Barkasse.

»Dann möchte ich Ihnen diese Dame gern vorstellen, vor über hundert Jahren war sie eine stadtbekannte Berühmtheit. Gleich hier drüben, wo jetzt die Schornsteine der Industriebetriebe in den Himmel ragen. Die Peute war damals ein beliebtes Ausflugsziel mit schönen Lokalen und Grünflächen, es gab eine Fährlinie von Entenwerder rüber auf die gegenüberliegende Elbseite, und Miss Elvira war Akrobatin.«

Meine Fahrgäste brauchten beim Anblick der mächtigen Produktions- und Fertigungshallen auf der südlichen Elbseite viel Fantasie, um sich hier ein idyllisches Picknick vorzustellen.

Die Herkunft des etwas komisch klingenden Namens des Stadtteils Peute ist übrigens nicht sicher geklärt, es wird vermutet, dass er aus dem Wort »Peunte« hergeleitet wurde. Das bedeutete ungefähr »eingezäuntes Ackerland«.

Miss Elvira war verheiratet mit Paul Wilson, dieser besaß einen Gasballon. Die Attraktion für die Ausflügler auf der Peute war es, wenn Elvira allein mit dem Ballon auf gut fünfhundert Meter Höhe aufstieg und dabei auf den Korb unter dem Ballon verzichtete. Stattdessen baumelte dort eine Strickleiter, an der Miss Elvira nur mit den Füßen eingehakt, bekleidet mit einem Matrosenkostüm und zwei Fähnchen in der Hand, tollkühn kopfüber Kunststücke vorführte.

Eine Dame um die fünfzig mit einem hübschen sonnengelben Sommerhut, die in der zweiten Reihe saß, schmunzelte. Sie schaute in den blauen Himmel.

»Das ist ja ein tolles Bild, wenn ich mir die Elvira jetzt mal so vorstelle.«

Ich mag diese Vorstellung auch. Leider nahm die Geschichte kein gutes Ende. Elvira verunglückte bei ungünstigem Wetter tödlich und stürzte mit dem Ballon ab. Für Mister Wilson entwickelten sich die Dinge günstig – er fand bald eine neue Gefährtin, die zufällig ebenfalls Elvira hieß, turnerisch begabt war und die neue Miss Elvira wurde. Sie kam aus Rothenburgsort. Während wir uns der Insel näherten, erzählte ich den Fahrgästen mehr über meinen Stadtteil.

»Rothenburgsort war vor dem Zweiten Weltkrieg ein beliebter Elbvorort, zentral gelegen, dicht besiedelt, über fünfzigtausend Menschen lebten hier. Überwiegend in schmucken Jugendstilbauten, es sah vergleichbar aus, wie wir heute die Stadtteile Eppendorf und Eimsbüttel kennen.«

Ungläubiges Staunen. War der Stadtteil heute doch eher bekannt für sein sozial schwaches Umfeld und den hohen Migrationsanteil unter seinen Bewohnern. Tatsächlich leben heute nicht einmal zehntausend Menschen im Stadtteil. Rothenburgsort wurde in den Bombennächten im Juli 1943 schwer getroffen, kaum ein Stein blieb auf dem anderen. Der Wiederaufbau hatte lange gedauert, einige Gebiete wurden zu Gewerbeflächen umgewidmet. Es entstanden hauptsächlich Sozialwohnungen. Doch das Blatt wandelt sich, seit einigen Jahren steht der Stadtteil im Fokus der Aufmerksamkeit. Es gibt ein Stadtentwicklungsprojekt mit dem Namen »Stromaufwärts an Elbe und Bille«, das sich der Gegend widmet. Jahrzehntelang wurde der Stadtteil vergessen, nun fällt plötzlich wieder auf, wie zentral er liegt und wie viel Potenzial er hat.

Es bewegt sich gerade viel, allerdings sind einige Entwicklungen auch besorgniserregend. Die direkte Nachbarschaft zur HafenCity bereitet vielen alteingesessenen Bewohnern Sorge. Tatsächlich steigen die Mieten gerade für die Neubauten sehr schnell.

Plötzlich rümpften einige Gäste an Bord die Nase und schnupperten. Sie konnten nicht sofort erkennen, was ihnen hier in die Nase zog.

»Der Duft, den Sie hier wahrnehmen, ist ganz typisch in Rothenburgsort. Es ist – Kakao. Hier rechts auf der Peute ist ein Kakaoproduzent ansässig. Da wir meist Südwestwind haben, zieht der Duft aus der Produktion direkt über die Elbe. Leider riecht Kakao nicht wie heiße Schokolade, sondern hat eine leicht säuerliche Note, aber da wir zum Glück auch eine Kaffeerösterei hier vorn auf Entenwerder haben, vermischen sich die Aromen, und dann ist es ganz angenehm.«

Schmunzeln bei meinen Gästen.

Ein paar Hundert Meter weiter reckten die Gäste auf der linken Seite die Köpfe. Es kamen ehemalige Zollpontons und ein goldener Pavillon in Sicht. In den alten grünen schwimmenden Pontonanlagen hat eine Reederei ihre Werkstatt eingerichtet, außerdem finden sich hier Liegeplätze für ganz unterschiedliche Schiffe – von der schick ausgestatteten Luxusbarkasse eines Fünfsternehotels von der Elbchaussee bis zum hochseetauglichen ehemaligen Behördenschiff. Der wahre Hingucker ist aber ein dreistöckiger goldfarbener Pavillon auf einem der schwimmenden Pontons. Dieses Kunstwerk war mal Teil der Stadtkunstausstellung in Münster, war dann einige Jahre in einer Halle eingelagert und ist 2015 zu neuem Leben erwacht. Heute befindet sich in der begehbaren Skulptur ein Stadtteiltreff mit Café und Bistro, es finden Ausstellungen statt, der Ort lädt zum Chillen ein, und für Kinder aus dem Stadtteil wird eine kleine Segelschule betrieben. Eigner der Anlage ist die Familie Friese, die in der Innenstadt ein Bekleidungsgeschäft betreibt und sich schon mit einer großen Skateranlage einen Namen für soziales Engagement gemacht hat. Die Kleidung der eigenen Kollektion wird zu einem großen Teil auch im Stadtteil Rothenburgsort produziert, man ist hier tief verwurzelt.

Der schwimmende Pavillon ist mittlerweile stadtweit bekannt und längst kein Geheimtipp mehr. Entenwerder1 zählt zu den Top-Locations der Szene. Es ist ein wundervoller Ort. Bunte Stühle und riesengroße üppige, liebevoll arrangierte Blumenkübel zieren die Anlage und laden zum Verweilen ein.

Vom Ponton winkten uns entspannte, fröhliche Menschen zu, hier kommen nicht so häufig Ausflugsbarkassen vorbei. Unmittelbar neben dem Ponton befindet sich eine Slipanlage, also eine schräge Rampe, über die Boote über Anhänger ins Wasser gelassen werden können. Wir sahen hier jedoch keinen Trailer, stattdessen stand ein Bus oben am Beginn der Rampe.

»Was für ein gutes Timing«, lobte ich mich selbst und freute mich über das, was die Fahrgäste an Bord gleich zu sehen bekämen.

»Schauen Sie mal, da links neben dem Ponton, oben an der Rampe. Das ist ein Amphibienbus, der wird nun gleich ins Wasser rauschen und dann wie ein Boot neben uns herfahren.«

Viele Fahrgäste hatten schon von dem Schwimmbus gehört, ihn dann aber live zu sehen, war für die meisten ein echtes Erlebnis. Ich bat Hermann, kurz aufzustoppen, also auf dem Wasser bestmöglich anzuhalten, damit wir das Spektakel direkt mit ansehen konnten.

Die resolute Pinneberger Dame von gegenüber fasste sich vor Sorge an den Kopf: »Wenn ich da nur nicht einsteigen muss. Das kann doch nicht gut gehen, das ist doch ein ganz normaler Bus.«

»Nö, keine Sorge«, beruhigte ich sie, »der hat auch zwei kleine Propeller hinten und kann gut schwimmen. Gucken Sie mal, er hat auch einen Signalmast, den er gleich hochfährt.«

Dann ging es auch schon los. Der Busfahrer nahm den Fuß von der Bremse und der Bus rauschte mit einem großen Platsch ins Wasser. Elbwasser spritzte vor der Frontscheibe des Busses hoch, er tauchte kurz mit der Nase etwas ein und schwamm dann wie ein Korken auf. Der Signalmast auf dem Dach des Busses war nun vollständig aufgerichtet. Unsere Barkasse hatte leichte Schlagseite, da so viele Fahrgäste aufgesprungen waren, um den Eintauchmoment des Busses zu filmen. Und schon schwamm er direkt neben uns. Ich winkte dem moderierenden Kollegen und dem Fahrer zu, die Passagiere unserer sehr unterschiedlichen Fahrzeuge grüßten sich ebenfalls freundlich.

»Das ist ja unglaublich!«, vernahm ich vom vorderen Fenster.

Es ist immer wieder faszinierend, den Moment mit anzusehen, wenn der Bus mit seinen großen Reifen einfach so ins Wasser rollt und plötzlich schwimmt. Er drehte eine Runde durch die Bucht, in die wir nun ebenfalls fahren würden.

Vor uns lag das Sperrwerk Billwerder Bucht, das zweitgrößte Sperrwerk Deutschlands. Das unbestritten größte ist das Eidersperrwerk an der Nordseeküste. Dieses hier hat aber auch beachtliche Ausmaße. Es wurde in den Sechzigerjahren errichtet, um die

Jahrtausendwende modernisiert und schützt den dahinterliegenden Bereich vor Sturmfluten. Bei drohenden hohen Wasserständen können die großen blauen Klappen geschlossen werden, und das Hochwasser wird zurückgehalten. Im gesamten Bereich der Bucht müssen somit die Deiche nicht weiter erhöht werden, und auch die dahinterliegende Schleuse, die wir gleich passieren würden, musste nicht umgebaut werden.

Tatsächlich steigt das Wasser der Elbe mehrfach im Jahr, vornehmlich in der Sturmflutsaison zwischen September und März, so hoch an, dass die Flutklappen geschlossen werden. Die Einfahrt zur Bucht liegt in Rothenburgsort, rechts von uns erstreckte sich nun die Wasserkunst Elbinsel Kaltehofe. Hamburg Wasser hat seine Zentrale gleich gegenüber. Der große, hoch aufragende Druckausgleichsturm auf dem Gelände des Wasserwerks ist eines der Wahrzeichen hier. Der Turm ist über 170 Jahre alt und bei der Anfahrt aus Richtung Süden über die Elbbrücken nicht zu übersehen.

Kaltehofe wurde bis 1990 zur Gewinnung von Trinkwasser genutzt. Die Filterbecken auf der Insel wurden nach der verheerenden Choleraepidemie 1892 eingerichtet. Bis zu diesem Zeitpunkt war man im Hamburger Rathaus überzeugt davon, dass eine Filtrierung nur der »Verschönerung« des Wassers diente und es keinen Zusammenhang mit kranken Bürgern der Stadt geben konnte. Man wurde durch die Epidemie eines Besseren belehrt. 22 fußballfeldgroße Wasserbecken wurden angelegt, in die zunächst Elbwasser geleitet wurde, das dann durch verschiedene Sand- und Gesteinsschichten sickern konnte, um Keime herauszufiltern. Danach wurde das gefilterte Wasser dem Trinkwassernetz der Stadt zugeführt. Bis in die Sechzigerjahre hatte man Elbwasser genommen, danach aufgrund der durch die Industrialisierung immer schlechter werdenden Wasserqualität auf Grundwasser umgestellt.

Heute ist die Wasserkunst Elbinsel Kaltehofe ein schönes Aus-
flugsziel und ein Naherholungsgebiet direkt an der Norderelbe.
Besonders beliebt ist die Insel auch bei Radfahrern, führt doch ein
autofreier geteerter Weg direkt hinter dem Deich entlang bis in die
Vier- und Marschlande, auch bekannt als Hamburgs Blumen- und
Gemüsebeet.

Heimatbucht

Wir schipperten tiefer in die kleine Bucht hinein, kaum zu glauben, dass das hier früher mal der Hauptstrom der Elbe war. Den heutigen Verlauf der Norderelbe gibt es erst seit gut 140 Jahren, als der sogenannte Durchstich gemacht wurde, um den Fluss zu begradigen und für die Schifffahrt zu optimieren. Damals wurde die Peute von Kaltehofe abgetrennt und der ehemalige Hauptstrom der Norderelbe somit zu einem Sackgassenseitenarm. Die heutige Bucht entstand. Mittendrin liegt das große Kohlekraftwerk Tiefstack, auf das wir nun zusteuerten. An unserer Steuerbordseite reihten sich zahlreiche Sportboote an Pontons aneinander, hier haben einige Wassersportklubs ihre Liegeplätze. Die schnittigen Rümpfe der Schiffe dümpelten in der Nachmittagssonne, das Wasser glitzerte.

Ein Herr, der mit seiner Frau mittig links saß, schaute auf das rote Backsteingebäude, das wir gerade passierten. Es sah aus, als wäre es direkt aus der Speicherstadt gefallen und irrtümlich hierher versetzt worden.

»Da war doch mal Lucas Meyer. Rosi, weißt du noch, da hat doch Herbert gearbeitet.«

Und an mich gewandt: »Sind die immer noch da?«

Das musste ich verneinen. Inzwischen war die Firma übernommen worden, es wurden aber immer noch Lecithine für die Lebensmittel- und die Kosmetikindustrie produziert.

Ich deutete auf ein großes Gebäude daneben, es war noch recht neu und hatte hellgrüne Balkonseiten, die es sehr freundlich aussehen ließen.

»Wussten Sie, dass hier mal die größte Sporthalle der Welt stand?«, fragte ich in die Runde.

Großes Erstaunen und Stirnrunzeln. Einige Fahrgäste schauten fragend zu ihrem Nachbarn.

»Hier, wo wir heute die Seniorenwohnanlage sehen, stand mal die Hanseatenhalle. Eine Sporthalle mit Platz für knapp 25.000 Zuschauer, mehr als heute der Madison Square Garden in New York fasst. Erinnert sich noch jemand daran?«

Die letzte Frage war natürlich rhetorisch. Die Halle wurde 1935 im Schnellverfahren in eineinhalb Monaten von einer Lagerhalle zu einer Sportarena umgebaut. Max Schmeling kämpfte hier in Rothenburgsort, bevor er sich nach Amerika zu Joe Louis auf den Weg machte. Und er boxte nicht nur hier, er lebte auch einige Jahre in Rothenburgsort. In meiner Straße, der Lindleystraße. Gleich um die Ecke wurde er eingeschult.

Während wir uns der Tiefstackschleuse neben dem gleichnamigen Kraftwerk näherten, verschwand ich kurz im Bug der Barkasse, um mir eine Schwimmweste zu holen. Als ich diese anlegte, schauten mich einige Fahrgäste verdutzt an.

»Keine Sorge, Sie brauchen keine Weste.«

Dennoch erntete ich fragende Blicke, die ich gleich übers Mikrofon beruhigen konnte.

»So, ich habe meine Schwimmweste an. Wir fahren jetzt gleich in die Schleuse, dort muss ich eine Leiter an der Kammerwand hochklettern, um dann beim Wärter unsere Rechnung für die Schleusenpassage zu quittieren. Ich lasse Ihnen Hermann an Bord, Sie sind also in fachkundigen Händen.«

Ich forderte die Gäste noch auf, keine Arme, Hände, Füße oder Köpfe zwischen die Bordwand und die Schleusenwand zu halten, während wir darauf warteten, dass sich das mächtige Tor öffnete.

Die Schleuse wurde schon 1902 gebaut, vor gut vierzig Jahren saniert und erfüllt bis heute täglich ihren Dienst. Über zwei große, lange Kammern können Binnenschiffe, Barkassen und Sportboote hier vom Hafen in die Wasserwege der Bille gelangen.

Noch standen die Signale bei beiden Schleusenzufahrten auf doppelt rot, das heißt: derzeit keine Einfahrt. Da bei der einen Kammer die beiden Lichter aber nebeneinander leuchteten, konnte man ablesen, dass die Schleuse in Betrieb war. Da hob sich auch schon das Tor aus dem Wasser. Regelrechte Fluten ergossen sich in einem riesigen Schwall vom Tor, das nach oben aus dem Elbwasser gezogen wurde. Es platterte in Strömen unmittelbar unter dem Tor. Einige Damen an Bord schauten mit Sorge zu dem Sturzbach, der sich von dem Tor ergoss. Der Schwall wurde jedoch weniger, am Ende tröpfelte es nur noch vereinzelt.

»Ist ja nur Brackwasser, das macht keine Salzränder«, beschwichtigte ich die Damen mit einem Lächeln.

Das Elbwasser in Hamburg hat nur einen verschwindend geringen Salzanteil, es ist eine Mischung aus dem Seewasser der Nordsee, das mit jeder Flut den Fluss hinaufgespült wird, und dem Elbwasser, das der Flusslauf mit sich trägt.

Als die Lichter an der Schleuse auf Grün sprangen, steuerte Hermann die HANSA in die Kammer. Ich hatte vorab mit ihm abgestimmt, an welcher Seite wir festmachen würden und legte das Tau bereit. Wir würden voraussichtlich ein kleines Stück hinabgeschleust werden auf den Wasserstand der Bille. In der Bille ist der Wasserstand gleichbleibend, im Hafen hingegen ständig in Bewegung. Langsam dirigierte Hermann die Barkasse in die Kammer, wir ditschten leicht gegen die Wand. Als eine der Leitern in der Wand unmittelbar vor dem vorderen Barkassenfenster auftauchte, stoppten wir auf, und Hermann vertäute das Schiff.

»Willst du wirklich wieder selbst da hoch, Maike? Ich kann doch auch gehen.«

Ich wusste das Angebot zu schätzen, aber die Kletterei in der Schleuse wollte ich mir nicht nehmen lassen. Ich stieg kurzerhand auf die Sitzbank und schlängelte mich aus dem vorderen Fenster des Schiffes, balancierte auf der Wallschiene und griff dann nach den Stufen der eisernen Leiter, die in die Schleusenwand eingelassen ist.

Ich mag diese Kletterei. Was ich jedoch gar nicht mag, sind die Spinnweben und achtbeinigen Bewohner an diesen Leitern. Die meisten Schiffe, die die Schleuse passieren, haben Jahreskarten für die Durchfahrt, es kommt also nur selten vor, dass jemand eine der Leitern erklimmen muss. So machen es sich die Spinnen dort gemütlich, sehr zu meinem Leidwesen. Drei Damen eines Trüppchens, die mir von der Barkasse aus interessiert zusahen, verzogen das Gesicht. Sie mochten offenbar auch kein Krabbelgetier.

Zehn Stufen, dann war ich oben. Ich klopfte mir die Hände an den Hosenbeinen ab, um die klebrigen Spinnweben loszuwerden. An der Schleusenkammer entlang ging es noch mal drei Treppen nach oben, bis ich das Büro des Schleusenmeisters erreichte. Er residiert hoch oben über den Kammern mit optimalem Überblick.

»Moin, Maike, wie immer?«

»Jo, Heiko, danke. Hermann funkt dich dann in gut neunzig Minuten an, wenn wir wieder rauswollen. Dir noch eine gute Schicht.«

»Danke, dann bis nachher.«

Ich unterschrieb kurz in der bereitgelegten Liste, hier läuft noch alles analog. Die Zeit scheint stehen geblieben. Bevor ich die dreißig Stufen wieder hinabstieg, genoss ich noch den Blick über die Billwerder Bucht, die man von hier aus optimal überschauen konnte. Dann ging ich zurück zur Barkasse.

Wir wurden einen halben Meter runtergeschleust, bevor sich das Tor öffnete. Wieder mit einem gewaltigen Wasserschwall, der aber schnell abebbte. Hermann verstaute die Leine und setzte die Barkasse wieder in Fahrt. Herzlich willkommen in der Bille.

An de Alster, an de Elbe, an de Bill

»An de Alster, an de Elbe, an de Bill, dor kann jeder ener moken wat he will ...«, heißt es so schön in einem Hamburger Schlager. Vom Namen her kennt wohl jeder Hamburger die Bille, allerdings ist es das bei den meisten dann auch schon mit der Kenntnis über diesen kleinen charmanten Fluss. Auf meiner Tour vermittle ich auch gern ein wenig Heimatkunde.

»Was wissen Sie denn eigentlich über die Bille?«, fragte ich in die Runde, als wir die ersten Meter hinter der Schleuse auf dem Fluss schipperten.

Fragende Gesichter. Offensichtlich nicht viel.

Ich versuchte es anders, machte es den Gästen einfach.

»Dass die Elbe unser größter Fluss hier in Hamburg ist, ist wohl unbenommen. Aber was meinen Sie, welcher Fluss ist länger: die Alster oder die Bille?«

Die Antworten fielen fünfzig/fünfzig aus, die Gäste waren unsicher.

»Es ist tatsächlich die Bille. Sie ist 65 Kilometer lang, die Alster aber nur 56. Einfach zu merken mit dem Zahlendreher.«

Nächste Frage: »Wo kommt denn die Bille eigentlich her? Wo entspringt sie?«

Wieder großes Rätselraten und Gemurmel unter den Fahrgästen.

»Die kommt doch aus dem Sachsenwald, oder?«, hörte ich mehrfach.

Tja, das dachte ich auch mal.

Ich klärte die Fahrgäste auf. Auf meiner ersten Tour hier in die Bille hatte ich genau das auch behauptet, dass die Bille aus dem Sachsenwald käme. Ich hatte jedoch Fahrgäste an Bord, die aus Linau in der Hahnheide, kurz hinter dem Sachsenwald, stammten. Sie belehrten mich freundlich, dass die Bille bei ihnen vor der Haustür entspringt. Nun denn, das würde ich nie wieder vergessen. Ich lerne ja auch gern dazu.

Gut vierzig Kilometer fließt sie durch Schleswig-Holstein, bevor sie im Stadtteil Bergedorf auf Hamburger Gebiet trifft. Die offizielle Mündung in die Elbe ist eigentlich an der Brandshofer Schleuse, diese ist jedoch am Wochenende gesperrt, daher würden wir an diesem Tag gleich doppelt die Tiefstackschleuse nutzen.

Die Tour habe ich »Kanal-Idylle Bille« genannt. Sogleich wies ich die Fahrgäste auf die idyllisch glänzenden silbernen Rohrleitungen am Ufer hin, auf die wohlgeformten Schlote der Müllverbrennungsanlage zu unserer Rechten und den hübsch angelegten Verkehrsübungsplatz zu unserer Linken. Scherz beiseite, natürlich würde sich das Bild gleich wandeln, und zwar so massiv, dass meine Fahrgäste vergaßen, dass sie in Hamburg-Mitte unterwegs waren. Wir passierten noch einige Liegeplätze von Sportbooten, als wir den Tiefstackkanal durchquerten, dann sah ich Fahrgäste ihre Sitznachbarn in die Seite stupsen, und das Gemurmel im Fahrgastraum nahm zu. Wir erreichten den Hauptarm der Bille.

Hier reihen sich idyllische Kleingärten aneinander. Eine Anlage liebevoller gepflegt als die andere. Kleine bunte Boote unterschiedlichster Größe dümpeln an den Ufern. Selbst gebaute Stege führen ins Wasser, in einigen Gärten saßen die Pächter und winkten uns fröhlich aus ihren komfortabel gepolsterten Gartenstühlen zu.

»Oh, die scheinen sich ja wirklich über uns zu freuen, so nett wie die winken«, bemerkte ein Mann zu meiner Linken. Ich stimmte ihm zu.

»An der Alster kann man lange warten, dass jemand zurückwinkt, so voll wie es da immer ist. Da sind die Anwohner eher genervt von den Booten. Hier werden wir immer sehr freundlich empfangen.«

Zunächst sahen wir nur an Steuerbord Kleingärten, das andere Flussufer war mit Industrieanlagen gesäumt und nicht sehr ansehnlich. Dann bogen wir ab und erreichten das wahre Paradies. Ein gut dreißig Meter breiter Flusslauf, ausschließlich mit Kleingärten auf beiden Uferseiten. Die Parzellen hier gibt es schon über hundert Jahre. Die Anlagen sind gut in Schuss, überall grünt und blüht es, bunte Lauben, lachende Kinder, hier und da kleine Gruppen, die bei Kaffee und Kuchen oder der ersten Grillwurst des Tages zusammensaßen. Einige der Lauben sehen aus, als wären sie richtige Wohnhäuser, bei manchen Anwesen sind die davor vertäuten Boote größer, bei anderen liegt der Fokus offenbar mehr auf dem Haus. Es gibt hier so viel zu gucken.

Der Eindruck täuscht nicht, es gibt wirklich dauerhaft als Wohnhäuser genutzte Gebäude hier in den Kleingärten. Nach den schrecklichen Bombennächten 1943 herrschte eine große Wohnungsnot, sodass die Stadt ein dauerhaftes Wohnrecht in den gepachteten Lauben erteilte. Dieses Wohnrecht kann sogar auf die nächste Generation vererbt werden. Das bedeutet, wir sehen in vielen Lauben Menschen, die schon ihr ganzes Leben hier in einem Kleingarten verbracht haben. Anfangs war das sicher nicht so komfortabel, zwischenzeitlich haben sich die ehemals kleinen Lauben aber zu richtig massiven Wohnhäusern gemausert, sodass es sicher an nichts fehlt. Solange Familienmitglieder mit der Wohnadresse im Kleingarten gemeldet sind, darf das Haus stehen bleiben und weiter zu Wohnzwecken genutzt werden. Lediglich wenn jemand auszieht und sich ummeldet, verliert er oder sie dieses Recht.

Wird eine Parzelle an jemand Externen weitergegeben, muss das Wohnhaus dem Erdboden gleichgemacht und eine neue Laube nach heutigem Stand errichtet werden. Auf diese Weise versucht die Stadt zu verhindern, dass sich der Kleingarten dauerhaft zu einem Wohnquartier wandelt. In den vergangenen Jahren kamen die Kleingartenanlagen rund um die sogenannte Billerhuder Insel immer wieder ins Gespräch, wenn neue Bauflächen gesucht wurden.

Hoffen wir, dass die Bewohner noch lange hier in diesem kleinen Paradies bleiben können.

Die vierköpfige Gruppe, die als letzte gekommen war, wurde unruhig, der ältere Herr tigerte am Fenster hin und her, zeigte seinen Mitreisenden etwas und freute sich. Seine Frau kam zu mir nach vorn.

»Ach, ist das schön, hier in der Bille hat mein Mann Ende der Vierzigerjahre schwimmen gelernt. Die Familie seines Freundes hatte hier eine Parzelle mit Wohnhaus. Leider steht das Haus heute nicht mehr, aber an das blaue kleine Häuschen hier gegenüber kann er sich noch gut erinnern.«

In der Ferne ragte der Telemichel auf, die Hochhäuser vom Berliner Tor waren zu erkennen. Wir befanden uns mitten in Hamburg, aber doch in einer ganz anderen Welt. Blässhühnchen und Haubentaucher kreuzten mit ihren Jungtieren unseren Weg, rechts am Ufer watete ein Reiher und suchte seine nächste Mahlzeit.

Wir passierten ein schwimmendes Einhorn, in dessen weißem Schwimmring ein Kind vergnügt juchzte und herumplanschte, am Steg daneben standen an einer kleinen Rutsche drei Kinder an und warteten, dass das Mädchen im Wasser Platz machte. In jedem Garten wurden wir bemerkt, die Menschen wandten ihre Köpfe in unsere Richtung und grüßten uns freundlich.

Nach der Fahrt entlang der idyllischen Billerhuder Insel bogen wir in einen kleinen Seitenkanal ab und fuhren direkt auf eine breite rote Backsteinhauswand aus den Fünfzigerjahren zu. Ein Mehrfamilienhaus an einer Hamburger Ausfallstraße. Niemand, der vorn an der Straße vorbeirauscht, ahnt, dass hinter dem Haus Wasser ist. Es schwappt direkt bis an die Hauswand. Das Bild änderte sich schlagartig. Vom Kleingartenparadies in eine mit Wasser gefüllte Häuserschlucht. Rechts und links ragten drei- bis vierstöckige Hauswände auf, vor uns erstreckte sich ein schnurgerader Kanal.

Der Mittelkanal. Eine Gruppe Stand-up-Paddler kam uns entgegen. Sie trugen farbenfrohe Badekleidung und waren offenbar gerade erst gestartet. Ein sonnengebräunter, sportlicher junger Mann gab einer fünfköpfigen Gruppe Frauen mittleren Alters erste Instruktionen. Die Boards wackelten bedenklich, eine Frau hatte sich sicherheitshalber gesetzt, eine kniete, die anderen drei standen mehr oder weniger souverän aufrecht. Die Frau im blauen Bikini erstarrte plötzlich regelrecht auf ihrem Board und sah uns mit aufgerissenen Augen und geradezu flehendem Blick an. Ich konnte ihre Sorge gut nachvollziehen, als ich den von uns verursachten Schwell, also die Welle, die wir trotz der langsamen Fahrt unweigerlich hinter uns herzogen, sah. Auch ich hatte in diesem Sommer erste Erfahrungen im Stand-up-Paddeln gesammelt und war mehrfach unfreiwillig im Wasser gelandet. Man muss erst mal ein Gefühl für das Board und das Wasser bekommen und verliert schnell das Gleichgewicht. Wir hielten zwar gut sechs Meter Abstand, aber im Kanal schaukelte sich die Welle etwas auf, und die Frau beobachtete das mit Sorge. Ich nickte ihr aufmunternd zu, der junge Mann winkte uns freundlich. Sie versuchte noch, die Knie zu lockern, um besser auf den Wellen zu balancieren, als sie sich jedoch umdrehte, kippte ihr Brett, und sie fiel mit einem lauten Platsch in den Kanal. Zum Glück lachte sie, als sie unversehrt wieder auftauchte. Unsere Fahrgäste riefen ihr wohlmeinende Kommentare zu: »Neuer Versuch, neues Glück!«, »Sie schaffen das!«, »Nur wieder hoch mit dir, min Deern!«

Im weiteren Verlauf unserer Tour kamen wir an zahlreichen Kleinoden vorbei: an selbst gezimmerten Außenterrassen, die Anwohner sich direkt vor ihr Wohnungsfenster gebaut hatten, liebevoll mediterran bemalten Hausrückseiten, schwimmenden mit Topfpflanzen begrünten Pontons, kleinen Wintergärten auf dem Wasser und verschiedenen privaten Anlegern. Auch einige Firmen nutzten inzwischen den Wasserzugang für ihre Zwecke, eine Werkstatt mit dem augenzwinkernden Schriftzug »St. Schraubi Landungs-brücken«, eine Tischlerei und seit einigen Jahren die weltgrößte Fast-Food-Kette. Im Mittelkanal findet sich einer der weltweit nur sehr wenigen McBoat-Anleger, man kann seinen Heißhunger auf Burger direkt am Bootssteg stillen.

Wir gelangten zum Hochwasserbassin hinter dem Berliner Bogen, dem großen halbrunden Bürohaus, in dem Jahre zuvor mein schicksalhaftes Projektgespräch stattgefunden hatte, das zu meiner Kündigung führte. Immer wenn ich hier vorbeischippere, werfe ich einen kurzen Blick in den fünften Stock des Bürohauses, dorthin, wo mein Schicksal sich wendete. Damals wäre ich niemals auf die Idee gekommen, dass ich hier unten hinter dem Bürohaus einmal sehr glücklich und zufrieden mit einer Barkasse voller Gäste entlang-schippern würde.

Heute finden sich an dieser Stelle mehrere schicke Hausboote. Ei-nige der Eigner durfte ich in den letzten Jahren als Gäste auf meiner Tour begrüßen und habe dadurch viel über Hausboote gelernt. Die Kosten für Neubauten auf dem Wasser sind sehr hoch, die Schwimm-fähigkeit muss regelmäßig unter Beweis gestellt werden, und es gilt, zahlreiche Auflagen zu erfüllen. Dennoch übersteigt die Zahl der Anträge auf einen Liegeplatz für Hausboote in Hamburg deutlich die Menge der erteilten Genehmigungen. Von Verhältnissen wie in Amsterdam ist Hamburg meilenweit entfernt, sodass die wenigen vorhandenen Hausboote viel Aufmerksamkeit bekommen. Auch ich träume davon, mich abends sanft in den Schlaf schaukeln zu lassen und dabei das leichte Plätschern von Wellen im Ohr zu haben.

Die Fahrgäste an Bord trauten ihren Augen kaum, zückten ihre Kameras und tauschten sich angeregt über die Besonderheiten aus.

»Schau mal, die geniale Dachterrasse«, bemerkte einer.

»Guck mal, da hinten kann man in die Küche gucken«, sagte der Nächste. »Was für eine geschmackvolle Einrichtung.«

»Oh, diese Wendeltreppe im Rost-Look, Sven, so eine will ich auch.«

Einige bemerkten die ungewöhnliche Lage dieser verträumten Hausboote so nahe an einer der Hauptverkehrsadern in der Hamburger Innenstadt. Jetzt am Wochenende drang kaum Lärm zwischen den Bürohäusern hindurch.

»Ich fahre da vorn auf der großen Straße täglich mit dem Auto zur Arbeit entlang, da ahnt man ja gar nichts von diesen Kanälen hier hinter der Hausfront«, hörte ich von einer Frau im Fahrgastraum.

Ein anderes Paar zeigte gerade in Richtung der S-Bahn-Station Hammerbrook, die am Ende des Kanals kurz zu sehen war. »Ich wechsle gerade den Job und arbeite demnächst hier um die Ecke. Jetzt weiß ich schon mal, wo ich meine Mittagspausen verbringen werde«, freute sich der Mann.

Mit unserer Barkasse schoben wir uns weiter entlang unscheinbarer Rückseiten von Bürogebäuden, bunt verschönerter Hinterhöfe, verfallender Schrotthaufen, kreativ gestalteter Anlegepontons und kleiner Stege. Nach einer Weile erreichten wir wieder den Hauptstrom der Bille und kamen damit zurück zur schönen Billerhuder Insel mit ihren Kleingärten und Schiffsanlegern. Die Kontraste in diesem den meisten Gästen vollkommen unbekannten Fahrgebiet waren beeindruckend.

Zum Tourbeginn hatte ich Kartenmaterial verteilt, auf dem die Gäste unsere Route nachverfolgen konnten. Beim Gang durch das Schiff bemerkte ich, wie kleine Grüppchen ihre Köpfe über dem Plan zusammensteckten und diese Ecke mit ihrem eigenen Hamburger Stadtplan in Einklang brachten. Sie blickten sich immer wieder überrascht um. Ich vernahm Bemerkungen wie: »Hier müssen wir demnächst mal mit dem Fahrrad her«, »Meinst du, Lisa war hier schon mal?«, »Hatte nicht Sabine auch hier irgendwo ihren Garten?«

Ich freue mich, wenn ich meinen Gästen einen ganz neuen Blick eröffnen kann, ihnen neue Ecken zeige, wenn Vorurteile sich in Luft auflösen und das Interesse für weitere Besuche erwacht. Hamburg steckt voller Überraschungen.

Wieder an meinem Moderationsplatz hörte ich mit einem Ohr, wie Hermann die Schleuse anfunkte und unsere Ausfahrt ankündigte. Wir wurden diesmal gut zwei Meter hochgeschleust, da im Hafen in den vergangenen neunzig Minuten die Flut weiter aufgelaufen war. Durch den unmittelbaren Vergleich von unserer ersten Einfahrt in die Schleuse waren die Gäste beeindruckt, wie stark man hier die Auswirkung von Ebbe und Flut wahrnahm. Als wir das Wasserniveau des Hafens erreicht hatten, ging es gemütlich zurück in Richtung Startpunkt.

In der Anfahrt zum Anleger verabschiedete ich mich über das Bordmikrofon: »Ich hoffe, Ihnen hat unsere Tour gefallen und Sie haben nun einen ganz neuen Eindruck von den Stadtteilen östlich der Elbbrücken.«

Die Gäste klatschten und ich sah in lauter strahlende Gesichter. Da war er wieder, dieser Moment, in dem es in meinem Bauch kribbelt und der mir jedes Mal klarmacht, dass das hier genau das ist, wofür ich brenne.

Alles anders

2020 würde mein Jahr werden. Ich spürte es genau. Ende Januar hatte ich druckfrische Prospekte an über 2.500 Haushalte verschickt, seit Bekanntgabe der neuen Saisontermine im vergangenen November waren schon reichlich Anmeldungen eingetrudelt. Auch das Hauptgeschäft mit Firmenveranstaltungen, Familienfesten und Betriebsfeiern lief gut an. Ich hatte so viele Buchungen wie nie zuvor um diese Jahreszeit. Ein beruhigendes Gefühl. Alles lief. Ich freute mich auf die Saison.

In den Nachrichten hörte man in dieser Zeit vermehrt von einem neuartigen Virus, das in Asien grassierte. Diese Geschichte ließ mich immer wieder aufhorchen, aber letztlich war Asien weit weg. Das änderte sich Anfang März, als das Virus plötzlich auch bei uns war. Ischgl war in aller Munde, Corona arbeitete sich durch die Lande, und plötzlich waren auch wir in Hamburg unmittelbar betroffen.

Am 2. März fand meine letzte Rundfahrt mit internationalen Gästen statt. Eigentlich hatten diese beim Auftraggeber eine Betriebsbesichtigung machen sollen, aufgrund der in Europa steigenden Infektionszahlen wurde davon jedoch Abstand genommen und ein Alternativprogramm gesucht. Nun also eine Hafenrundfahrt. Ich hatte 15 Gäste aus Südamerika, Russland, Spanien und Südafrika an Bord. Wir unterhielten uns über die Auswirkungen und Veränderungen in den einzelnen Ländern. Es herrschte eine leicht gedrückte Stimmung, alle bemühten sich, untereinander Abstand zu halten.

In den Folgetagen kamen die ersten Tourabsagen von Firmen.

»Moin, wir wollten ja demnächst unsere zwoneunzehner Weihnachtsfeier nachholen, das müssen wir wohl erst mal verschieben.«

»Hallo, Frau Brunk, unsere für nächste Woche geplante Tagung wurde gerade abgesagt. Damit fällt natürlich auch die Hafentour aus. Bitte bestätigen Sie mir die Stornierung.«

»Wir sind besorgt. Können wir unsere Tour um ein paar Wochen verlegen?«

Solche und ähnliche Anrufe mehrten sich.

Die Situation war unsicher, keiner wusste, was auf uns zukam und wie sich die Dinge entwickeln würden. Sollte ich, wie bei Absagen sonst üblich, Stornokosten berechnen? Konnte man die Termine einfach um einen Monat verschieben? Wie lange würde dieses Virus grassieren?

Am 4. März führte ich eine letzte Gruppe über die Elbphilharmonie-Plaza, dann war erst mal Schluss.

Es folgte der erste Lockdown. In meinem Kopf kam dieser Einschnitt erst richtig an, als am 16. März der Hafengeburtstag, der jedes Jahr Anfang Mai eines der absoluten Hafen-Highlights darstellt, abgesagt wurde. Dieses wunderbar bunte, trubelige Spektakel, bei dem jährlich mehr als dreihundert Gastschiffe den Hamburger Hafen anlaufen, bei dem mehr als eine Million Menschen den Hafen feiern – abgesagt. Storniert. Ich war schockiert.

Allein für die Einlauf- und Auslaufparade hatte ich über 150 Tickets verkauft und zu diesem Zeitpunkt bereits über tausend Tickets für meine öffentlichen Touren im Verlauf der Saison. Eigentlich bin ich durch und durch Optimistin, aber nun machte sich Verzweiflung breit.

Der 16. März war ein strahlend schöner Tag. Die Sonne schien, der Himmel über Hamburg präsentierte sich in leuchtendem Blau. Die Natur erwachte aus dem Winterschlaf, Vögel zwitscherten in die Frühlingssonne hinein. Und doch schienen die Aussichten düster, und ich war niedergeschlagen.

Ich hatte mir eine dicke Jacke angezogen, trotz der Sonne war es noch recht frisch draußen, und stapfte zum Deich. Von meiner

Wohnung gehe ich nur fünf Minuten zur Elbe. Die Elbinseln Kaltehofe und Entenwerder, die quasi vor meiner Tür liegen, sind meine bevorzugten Spazierregionen. Ich stand auf dem Deich neben dem Sperrwerk Billwerder Bucht und blickte zu den Elbbrücken. Alles sah aus wie immer. Und doch war auf einmal alles anders.

Die Absage des Hafengeburtstages hatte mich erschüttert. Vorher schienen die Corona-Nachrichten noch wie ein schlechter Traum, der bald vorübergehen würde. Der Saisonstart würde sich vielleicht um ein paar Wochen verzögern, aber dann wäre alles wieder normal. Niemand ahnte, wie sich das öffentliche Leben verändern würde.

Ich stand auf dem Deich und machte Fotos. Dann filmte ich eine Runde um mich selbst. Einen Rundumblick an meinem Standort. Wie der Scheinwerferspot eines Leuchtturms kreiste ich einmal rundum: Blick auf das Sperrwerk, auf die Billwerder Bucht, Schwenk über Kaltehofe, auf die Norderelbe, die Elbbrücken, Entenwerder und wieder auf das Sperrwerk. Ich versuchte, alles optimal einzufangen und erzählte mir dabei selbst, was ich sah. Wie eine Privatvorführung einer selbst moderierten Minirundfahrt an meinem Standort. Ich wiederholte den Versuch und sprach dazu wie bei einer Tourmoderation den Text ein.

»Herzlich willkommen an der Billwerder Bucht ...«, hörte ich mich reden, als ich das Ergebnis auf dem Display ansah. Mir kam eine Idee.

Seit einigen Jahren bin ich auf Twitter recht aktiv und habe mir dort eine treue Fangemeinde erarbeitet, die ich mit schönen Hafenbildern und kleinen Anekdoten meiner Touren unterhalte. Gut fünftausend Menschen folgen mir und erfreuen sich offenbar an den Postings.

Ich beschloss, auch die finale Fassung meines kleinen Filmchens bei Twitter einzustellen. Mir schoss der Gedanke durch den Kopf, dass ich doch eine ganze Reihe von kleinen Filmen machen könnte.

Wenn die Menschen nun nicht mehr in den Hafen kommen durften, würde ich den Hafen zu ihnen nach Hause bringen. Das Gedankenkarussell nahm Fahrt auf.

Noch auf dem Deich stehend bereitete ich das erste Posting vor und setzte einen Hashtag darunter. Eigentlich hasse ich Hashtags, der Nutzen hat sich mir bisher einfach nicht erschlossen, bei meinem kurzen Instagram-Versuch war ich vor lauter Hashtags ganz kirre geworden und hatte die Aktivitäten dort erst mal wieder eingestellt. Auf Twitter sind Hashtags in größerem Umfang verpönt, das kommt mir sehr entgegen. Ich vermeide sie meist.

Nun aber erschien mir ein Hashtag für die geplante kleine Filmreihe ganz sinnvoll, damit man diese auch zukünftig nachverfolgen konnte. Mir fiel jedoch partout kein stimmiger Name ein, also beschloss ich es zunächst mit dem etwas sperrigen »#MaikeRundfahrt« zu versuchen und setzte zur Ergänzung »statt Hafenrundfahrt« daran. Ich fragte meine Follower nach ihrer Meinung, am Ende blieb es bei der holprigen Variante. Ich wollte loslegen.

In den folgenden Tagen stand ich morgens schon um kurz nach sechs auf und machte mich auf den Weg. Ich wollte so viele Hafenlocations wie möglich einfangen, dabei aber natürlich keine Menschen treffen.

Ich fuhr zum Hafenmuseum am Schuppen 50, stellte mich auf verwaiste große Kreuzungen im Hafengebiet und drehte meine Filme. Durch den Lockdown war nichts los, Geisterstimmung. Kein Verkehr, keine Menschen. Die Millionenstadt Hamburg stand still. Alle waren angehalten, zu Hause zu bleiben und Kontakte zu meiden. Ich fuhr zu den Landungsbrücken, ging in den Alten Elbtunnel, stellte mich an die Überseebrücke und vor die Elbphilharmonie. Nirgendwo eine Menschenseele. Es war gespenstisch.

Zu Hause vertonte ich die Filme und stellte sie nach und nach auf Twitter ein. Ich fuhr auch zur Bunthäuser Spitze an den südlichsten

Zipfel der Elbinsel Wilhelmsburg, zu Hamburgs kleinstem Leuchtturm, der schon viele Gäste auf meinen Touren entzückt hatte.

»Moin und herzlich willkommen zu einer neuen Folge ›Maike-
Rundfahrt statt Hafenrundfahrt‹. Heute werfen wir mal einen Blick
auf ...« begann ich alle Episoden.

Meine Follower waren begeistert. Es dauerte nicht lange, und ich
bekam Spendenangebote. Mir wurde empfohlen, ein PayPal-Konto
oder Ähnliches anzulegen. Dieser Gedanke war mir nicht geheuer.
Alles in mir sperrte sich dagegen, bedürftig zu sein und Hilfe anzu-
nehmen. Schließlich hatte ich mir mein Business erfolgreich aufgebaut, war stolz auf das Erreichte und ging davon aus, mein Unternehmen erfolgreich weiterzuführen. Die Umstände waren jedoch
schwierig.

Der normale Jahresverlauf sah vor, vom Frühjahr bis zum Herbst
das Geld für den Winter einzuspielen, in dem naturgemäß deutlich
weniger Touren stattfanden. Hafentouren sind ein Saisongeschäft,
da ist der Kontostand zum Beginn des Jahres am Tiefpunkt und
steigt dann parallel mit den Temperaturen an. Ich sprang über meinen Schatten. Redete mir gut zu, dass die Spender mit den moderierten Filmen ja eine Gegenleistung erhielten und die Spende freiwillig war. Jeder konnte die Beiträge auch kostenfrei ansehen.

Nach einigen Tagen richtete ich also tatsächlich ein Konto ein
und war überwältigt. Wildfremde Menschen spendeten, um sich
für die Filme zu bedanken und mir über die Zeit des Berufsverbotes
zu helfen. Es hat mich tief berührt und demütig gemacht, ich war
sehr dankbar für die Unterstützung. Zur gleichen Zeit buchten viele
Menschen Gutscheine für Touren und brachten auch damit ein
Stück Normalität und Zuversicht zurück.

In den ersten Tagen saß ich viel am Schreibtisch. Zum einen für
die Abwicklung all der Gutscheinbestellungen und Touranfragen für
bessere Zeiten, auf der anderen Seite trudelten aber auch zahlreiche

Stornierungen und Geldrückforderungen von Menschen ein, die bereits Tickets für die Saison gekauft hatten. Es war eine Sisyphusarbeit sondergleichen. Ich versuchte, den Überblick nicht zu verlieren. Einige Kunden schrieben mir motivierende Briefe, ich bekam liebe Anrufe, und dann und wann fand ich Geldeingänge auf meinem Konto mit der schlichten Überweisungsbetreffzeile »Halten Sie durch«.

Zuversicht

Die kleinen Filme funktionierten gut. Schon nach den ersten Episoden erreichten mich viele ähnlich lautende Rückmeldungen:

»Warum startest du keinen Podcast, Maike? Dann könntest du längere Geschichten erzählen. Du hast eine gute Erzählstimme.«

»Ich höre Ihnen so gern zu, können Sie die Filme nicht länger machen?«

»Mach doch gleich einen YouTube-Kanal!«

Ich überlegte. Das Kompliment über meine »angenehme Radiostimme« hatte ich auch auf meinen Hafentouren schon mehrfach bekommen. Vielleicht war es Zeit, meine Geschichten akustisch festzuhalten? Ich hatte keine Ahnung von Podcasts. Ich wusste nichts über die notwendige Technik, geschweige denn wie ich das umsetzen könnte. Aber ich sah eine Chance und hatte wenig zu verlieren. Also los.

Ich recherchierte im Web, befragte meine Follower, kaufte schließlich ein geeignetes Mikrofon und wollte gerade loslegen, als ich bemerkte, dass ich auch vernünftige Kopfhörer brauchte. Den Gedanken, mit den flönigen Handykopfhörern meine Aufnahme kontrollieren zu können, musste ich schnell begraben. Die Tonqualität war schrecklich. Ich wollte unmittelbar loslegen, doch aufgrund des Lockdowns waren alle Geschäfte geschlossen. Ich überlegte. Natürlich könnte ich mir im Internet einen Kopfhörer bestellen, jedoch bin ich stets sehr ungeduldig, wenn ich mir etwas in den Kopf gesetzt habe. Die Energie sprudelt dann aus mir heraus wie Cola aus einer kräftig geschüttelten Flasche mit Brausetabletten drin. In der Stadt hatten nur die Lebensmittelgeschäfte geöffnet. Wo bekam ich einen guten Kopfhörer? Ich grübelte: Manchmal gab es Sonderposten in den Supermärkten, ich hatte aber wenig Lust, alle Märkte in der Umgebung abzuklappern. Da kam die Idee. Ein großes Warenhaus mit umfangreichem Lebensmittelsortiment am Berliner Tor könnte geöffnet haben. Es verfügte über eine Elektroabteilung, dort würde ich es versuchen. Gesagt, getan, ich hatte schon meine Jacke an, saß im Auto und düste los.

Schon in der Zufahrt die erste Ernüchterung: Das Parkhaus war geschlossen. »Dann ist wohl der Markt auch zu«, schoss es mir durch den Kopf, und mich überkam unmittelbar ein Gefühl der Enttäuschung. Ich parkte den Wagen am Straßenrand und schaute um die Ecke zum Eingang. Dort hatte sich eine große Menschentraube gebildet. Gut fünfzig Personen standen mit etwas Abstand davor, es war fast schon unheimlich still. Alle starrten auf die geschlossene Tür, die von einem Sicherheitsbeamten versperrt wurde. Es wirkte, als wüssten die anderen, worauf sie warten, also gesellte ich mich mit etwas Abstand dazu.

Zehn Minuten später hatte sich das Warten gelohnt, wir durften rein. Nachdem ich mir die vorrätigen Kopfhörermodelle in einem abgeschlossenen Glasschrank angesehen hatte, ging ich zum Informationstresen.

»Moin. Entschuldigen Sie, ich hätte gern einen Kopfhörer. Könnte bitte jemand den Schrank aufschließen?«, fragte ich.

»Ja, einen Moment, ich komme direkt mit Ihnen mit«, antwortete die kurzhaarige Frau in meinem Alter freundlich. Sie sauste geradezu vorweg durch die Gänge des Marktes zur Elektronikabteilung. Ich beeilte mich hinterherzukommen.

»Ich will einen Podcast aufnehmen und habe gemerkt, dass man dafür sich selbst hören muss, da bin ich froh, dass Sie Kopfhörer haben.«

Ihre Schritte verlangsamten sich, und sie drehte sich zu mir um.

»Oh, ich liebe Podcasts. Was für ein Thema wollen Sie denn machen?«

»Normalerweise mache ich Hafenrundfahrten, aber momentan darf ich ja nicht. Da will ich meine Touren im Podcast einsprechen.«

»Das klingt ja toll, wie soll Ihr Podcast denn heißen?«

»Das weiß ich noch nicht sicher, ich fange ja gerade erst an, aber vermutlich einfach ›Maike im Hafen‹«, erklärte ich und ergänzte, »mit ›ai‹.«

»Klasse, das kann ich mir gut merken, meine beste Freundin heißt auch Maike. Na, dann viel Erfolg!«

Sie lächelte mich an und nickte mir aufmunternd zu. Ich freute mich über ihren Zuspruch. Wir hatten inzwischen den Glasschrank erreicht, sie reichte mir das gewünschte Modell, und ich verabschiedete mich zur Kasse.

Wieder zu Hause machte ich mich frohen Mutes ans Werk. Zwei Wochen nachdem ich die ersten Folgen produziert hatte und von meinen Hörern mit guten Rezensionen bedacht worden war, klingelte mein Telefon.

»Maike, moin, hier ist Frank, du weißt schon, wir haben uns letzten Sommer auf der CAP SAN DIEGO getroffen, ich bin der mit den Filmen.«

Frank? Filme? Ich überlegte kurz. Ja. Klar!

»Moin, Frank, wie geht's dir?«

Frank hatte vor einigen Jahren einen Film mit dem schönen Titel *Kapitäne* produziert. Ich war damals zur Premiere eingeladen, die standesgemäß im Hapag-Lloyd-Gebäude am Ballindamm stattfand. Dem Ort, an dem mit der Büste Albert Ballins meine Hafenkarriere in Gang gesetzt wurde.

»Na ja, ist alles Mist gerade, aber wir haben da ein schönes neues Projekt am Start und wollten fragen, ob du Lust hast, deinen neuen Podcast in einem Livestream bei YouTube und Facebook vorzustellen? Ich hab mal reingehört und finde deine Geschichten super!«

»Oh, danke, das freut mich sehr«, lachte ich. »Was für ein Projekt macht ihr?«

»Wir haben gerade letzte Woche die erste Folge *Waschecht Hamburg* produziert, da geben wir Künstlern aus allen Kulturbereichen die Chance zu einem Onlineauftritt, und wir hätten dich gern in der nächsten Folge. Also mit Studiotermin übermorgen. Bist du dabei?«

Ich sagte sofort zu. Ich würde in ein Tonstudio im Norden der Stadt fahren und so wie immer einfach drauflozserzählen.

Twitter entwickelte sich auch weiterhin zu meiner Corona-Rettung. Jemand hatte mir im April in einem persönlichen Gespräch an den Kopf geworfen, dass ich vermutlich nie wieder meinen Job ausüben könne. Ich fand das absurd und ärgerte mich über die Demotivation. Darauf twitterte ich mit dem Tenor »Jetzt erst recht – ich bin Unternehmerin und lasse mich nicht unterkriegen«.

Meinen Tweet las der Chef eines Hamburger Hafenbetriebes. Er bot mir ein Praktikum an, ich könne neue Einblicke sammeln, den Betrieb und die Abläufe kennenlernen und auf Hafenschleppern mitfahren. Wenn ich Interesse hätte, sollte ich gern anrufen.

Das ließ ich mir nicht zweimal sagen und griff sofort zum Telefon.

In der kommenden Woche trafen wir uns zu einem Gespräch auf einer Außenterrasse an den Landungsbrücken. Schnell wurden wir uns einig, und schon wenige Tage später stand ich frühmorgens um fünf in einem klassischen Blaumann mit Sicherheitsschuhen, leuchtend gelber Arbeitsjacke und Schwimmweste ausgestattet an der Pier unterhalb der Köhlbrandbrücke. In den kommenden Tagen lernte ich viel über den Schutentransport, Containertaxis und das Verladen von Mais im Hafen. Ich hatte die kleinen Schlepper mit den Schuten und Leichtern, das sind schwimmfähige Transportbehältnisse ohne eigenen Antrieb, schon häufig beobachtet und dazu recherchiert, aber selbst an Bord zu sein und mit der Crew zu sprechen, gab natürlich viel bessere Einblicke.

Es macht ohrenbetäubenden Krach, wenn ein Container nur wenige Meter neben einem in einem Leichter abgestellt wird, wenn das Metall auf Metall knallt und plötzlich durch die Gewichtsverlagerung der Schlepper, an dem der Leichter festgemacht ist, Schlagseite bekommt. Ich staunte und saugte alle Eindrücke begeistert auf.

Ich erfuhr, wo im Hafen der Mais in Bulkern, so nennt man die Schüttgutschiffe, ankommt, dass er dann teilweise umgeladen wird und was es mit den ganzen Schuten vor der Tiefstack- und der Brandshofer Schleuse auf sich hat. Diese hatte ich schon seit Jahren auf meinen Bille-Touren vor den Schleuseneinfahrten gesehen und mich stets gefragt, was sie dort sollten. Nun lernte ich, dass damit Mais zu einer innerhalb der Bille-Kanäle befindlichen Stärkefabrik transportiert wird. Umschlaganlagen an der Hafenkante, von denen ich dachte, sie wären längst stillgelegt, erlebte ich plötzlich in Betrieb. Ich war dankbar, diese unfreiwillige Auszeit nutzen zu können, um noch mehr über den Hafen zu erfahren. Meine Twitter-Follower ließ ich an diesen Erlebnissen durch Filme und Fotobeiträge teilhaben.

Anfang Mai bekam ich über Twitter die Anfrage einer Journalistin. Sie wollte darstellen, wie es mir als selbstständiger Einzelunternehmerin im Tourismus mit dem Lockdown ging. Wir verabredeten uns zu einem Filmdreh. Es sollte vornehmlich um die Produktion meines Podcasts gehen. Da jedoch kein Auftrag eines Fernsehsenders dahinterstand, wurde der Beitrag am Ende leider nicht gezeigt. So läuft das manchmal. Aber dank solcher Anfragen keimte Hoffnung auf Besserung der Gesamtsituation in mir, und ich gewann neue Zuversicht.

Ab Juni waren die ersten Touren wieder erlaubt. Auf den Schiffen musste der Mindestabstand von 1,5 Metern eingehalten werden. Das führte dazu, dass wir nur mit etwa einem Viertel der normalen Auslastung fahren konnten. Wirtschaftlich waren diese Fahrten nicht sinnvoll, aber ich wollte Präsenz zeigen. Da ich die Schiffe chartere und erst nach Abdeckung der Charterkosten etwas an einer Tour verdienen kann, zahlte ich bei den ersten Touren freiwillig drauf. Mir war wichtig zu signalisieren, dass ich noch da bin.

Kurz darauf bekam ich über eine Netzwerkfreundin den Kontakt zu NDR-Redakteur Tim Berendonk. Tim suchte coronakonforme Ausflugsziele für die nächste *Nordtour*-Sendung, ihm gefiel meine Bille-Tour. Wenige Tage später verabredeten wir uns mit einer Filmcrew zu einem exklusiven Dreh, also ohne Fahrgäste an Bord. Das Team brachte eine Drohne mit und fing die besondere Stimmung in der Billwerder Bucht und rund um die Kleingärten der Billerhuder Insel aus der Luft ein. Es wurden sehr stimmungsvolle Bilder. Im Anschluss kehrte ich mit Tim auf ein leckeres Stück Kuchen und nebenan gerösteten Kaffee am Goldenen Pavillon Entenwerder1 ein. Der Appell in seiner Abmoderation zeigte bald Wirkung. Er sagte:

»Kommen Sie in den Hamburger Hafen. Man freut sich auf Sie!«

Schon unmittelbar nach der Ausstrahlung der Sendung Anfang Juli stieg die Anzahl der Buchungen für die nächsten Touren.

Ab Juli durften wir aufgrund der sinkenden Infektionszahlen theoretisch wieder mit voll besetzten Schiffen fahren, die Masken durften beim Sitzen an festen Plätzen sogar abgenommen werden. Mir war nicht wohl bei dem Gedanken. Ich entwickelte ein eigenes Sicherheitskonzept und schickte die Auflagen an interessierte Kunden. Unabhängig vom Wetter würden wir alle Fenster im Innenraum während der gesamten Tour öffnen und, solange es trocken war, auch das Dach. Das Tragen eines geeigneten Mund-Nase-Schutzes war für die gesamte Tourdauer obligatorisch, und ich reduzierte die maximale

Teilnehmerzahl auf zunächst die Hälfte, bei schönem Wetter auf bis zu zwei Drittel der maximalen Auslastung meiner bisherigen Fahrten. Da ich auch unter normalen Bedingungen den Fahrgästen gern etwas mehr Platz als bei den meisten Anbietern üblich biete, konnte man sich an Bord weitestgehend aus dem Weg gehen.

Auf einer dreistündigen Fahrt kann es manchmal frisch werden, ich empfahl meinen Gästen entsprechende Kleidung. Wir hatten Desinfektionsmittel für die Hände und am WC, außerdem hängte ich vor meinen Moderationsplatz eine große durchsichtige Plastikscheibe auf und stand neben einem geöffneten Fenster, sodass ich zur Moderation den Mundschutz abnehmen konnte. Der Abstand zu den nächsten Sitzplätzen der Fahrgäste betrug mehr als drei Meter. Von den Fahrgästen bekam ich positive Rückmeldungen zu meinem Hygienekonzept.

Die Ausstrahlung der Fernsehsendung brachte die verkorkste Saison zumindest bis Ende September wieder etwas in Schwung. An manchen Tagen vergaß ich die surreale Gesamtsituation regelrecht. Auch drei Firmentouren konnte ich im Spätsommer ausrichten, allerdings galten mit Essen an Bord strenge Auflagen, und es war eine ganz andere Stimmung als in den Vorjahren.

Mit der kühleren Jahreszeit sanken dann auch die Gästezahlen, zwei Wochen vor dem November-Lockdown beendete ich die Saison.

Während des Sommers hatte sich über Twitter ein weiterer unverhoffter Kontakt ergeben. Ich nenne mich dort »Maike_im_Hafen« und musste sehr lachen, als ich eine Nachricht öffnete, die mit »Hallo, ›Maike im Hafen‹, hier ist ›Jennifer im Bungalow‹« begann.

Jennifer hatte meinen Podcast gehört und Gefallen an meinen Geschichten gefunden. Als Verlegerin witterte sie Potenzial und bot mir ein Gespräch über ein mögliches Buchprojekt an. Wow, dieses Jahr entwickelte sich wirklich ungewöhnlich. Vielleicht war es doch mein Jahr? Ich hatte es zwar nie gemocht, lange schriftliche Texte zu verfassen, aber vielleicht lag das ja am Inhalt. Vielleicht war es ganz etwas anderes, meine eigene Geschichte und meine Hafenbegeisterung auf Papier oder besser gesagt über die Tastatur festzuhalten. Der Probetext ging mir leicht von der Hand, in der lektorierten Fassung ist »Der Abend davor« nunmehr das Einstiegskapitel zu diesem Buch. Es wurde ein großes, schönes Abenteuer, meine Geschichte zu Papier zu bringen.

Ahoi!

Meinen Weg in den Hafen noch mal nachzugehen, hat mich sehr bewegt. Vor allem in Zeiten des derzeit heruntergefahrenen öffentlichen Lebens spüre ich, wie sehr ich das bunte Treiben entlang der Hafenkante und die Menschen vermisse. Die Schnacks mit den Schippern, die Begegnungen mit Kunden, Wegbegleitern und Kollegen.

Mir wird bewusst, wie sehr ich den Hafen auch als Bühne brauche und dass ich meine Geschichten und Begeisterung wieder mit echtem Publikum teilen möchte.

Ich bin viel an der Elbe und in der Stadt unterwegs und halte mich wacker, indem ich Anekdoten und Geschichten aufschreibe und neue Podcast-Episoden aufnehme. Selten hatte ich so viel Zeit, in meiner Hamburg-Buch-Sammlung nach spannenden Begebenheiten zu suchen, die ich in die Tourmoderation einflechten kann.

Ich räume mein Büro auf, werfe Ballast über Bord und schaue zuversichtlich nach vorn. Sehnsüchtig warte ich auf den Saisonbeginn. Auf den Moment, wenn mir wieder eine frische Brise um die Nase weht. Wenn Hermann am Steuer steht, Ebbi die Leinen loswirft und ich bei Twitter ein Foto der gut gefüllten Barkasse hochladen kann mit der Bildunterschrift: »Hier jetzt die nächste Abfahrt!«

Danke

»Ich mag keine langen Texte schreiben.«

Das war meine Überzeugung, ein regelrechtes inneres Mantra. Und dann gab es da plötzlich Menschen, die daran glaubten, dass ich schreiben sollte. Dass jemand Freude daran haben könnte, meine Geschichte und Anekdoten aus meinem Touralltag zu lesen.

Danke für eure Zuversicht und euren Zuspruch. Ich bin sehr dankbar für die Chance, die Erfahrung und den gesamten Schreibprozess. Dafür, mir Begebenheiten und meinen inneren Antrieb, aber auch die mir selbst in den Weg gelegten Stolpersteine immer wieder vor Augen zu führen. Mich damit auseinanderzusetzen, was mich eigentlich motiviert. Immer wieder stehe ich staunend da und frage mich, wie ich an genau diesem Punkt in meinem Leben gelandet bin.

Mama und Papa, ich danke euch aus ganzem Herzen für das solide Fundament, das ihr mir bereitet habt und für die Unterstützung auf meinem bisherigen Weg. Auch wenn es manchmal holprig war und immer wieder anders kam als geplant.

Meinem verstorbenen Bruder Gerald danke ich für die gemeinsamen Abenteuer unserer Kindheit und einen anderen Blick auf unsere Welt.

Danke, Malte, dass du der beste kleine Bruder der Welt bist. Auch wenn du das nicht gern hörst, mir längst über den Kopf gewachsen bist und wir uns auf Augenhöhe austauschen.

Danke, Nele, Frances, Felina, Clarissa und Jette, für wundervolle, unbeschwerte Familienmomente.

Diana, Tina, Kerstin, Sonja und Pia: Danke für eure Freundschaft, das ein oder andere Glas Sekt, wertvollen Rat und euren Beistand. Ihr alle seid hier im Buch aus Gründen der Übersicht zu einer Person verschmolzen.

Danke, Matthias, für deine Liebe, deine Hilfe, Zuspruch und Geduld. Du hast dich genau zum richtigen Zeitpunkt in mein Leben geklickt. Es ist so schön.

Marc, Mara und Martina für unsere kommunikative MaMaMaMa-Gruppe und so manches kollegiale Kaltgetränk, während wir unsere Hamburg-Begeisterung und den Branchenklatsch teilen.

Danke, Uta, dass du mir geholfen hast herauszufinden, wofür ich brenne und wofür ich morgens gern früh aufstehe. Mein personifizierter Leuchtturm.

Fiete, Rüdi und Georg für die beste Schnapsidee meines Lebens.

Johnny, Ulla und Gregor danke ich für den zuversichtlichen Support in den ersten Jahren.

Ich danke meinen Kunden und allen Fahrgästen, die ich an der Hafenkante begrüßen durfte. Ohne sie gäbe es dieses Buch nicht.

Jan, Kalli, Melli und der gesamten Bülow-Crew an der Hohen Brücke danke ich für die großartige, vertrauensvolle Zusammenarbeit.

Danke allen Schippern, die auf unseren Touren in den vergangenen Jahren bei Sonne, Wind und Schietwetter auf Elbe, Alster und Bille das Steuerrad immer sicher in der Hand hatten.

Dirk, Benno und Kai für unzählige Köhlbrandbrückenüberquerungen.

Olli, Markus, Frank und Thomas als Partner, Freunde und Wegbegleiter mit viel Empathie und Rückendeckung für mein Business.

Joachim für das Vertrauen in meine Touridee und den damit verbundenen Anschwung.

Danke meinem großartigen touristischen Netzwerk in der schönsten Stadt meiner Welt.

Ganz besonders danke ich meiner bunten, hafenverliebten Twitter-Community, die mich vor allem im letzten Jahr immer wieder unterstützt, aufgemuntert und motiviert hat.

»Jennifer im Bungalow« und dem gesamten Eden-Books-Team danke ich von Herzen für das Vertrauen in meine Geschichte und meine schriftstellerischen Fähigkeiten.

Danke, liebe Susanne, für die stets gut gelaunte, kreative Zusammenarbeit und deine Anstupser zu geöffneten Fenstern, die auch geschlossen werden sollten.

Christina danke ich sehr für ihren guten Motivblick und die schönen Fotos.

Danke, Hamburg, dass du die schönste Stadt meiner Welt und mein Zuhause bist.

Und dann geht noch ein besonderer Dank an Felix, meinen früheren Chef, für den im Nachhinein besten Tritt meines Lebens: Ich bin jetzt so weit, dir eine Freikarte für eine Tour zu schicken.

Impressum

Maike Brunk
Meine große Freiheit
Wie ich das Glück im Hamburger Hafen fand
ISBN: 978-3-95910-318-3

Eden Books
Ein Verlag der Edel Verlagsgruppe
Copyright © 2021 Edel Germany GmbH, Neumühlen 17, 22763 Hamburg
www.edenbooks.de | www.edel.com
1. Auflage 2021

Einige der Personen im Text sind aus Gründen des Persönlichkeitsschutzes anonymisiert.

Projektkoordination: Juliane Noßack und Julia Gommel-Baharov
Lektorat: Susanne Röltgen
Umschlaggestaltung: Johanna Höflich
Autorinnenporträts: © Christina Czybik
Layout und Satz: Datagrafix GSP GmbH, Berlin | www.datagrafix.com
Druck und Bindung: GGP Media GmbH, Pößneck

Printed in Germany

Dieses Buch ist auch als E-Book erhältlich.

Partner des Naturparks
Nossentiner / Schwinzer Heide

Eden Books unterstützt bei der Produktion dieses Buches das Projekt »Junge Riesen für die nächsten 100 Jahre«. Damit wird ein Anteil der unvermeidbaren CO_2-Emissionen kompensiert.